# Wanderspaß mit Kindern
# Schwarzwald

Antje Bayer

BRUCKMANN

# Inhalt



## NORDSCHWARZWALD

## SCHWARZWALD MITTE



## HOCHSCHWARZWALD

## SÜDSCHWARZWALD

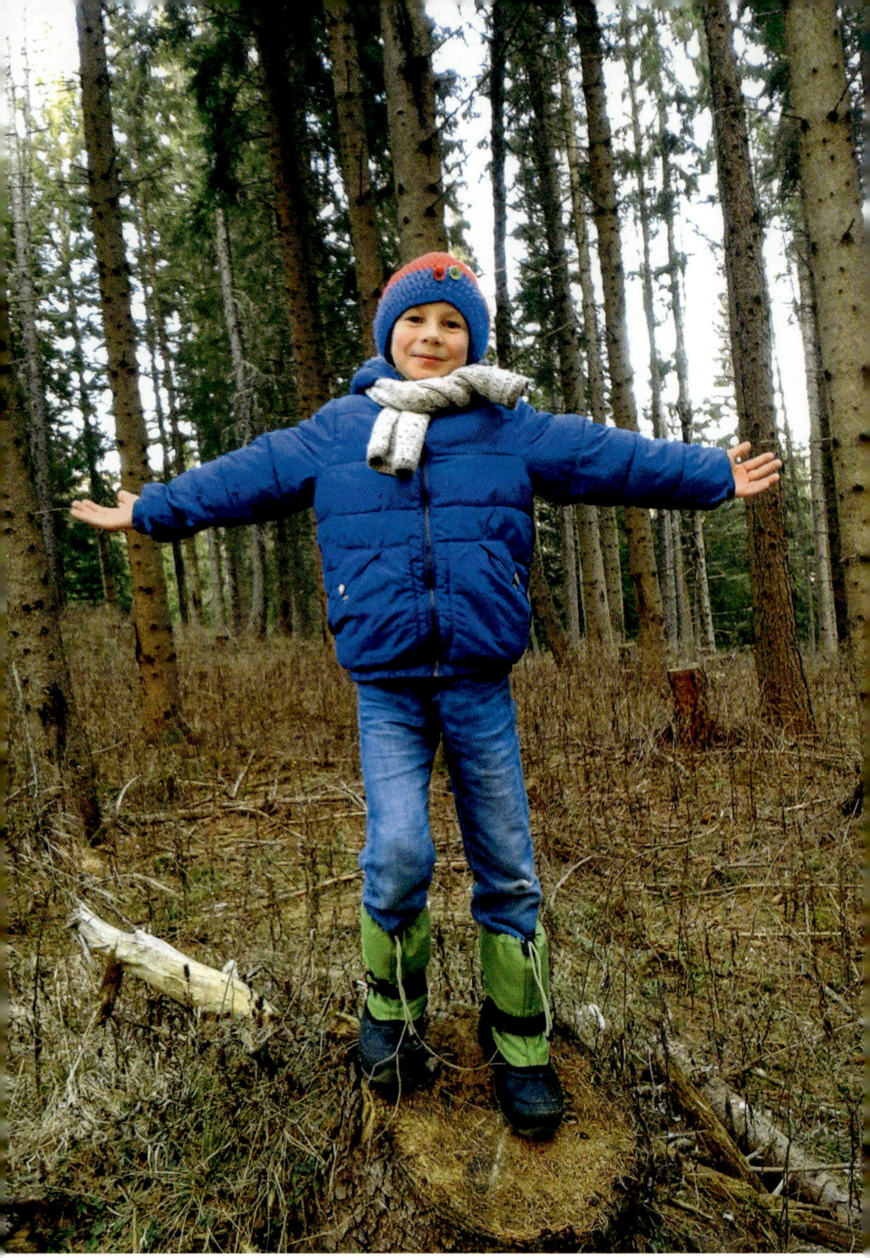

**Spielen im Wald ist herrlich.**

# Wandern im Schwarzwald

Das Wochenende hat begonnen oder vielleicht gilt es einfach, einen freien Nachmittag interessant zu gestalten – für den Fall der Fälle ist dieser Wanderführer eine willkommene Hilfe. Egal ob die Sonne scheint, der Blick auf das Außenthermometer ein Frösteln erzeugt oder der Wettergott sich nicht entscheiden möchte, ob er die Wolken ziehen lassen mag – das kleine Büchlein hält für jede Gelegenheit eine größere oder kleinere Wandertour parat. Der Wohlfühlfaktor kommt bei den Wanderungen nicht zu kurz: Für die Kinder gibt es vieles zu erkunden, zu bestaunen oder auch auszuprobieren. Hier und da wird spielerisch dazugelernt und gerätselt.
Eine Vielzahl von Vorschlägen ist in dem Wanderführer niedergeschrieben. Darunter befinden sich Touren zu verwunschenen Seen oder durch Schluchten sowie Wanderungen auf spannenden Kinderwanderwegen. Mal geht es zu einer Burg, auf einen Gipfel oder auch an einen lauschigen Weiher. Je nach Lust und Laune kann sich jede Familie das Passende heraussuchen. Alle Touren sind speziell für Familien ausgesucht und von Familien getestet. Und alle vorgestellten Wandertouren wurden von den Kindern mit »klasse« bewertet.

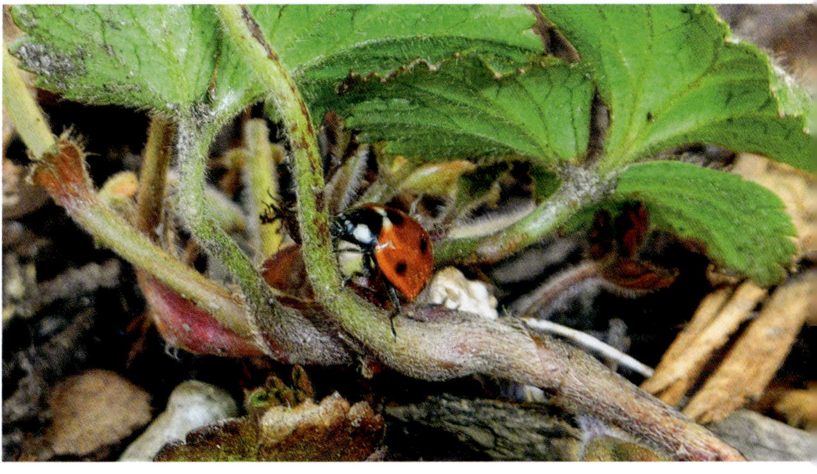

**Der Marienkäfer hat viele Freunde unter den Kindern.**

## Tipps für unterwegs

Alle Ausflugsziele in diesem Familien-Wanderführer beinhalten neben den allgemeinen Informationen auch Angaben zur Erreichbarkeit mit den öffentlichen Verkehrsmitteln und dem eigenen Fahrzeug. Von den Städten im Schwarzwald aus fahren Regionalbahnen oder Busse zu den kleineren Orten. Mit dem Regio-Ticket Baden-Württemberg oder dem Schönes-Wochenende-Ticket lassen sich auch ein paar Euro sparen. Informationen gibt es beim DB Reiseservice unter der Telefonnummer 11861 oder unter www.bahn.de.

In Verbindung mit KONUS, der kostenfreien Bus- und Bahnnutzung vor Ort im Schwarzwald, ist es besonders reizvoll, auf das Auto zu verzichten. Mehr als 148 Ferienorte bieten die KONUS-Gästekarte während des Urlaubes im

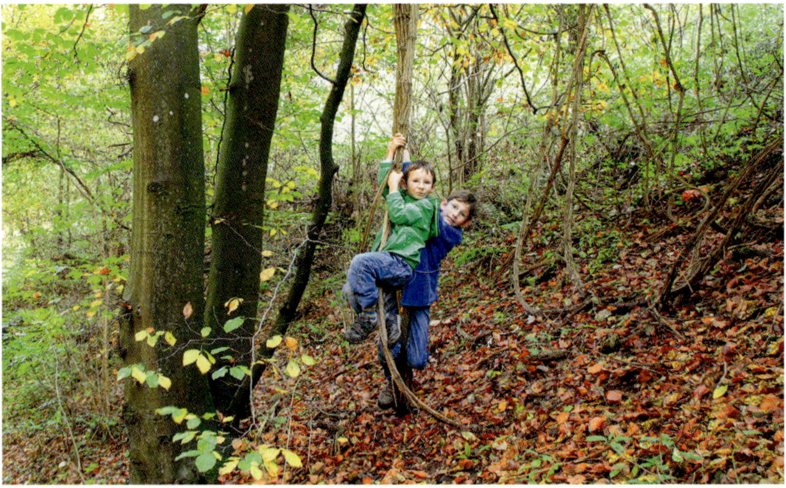

**Sich wie Tarzan durch die Luft schwingen**

Schwarzwald an. So können kostenlos Busse, Regionalbahnen und Straßenbahnen genutzt werden. Mehr Infos zu KONUS gibt es auf der Webseite www.konus-schwarzwald.info.

Bei den Einkehrgelegenheiten ist es empfehlenswert, sich vor der Wanderung mit den Betreibern der Restaurants oder Cafés in Verbindung zu set-

zen. Denn es kann kurzfristig vorkommen, dass die Öffnungszeiten von den Gastronomen aktualisiert wurden. Hilfreiche Angaben wie die Telefonnummer des Betreibers beziehungsweise die entsprechende Internetadresse sind im Infokasten ersichtlich. Gerade bei den Berghütten können die Öffnungszeiten je nach Jahreszeit variieren.
Bei den Altersempfehlungen in diesem Familien-Wanderführer handelt es sich um Richtwerte. Die Mädchen und Jungen sind in ihrer Entwicklung häufig sehr unterschiedlich. Zudem ist auch nicht jeder Tag gleich, beziehungsweise die Lust und Laune sind unterschiedlich. Manche Touren lassen sich auch abkürzen. Ebenso ist es nicht schlimm, die Wanderung spontan abzubrechen und den Weg zurückzugehen. Der Spaß beim Wandern sollte ungetrübt sein und im Vordergrund stehen.

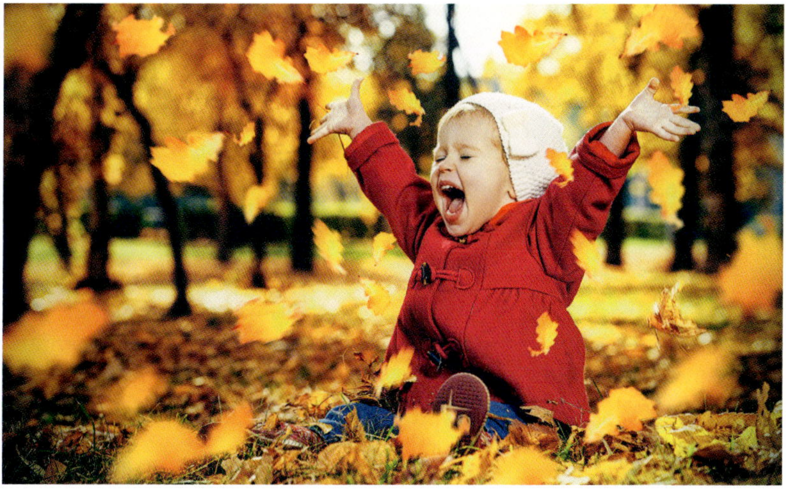

**Hurra, es ist Herbst!**

Die Gehzeiten können je nach eigener Geschwindigkeit, Alter der Kinder und Kondition abweichen. Auch hier gilt es, lieber langsamer und entspannt unterwegs zu sein und die Natur zu genießen als gestresst anzukommen. Die Pausen sind in den Gehzeiten nicht berücksichtigt. Ebenso wenig die Abstecher oder Umwege.

## Ausrüstung

Festes Schuhwerk ist bei vielen Touren sehr empfehlenswert. Zum Teil führen die Wanderungen durch Schluchten, in denen es gern feucht ist. Große Steine mit Moos, umgestürzte Bäume oder einfach nur nasse Wege können mit dem falschen Schuhwerk unliebsame Verletzungen oder Unfälle herausfordern. Bei einer instabilen Wetterlage ist zudem angepasste Kleidung oder auch eine Regenjacke im Rucksack empfehlenswert. Im Sommer dagegen ist eine Kopfbedeckung, die vor der Sonne schützt, ratsam. Überdies beugt das Eincremen mit einer Sonnencreme einem Sonnenbrand vor.

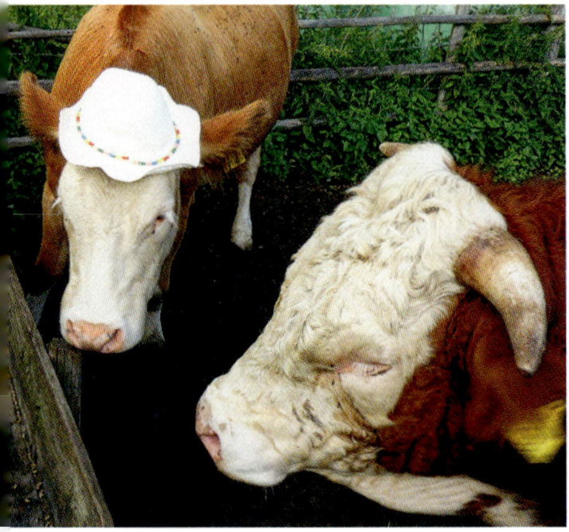

**Ein ganz entzückendes Paar**

Ein wichtiger Faktor bei der Ausflugsplanung ist der Proviant. Gerade an warmen Tagen sind Getränke unerlässlich. Je nach Tour sollte auch an den Snack für zwischendurch gedacht werden. Kinder lieben es, an gemütlichen Stellen zu picknicken. Gemüsesticks, kleine belegte Brote oder auch Äpfel und Bananen stillen kurzfristig den Hunger und sorgen für Motivation zum Weiterwandern.

Ein faltbares leichtes Sitzkissen aus Isomaterial und ein feuchter Waschlappen für schmutzige Kinderhände sind bei Wanderungen sehr hilfreich. Wechselsachen für Jungen und Mädchen, die gerade lernen, sich von der Windel zu trennen, sollten ebenfalls griffbereit sein.

Zur Sicherheit ist die Mitnahme eines Handys ratsam. Hierbei sollte aber daran gedacht werden, dass der Empfang im Schwarzwald auch mal zu wünschen übrig lässt. Von daher ist eine gute Karte eine sinnvolle Ergänzung im Rucksack.

Besonders wichtig ist der Fotoapparat im Gepäck. Schade, wenn er nicht dabei ist, um die einmaligen Momente und Erfahrungen mit den Kindern festzuhalten!

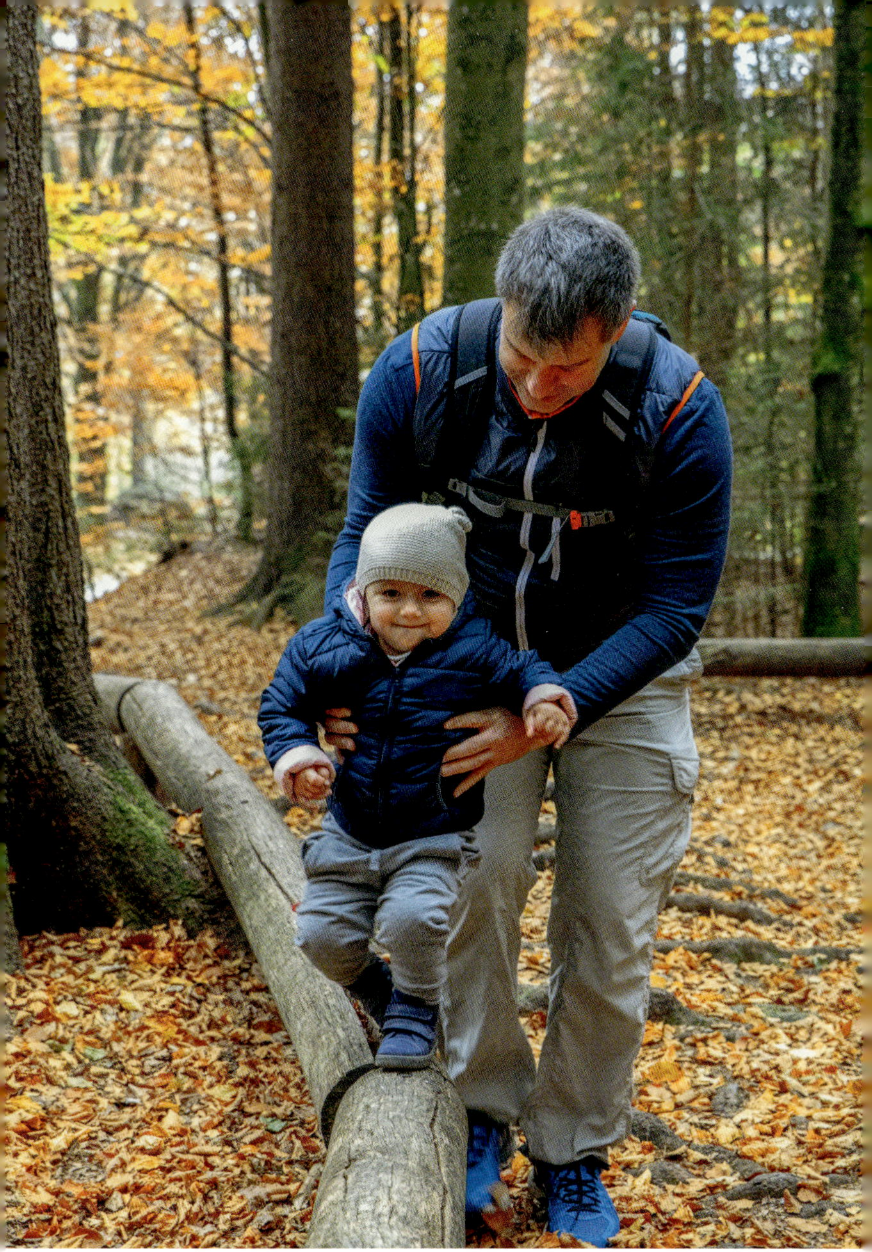

**Früh übt sich, wer einmal Meister sein will.**

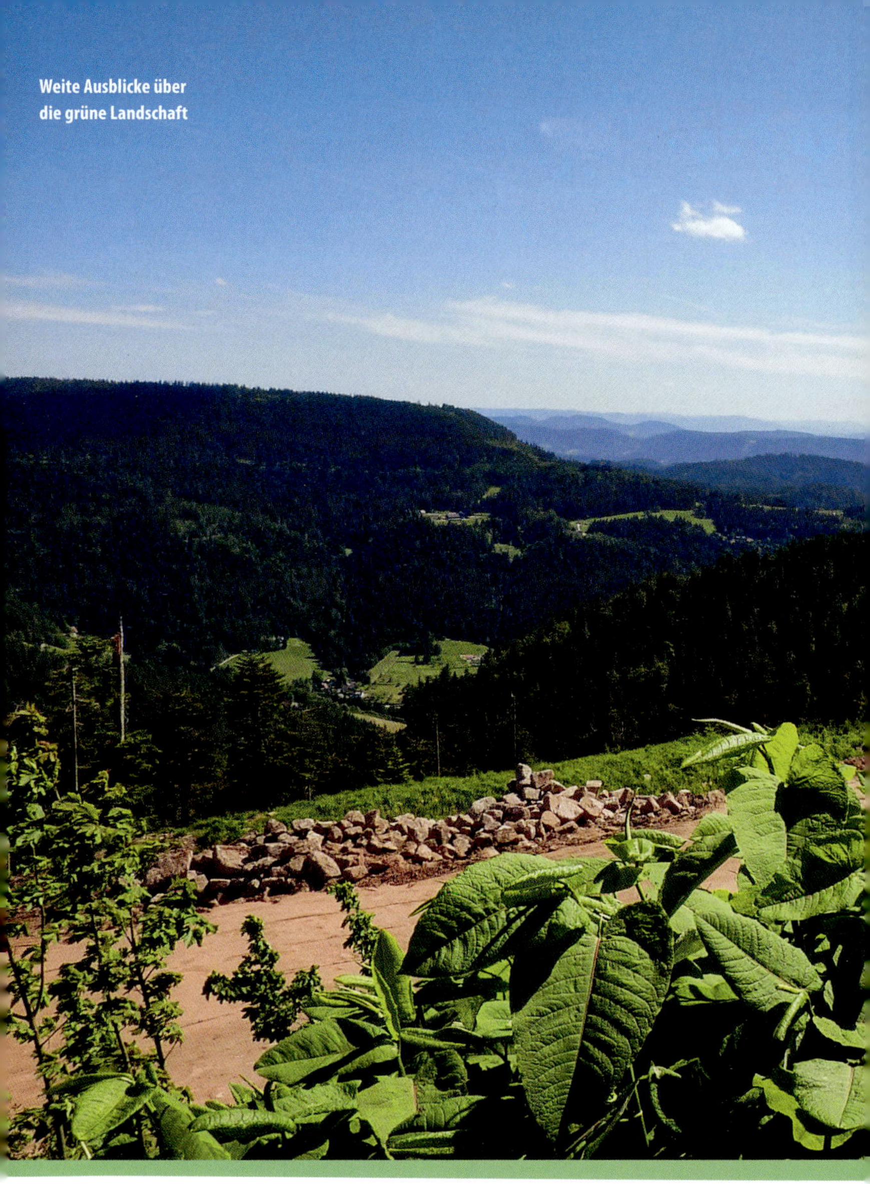
Weite Ausblicke über die grüne Landschaft

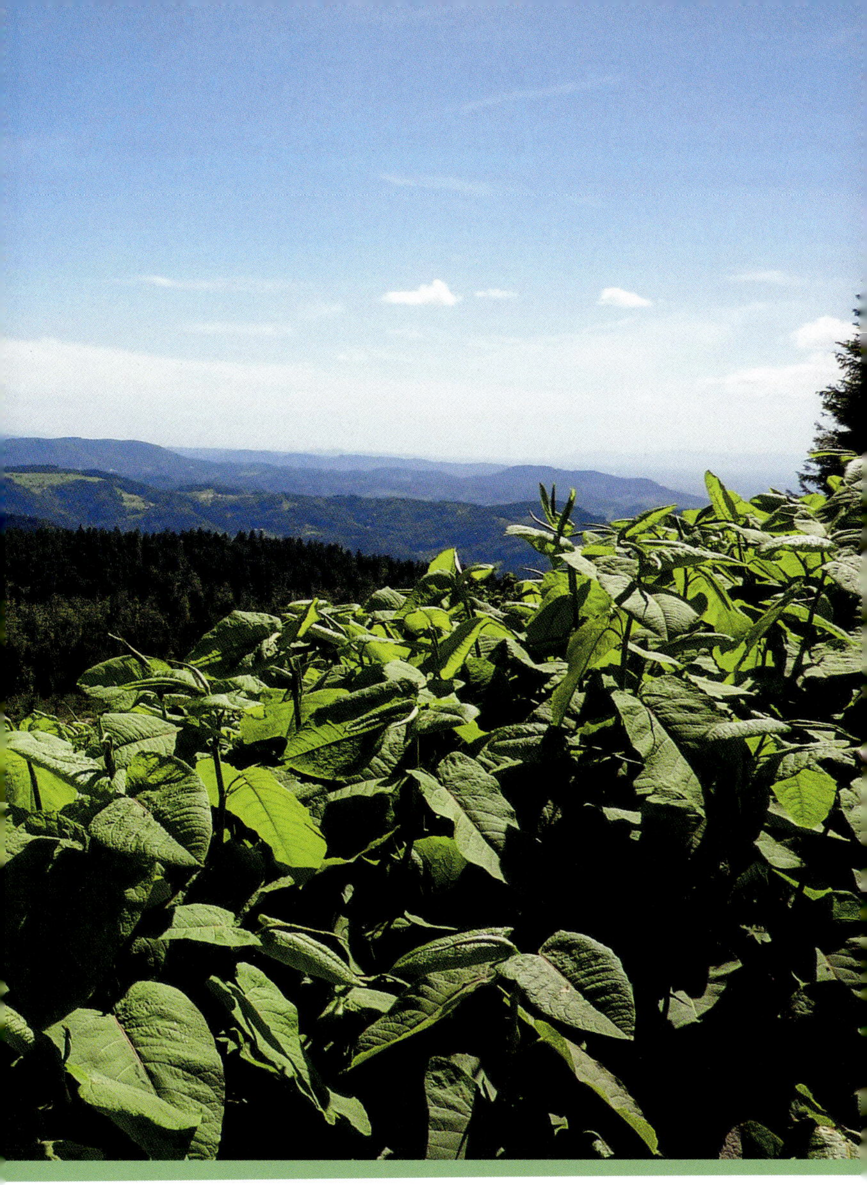

# Nordschwarzwald

# 1 Die wilde Schlucht

## IM MONBACHTAL

**Moosbewachsene Steine, große Felsbrocken oder auch mal einen umgefallenen Baum gilt es während der Wanderung durch die Schlucht zu bewältigen. Das launische Wasser des Monbachs und die einzigartige Atmosphäre begleiten die Wanderer dabei auf ihrem Weg.**

Das Café Monbachtal befindet sich idyllisch im Wald gelegen. Hier fließt der kleine Fluss Monbach entlang. Gegenüber dem Café befindet sich die Monbachschlucht von Bad Liebenzell. Hier begegnet den Familien eine wilde und bezaubernde Landschaft, die vor etwa 350 000 Jahren entstanden ist: zerklüftete Felswände, bemooste Steine, Bäume, die ihr Blätterdach über dem Bach schließen, und ab und zu ein Sonnenstrahl, der ein faszinierendes

leicht | 6,5 km | 2.30 h | 229 Hm

**Tourencharakter** Abenteuerliche Tour auf Naturpfaden durch die Monbachschlucht **Ausgangs-/Endpunkt** Café Monbachtal, Im Monbachtal 2, 75378 Bad Liebenzell, Tel. 07052/926 18 10, www.cafe-monbachtal.de **Altersempfehlung** Ab 5 Jahren **Anfahrt** Parkhaus Monbach im Tal. Mit öffentlichen Verkehrsmitteln: bis Monbach-Neuhausen **Karte** KOMPASS Wanderführer Schwarzwald Nord, Die schönsten Wanderungen zwischen Pforzheim, Freudenstadt und Baden-Baden: Wanderführer mit Extra-Tourenkarte 1:50 000, 50 Touren, GPX-Daten zum Download, ISBN 978-3990440414 **Einkehr** Café Monbachtal, Im Monbachtal 2, 75378 Bad Liebenzell, Tel. 07052/926 18 10, www.cafe-monbachtal.de **Übernachtung** Christliche Gästehäuser Monbachtal, Im Monbachtal 1, 75378 Bad Liebenzell, Tel. 07052/926-15 10, www.monbachtal.de **Preise** Schlucht: Frei zugänglich, GoDiGolf: Familienticket 16 € **Tourist-Info** Freizeit und Tourismus Bad Liebenzell GmbH, Kurhausdamm 2–4, 75378 Bad Liebenzell, Tel. 07052/40 80, www.tourismus-bad-liebenzell.de

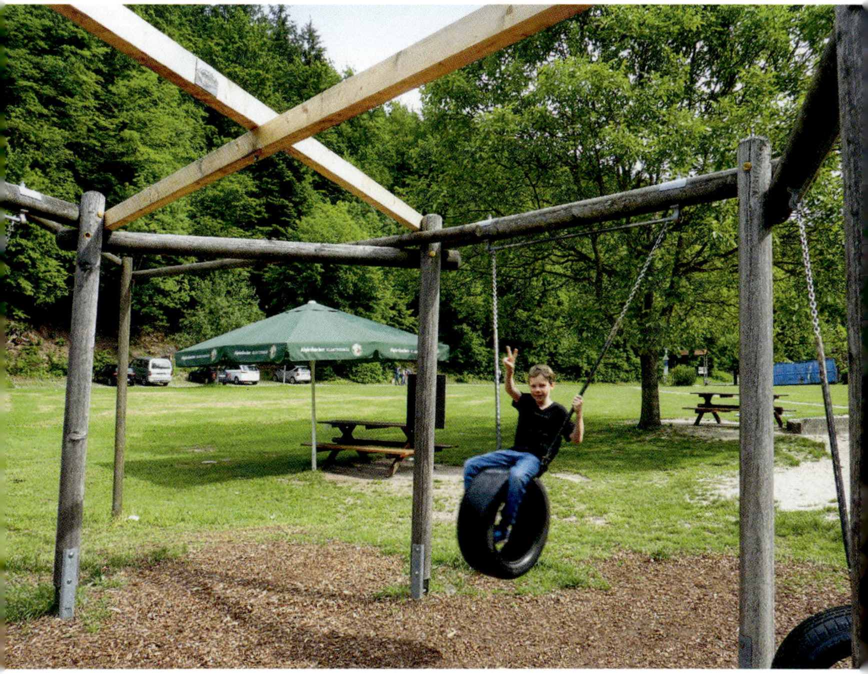

**Zum Schaukeln ist immer Zeit.**

Licht auf das Wasser wirft. Dieser urtypische Charakter blieb bis heute erhalten und lädt vor allem den »Familienfotografen« ein, das perfekte Foto zu machen. Auch sollten die Eltern und Kinder auf festes Schuhwerk bei ihrer Wanderung achten, denn es liegen umgestürzte Bäume und große Steine auf dem Weg. Ab und zu muss man auch einmal die Bachseite wechseln, was besonders für die Kids eine große Freude ist.

Am Eingang der Schlucht befindet sich ein kleiner Imbiss, in dem sich die Familien noch eine kleine Stärkung gönnen können. Dann gilt es, dem Naturweg durch die Schlucht zu folgen. Immer wieder gibt es Abwechslung auf der Tour. Mal sind es die Bachüberquerungen oder auch eine Quelle. An der Monbachbrücke, die aus Holz besteht, führt diese Wanderung weiter in Richtung Monakam. In Monakam selbst leitet uns die Lindenstraße rechts abbiegend auf der Monbachstraße weiter. Diese geht in den Monbachweg über, der in den Wald lotst.

Nun ist der Weg sehr launisch. Mal rechts, mal links führt die Strecke durch den Hangwald. In Kürze ist dann Monbach zu sehen. Über den Hahlenweg ist das Nagoldtal bald wieder erreicht.

Ganz aktive Familien können sich nun beim GoDiGolf beweisen. Auf 19 Bahnen gilt es, den originalen Golfball mit dem Schläger durch Labyrinthe, schiefe Ebenen und andere Hindernisse zu schlagen. Langeweile kommt auf dem Golfplatz, der mit Kunstrasen ausgestattet wurde, nicht auf. GoDiGolf hat in der Regel ab 10.30 Uhr geöffnet. Informationen gibt es unter der Telefonnummer 07052/92 00 24 oder auf godigolf.de. Abschließend ist es lohnenswert, das Café Monbachtal zu besuchen. Je nach Jahreszeit bietet es entsprechende Kuchen an. Zudem werden leckere Snacks und nach Voranmeldung ein Frühstücksbuffet angeboten.

## Rutschgefahr

**Auf der Wanderung durch die Schlucht solltest du gut aufpassen. Der unwegsame und schmale Weg mit seinen vielen Steinen birgt auch Unfallgefahren. Flipflops wie auch Sandalen sollten vermieden werden. Auch nach lang anhaltenden Regenfällen ist der Weg wegen Rutschgefahr nicht ungefährlich.**

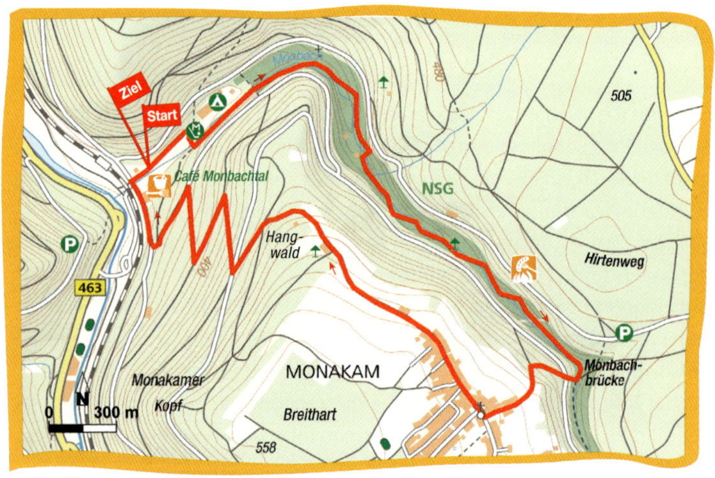

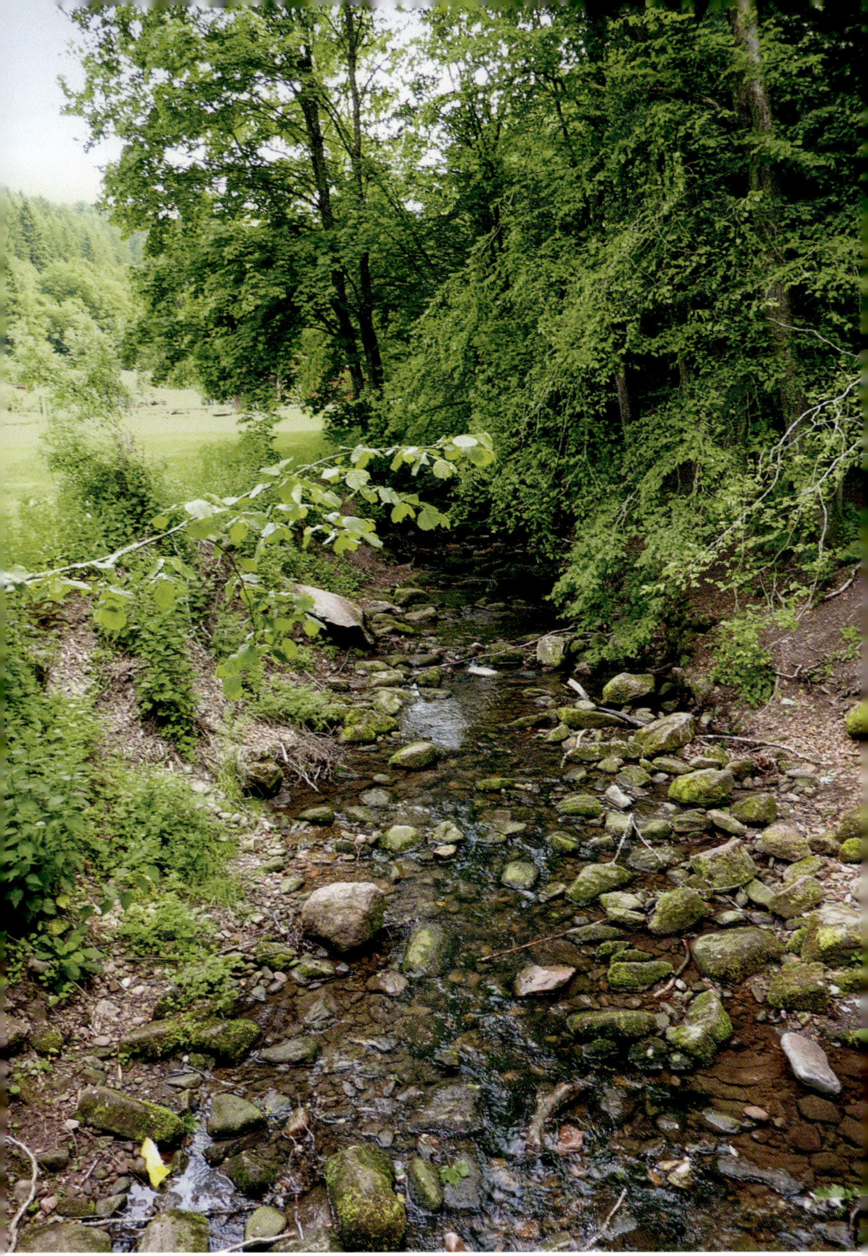

**Fröhlich plätschert das Wasser des Monbaches.**

# 2 Unterwegs mit Quelli

## QUELLENERLEBNISPFAD BAD HERRENALB

**Auf dem Quellenerlebnispfad erhalten Familien zahlreiche Informationen zu den Themen Quellen und Wasser. 16 Stationen laden zum Mitmachen und Entdecken ein. Das Maskottchen Quelli weist ihnen dabei den richtigen Weg auf der drei Kilometer langen Strecke.**

Am Bahnhof Bad Herrenalb beginnt der Quellenerlebnispfad, der die Familien auf eine abenteuerliche Entdeckungstour einlädt. Neben Sturzquellen, Quellsümpfen und gefassten Quellen gibt es auf der Wanderung auch einen Wildbach zu erforschen. Die weiß-blaue Markierung der Libelle Quelli begleitet uns dabei. Gleich zu Beginn stoßen wir auf die erste Station, die

leicht | 4,8 km | 1.30 h | 187 Hm

**Tourencharakter** Markierte Wanderung durch das idyllische Gaistal **Ausgangspunkt** Bahnhof Bad Herrenalb, Bahnhofsplatz 1, 76332 Bad Herrenalb **Endpunkt** Plotzsägemühle, Plotzsägmühle 1, 76597 Loffenau **Altersempfehlung** Ab 5 Jahren **Anfahrt** Von Frankfurt oder Basel über die A5, Ausfahrt Ettlingen und der Beschilderung folgen. Von Stuttgart über die A8, Ausfahrt Karlsbad/Bad Herrenalb. Weiter der Beschilderung nach. Mit öffentlichen Verkehrsmitteln: mit der S1 ab Karlsruhe Hauptbahnhof bis Bahnhof Bad Herrenalb **Karte** KOMPASS Wanderführer Schwarzwald Nord, Die schönsten Wanderungen zwischen Pforzheim, Freudenstadt und Baden-Baden: Wanderführer mit Extra-Tourenkarte 1:50 000, 50 Touren, GPX-Daten zum Download, ISBN 978-3990440414 **Einkehr** Plotzsägemühle, Plotzsägmühle 1, 76597 Loffenau, plotzsaegmuehl.de **Übernachtung** Hotel-Restaurant-Metzgerei Sonne, Obere Dorfstraße 4, 76597 Loffenau, Tel. 07083/923 80, www.sonne-loffenau.de **Preise** Frei zugänglich **Tourist-Info** Tourismus und Stadtmarketing Bad Herrenalb, Rathausplatz 11, 76332 Bad Herrenalb, Tel. 07083/50 05 55, www.badherrenalb.de

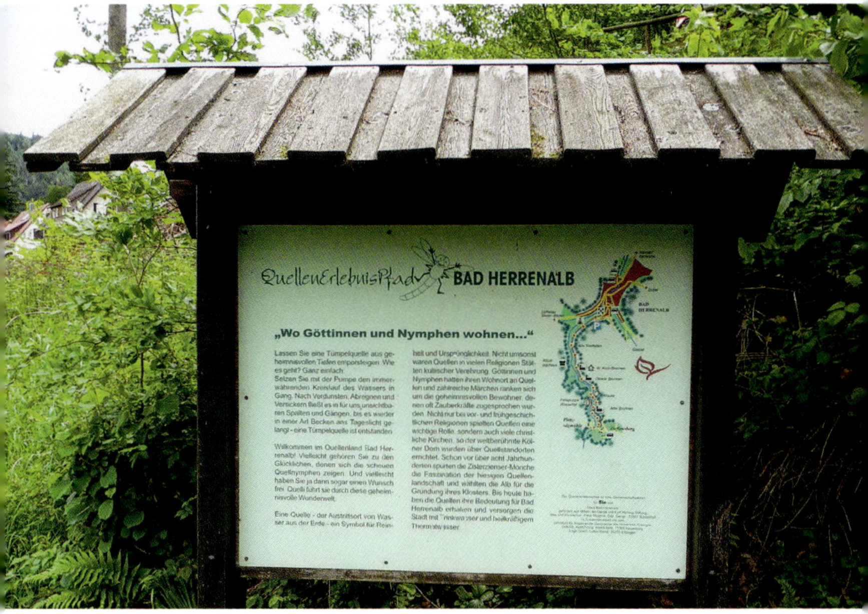


**Ausführliche und spannende Informationen entlang des Erlebnispfades**

auf die Kommenden einstimmt. Die Libelle führt uns weiter bis zum Rathaus und zum Torbogen. Bald folgen wir der Klosterstraße bis zur Klosterscheuer. Nun bringen uns ein paar Treppen auf den Weg zur Schanz. Hier nehmen wir die rechte Abbiegung und gelangen zum Albtalweg. Jetzt haben wir auch die zweite Station erreicht. Wir folgen weiter dem Albtalweg bis in das Gaistal. Immer wieder begegnen uns Stationen, die Wissenswertes vermitteln, aber auch Stationen, bei denen das Ausprobieren an erster Stelle steht. Als Nächstes passieren wir die Härtwighütte.

**Aufgepasst!**

**Im Gras an einer Quelle auf dem Quellenerlebnispfad kannst du eine Quellnymphe entdecken! Viele Leute glauben: Wer eine Quellnymphe sieht, der darf sich etwas wünschen! Augen auf und viel Glück!**

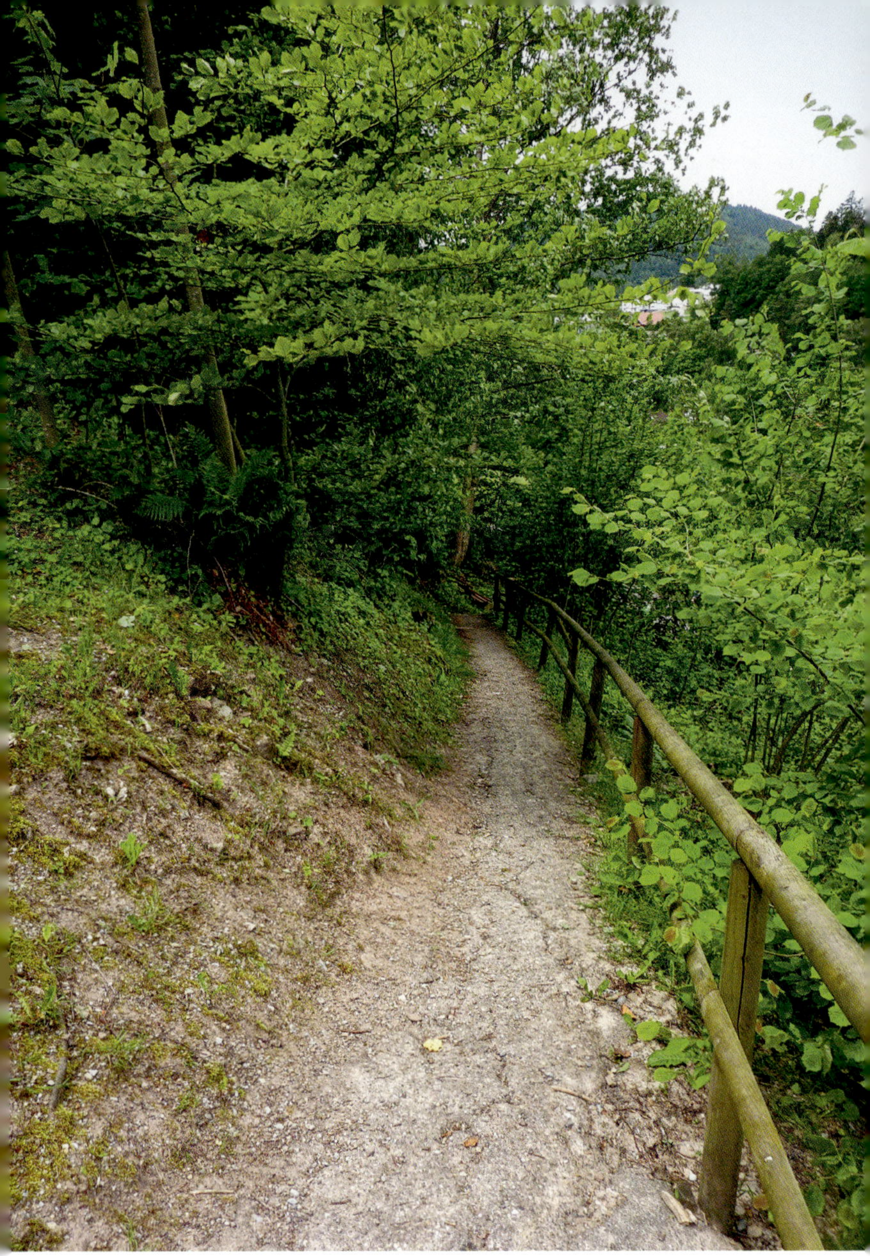

Die bequemen Wege sind für jüngere Kinder gut geeignet.

Hier haben die Jungen und Mädchen die Möglichkeit, Staudämme an dem Bach zu bauen, während die Eltern das Picknick vorbereiten. Nach einer kleinen Pause führt die Wanderung zu einer Felsgruppe mit dem Namen »Wasserfall«, bevor die Knollbrücke erreicht wird. Kleine Detektive, die die Knollbrücke passieren, können nun das Rätsel um den Namen des Wasserfalles lösen und erraten, welche Sage sich dahinter verbirgt.

Wir folgen weiter unserer Markierung und erreichen auf dem Albtalweg bald die weiteren Stationen. Fröhlich plätschert das Quellwasser aus einem Brunnen und wir passieren den »ewigen Heuhaufen«. Quelli ist immer mit dabei und erklärt viele Hintergründe. Über den Albtalweg erreichen wir das Schwarzwaldgasthaus Plotzsägmühle am Ende des Quellenerlebnispfades. Das Schwarzwaldhaus ist innen wie außen ein uriger Ort. Im Außenbereich gibt es für die Kinder viele Spielmöglichkeiten. Nach Herzenslust können sie mit Fahrrädern fahren, kleine Traktoren in Bewegung setzen oder sich ganz dem Bauen von Sandburgen widmen.

Abschließend gibt es die Möglichkeit, mit dem Bus von der Haltestelle Spechtschmiede nach Bad Herrenalb zu fahren oder den Rückweg gemütlich zu Fuß über den Wurstberg anzutreten.

## Quellenkunde

**Vor dem Bahnhof befindet sich das Tourismusbüro. Dieses hält für Interessierte die kostenlose Informationsbroschüre Quellenerlebnispfad bereit. Wer Näheres zu der Sagenwelt und zu den Hintergründen der Quellen wissen möchte, dem sei eine Führung empfohlen. Diese wird von ausgebildeten Gewässerführern angeboten. Sie kann auf Anfrage im Tourismusbüro gebucht werden.**

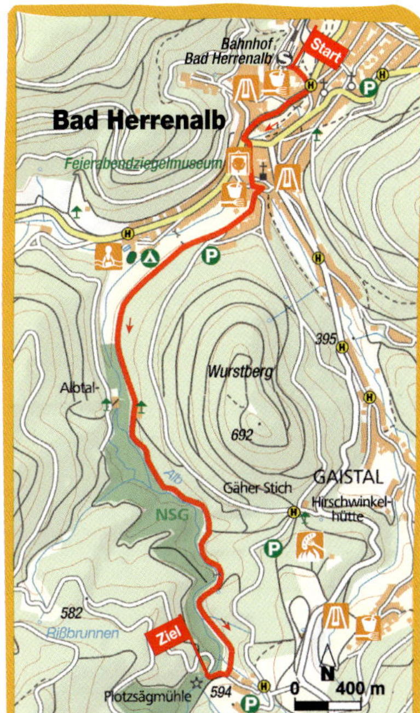

# 3 Rätselknacken zwischen den Klöstern

KLOSTERPFAD BAD HERRENALB

**Der Klosterpfad von Bad Herrenalb bis zum Kloster Frauenalb vermittelt viele geschichtliche Details zum Leben und Arbeiten in den Klöstern. An vielen Mitmach-Stationen werden die Familien zum Rätsellösen oder zur aktiven Betätigung eingeladen.**

Den Klosterpfad in Bad Herrenalb können die Kinder mit einer spannenden Schnitzeljagd verbinden. Mit entsprechenden Rätselbögen und eventuell einem GPS-Gerät werden die verschiedenen Mitmachstationen erkundet

leicht | 4,9 km | 1.30 h | 0 Hm

**Tourencharakter** Kinderfreundliche Wanderung mit geschichtlichen Höhepunkten und Spielgelegenheiten **Ausgangspunkt** Kloster Bad Herrenalb, 76332 Bad Herrenalb **Altersempfehlung** Ab 4 Jahren **Endpunkt** Kloster Frauenalb, Klosterstraße 13, 76359 Marxzell, www.stiftung-frauenalb.de **Anfahrt** Von Frankfurt oder Basel über die A5, Ausfahrt Ettlingen und der Beschilderung folgen. Von Stuttgart über die A8, Ausfahrt Karlsbad/Bad Herrenalb. Weiter der Beschilderung nach. Mit öffentlichen Verkehrsmitteln: mit der S1 ab Karlsruhe Hauptbahnhof bis Bahnhof Bad Herrenalb **Karte** KOMPASS Wanderführer Schwarzwald Nord, Die schönsten Wanderungen zwischen Pforzheim, Freudenstadt und Baden-Baden: Wanderführer mit Extra-Tourenkarte 1:50 000, 50 Touren, GPX-Daten zum Download, ISBN 978-3990440414 **Einkehr** Restaurant zur Alten Post, Kurpromenade 35, 76332 Bad Herrenalb, Tel. 07083/935 97 10, gaststaette-zur-alten-post-bad-herrenalb.eatbu.com **Übernachtung** Hotel Kull von Schmidsfelden, Bernsteinweg 3, 76332 Bad Herrenalb, Tel. 07083/500 30, www.hotel-kull.de/ **Preise** Frei zugänglich **Tourist-Info** Tourismus und Stadtmarketing Bad Herrenalb, Rathausplatz 11, 76332 Bad Herrenalb, Tel. 07083/50 05 55, www.badherrenalb.de

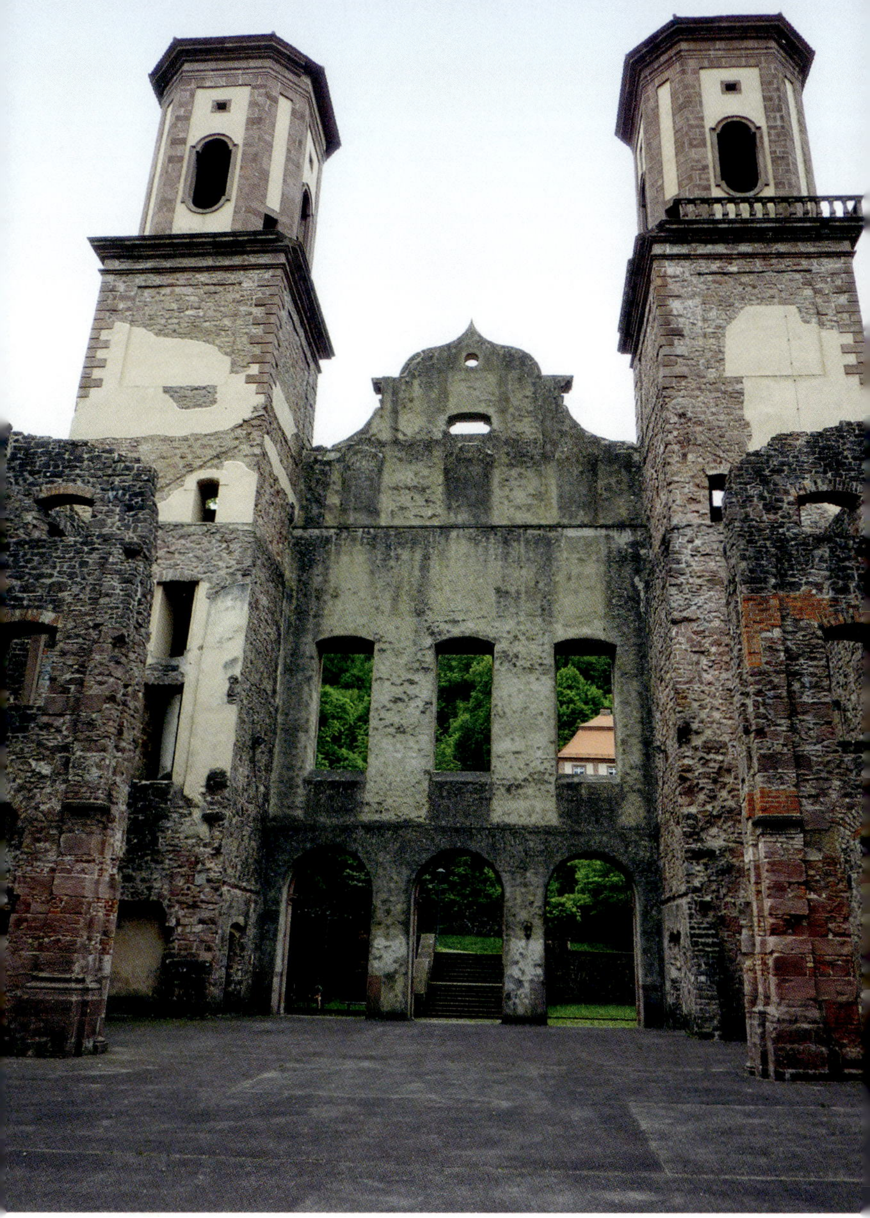

**Die einstige Pracht erahnen**

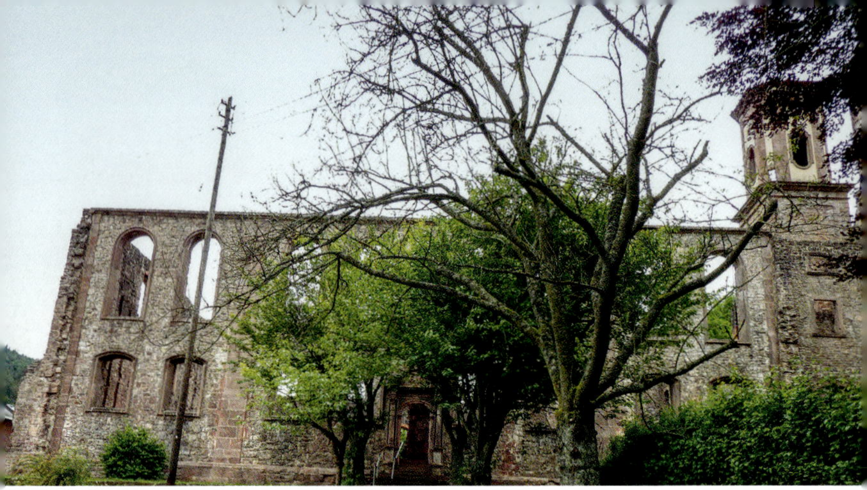

**Die alten Mauern des Klosters sind beeindruckend.**

und die Aufgaben gelöst. Manchmal werden nicht nur die Gehirne der Kinder gefordert, auch die Erwachsenen dürfen ein wenig nachdenken. Die Rätselbögen und das Leihgerät sind an der Tourist-Information erhältlich. Voll ausgestattet begeben wir uns nun zum Startpunkt.

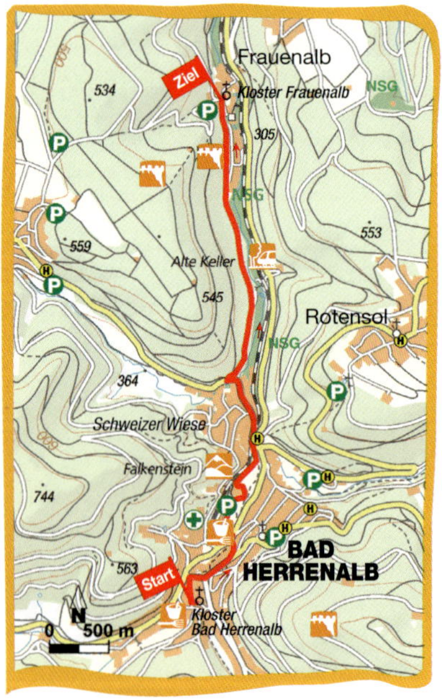


Von der Reichsabtei der Zisterziensermönche in Bad Herrenalb führt die Tour durch die Straße Im Kloster. Wir kommen an dem Ziegeleimuseum vorbei und wandern über den Rathausplatz. Vom E.-Beuter-Platz führt

## Klosterpfad

**Der Klosterpfad ist ganzjährig begehbar und auch für den Kinderwagen geeignet. Es gibt kaum Steigungen, dafür aber viele kulturelle Höhepunkte und lauschige Wälder.**

uns die Kurpromenade Richtung Kurhaus. Immer weiter geradeaus ist der Falkensteinplatz das erste Zwischenziel. Hier nutzen die Kinder gern die Gelegenheit, die große Spielburg mit ihren Türmen, Brücken und Seilen zu erforschen. Zügig sausen sie auf der langen Rutsche hinunter und erobern den Kletterfelsen. Im Sommer ist der Wasserspielbereich eine große Attraktion. Pumpe, Stauwehre und Wasserräder laden zu zahlreichen Spielvarianten ein. Zudem befindet sich auf dem Falkensteinspielplatz ein Hainbuchen-Labyrinth, in dem sich die kleinen Kinder gern verstecken.

Weiter führt unsere Wanderung über die Schweizer Wiese. Anschließend streifen wir die Siebentäler Therme und erreichen weiter über die Schweizer Wiese gehend die Bernbacher Straße, auf der wir weiter entlangwandern. Nachdem wir den Bernbach überquert haben, biegen wir rechts in den Graf-Rhena-Weg ein. Diesem folgen wir durch den Wald, bis wir das Kloster Frauenalb erreicht haben.

Am Ende der Wanderung haben die Familien eine Vielzahl von Informationen erhalten. So wissen sie beispielsweise, was eine Stunden-Kerze ist, was der Hintergrund des Sprechenden Zollhäusles ist oder was es mit dem Fluch der letzten Äbtissin auf sich hat. Zudem haben sie erfahren, wie am Morgen die Arbeit unter den Klosterleuten verteilt wurde oder was die Fastenregel beinhaltete. Zurück geht es wieder zu Fuß oder ganz gemütlich mit der Albtalbahn.

## Klosterdiplom

**Wer von euch alle Aufgaben gelöst hat, kann sich auf das Klosterdiplom freuen. Auf der Webseite www.klosterdiplom.de könnt ihr das Lösungswort eingeben. Danach steht die Urkunde mit eurem Namen zum Drucken bereit.**

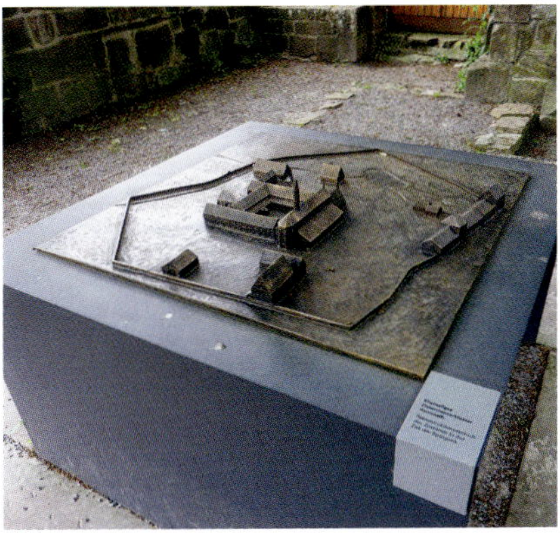

**Anschauliche Darstellung des ehemaligen Klosters**

# 4 Viele Länder in Kürze

## EUROPA-RUNDWANDERWEG DOBEL

**Der Europa-Rundwanderweg lässt Familien in kurzer Zeit die europäischen Mitgliedsstaaten besuchen. Dank vieler Bänke, die in den jeweiligen Landesfarben gestrichen wurden, ist die Wanderung sehr kurzweilig. Hier kann jeder aus der Ferne rätseln, um welches Land es sich als nächstes handelt.**

Der Rundweg beginnt nach dem Westwegtor. Ein Stern zu den Füßen der Wanderer zeigt die Richtung an. Als erstes erreichen die Eltern und Kinder über das Sonnenwegle den Brenntenwaldweg. Hier kommen sie an den Sitzbänken von Belgien, Deutschland, Frankreich und Luxemburg vorbei. Nun geht es am Brenntenwaldweg links abbiegend zur Höhenstraße. Hier können die Eltern und Kinder schnell erraten, zu welchem Land die Farben

leicht | 6,5 km | 1.30 h | 119 Hm

**Tourencharakter** Spannende Europa-Rundtour mit mehreren Rastmöglichkeiten und Kunstobjekten **Ausgangs-/Endpunkt** Dorfplatz Kurhaus/Westwegtor, 75335 Dobel **Altersempfehlung** Ab 7 Jahren **Anfahrt** Von Karlsruhe über Bad Herrenalb und die L340 bis Dobel. Ein Parkplatz lässt sich beim Dobler Kurhaus finden. Mit öffentlichen Verkehrsmitteln: mit dem Südwestbus Linie 719 von Bad Wildbad über Bad Herrenalb nach Dobel **Karte** KOMPASS Wanderführer Schwarzwald Nord, Die schönsten Wanderungen zwischen Pforzheim, Freudenstadt und Baden-Baden: Wanderführer mit Extra-Tourenkarte 1:50 000, 50 Touren, GPX-Daten zum Download, ISBN 978-3990440414 **Einkehr** Café Lauser, Schulstr. 6, 75335 Dobel, Tel. 07083/23 47 **Übernachtung** Gasthof zur Linde, Hauptstraße 19, 75337 Dobel, Tel. 04907/083 88 73, www.linde-dobel.de **Preise** Frei zugänglich **Tourist-Info** Kurverwaltung Dobel, Neue Herrenalber Str. 11, 75335 Dobel, Tel. 07083/745 13, www.dobel.de

Grün, Weiß und Rot gehören. Zudem haben sie von hier aus einen wunderbaren Weitblick. Weiter auf der Höhenstraße wandernd ist schnell der Bauhof erreicht. Hier kann man rechts abbiegen und befindet sich im Wald. Schon bald sind die Bänke von den Niederlanden und Dänemark zu sehen. An der nächsten Kreuzung präsentiert sich (noch!) die Bank von Großbritannien. Kurz danach ist wieder der Waldrand erreicht. Links können die Familien nun die Irland- und Griechenlandbank erkennen. Ein paar Minuten weiter wandernd lädt die Bank von Portugal zu einer Pause unter dem Blätterdach einer Kastanie ein.

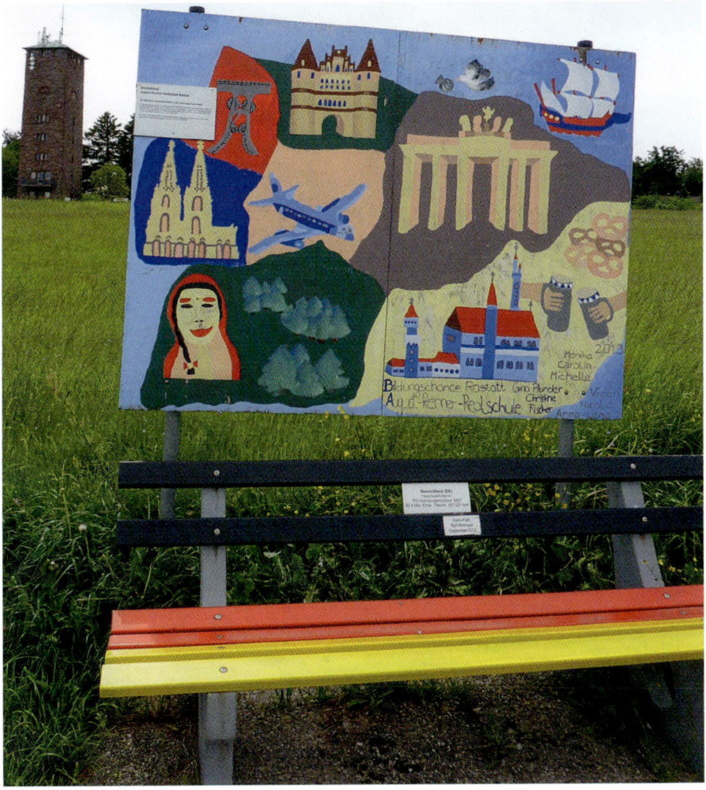


**Die bunte Bank von Deutschland auf dem Rundwanderweg**

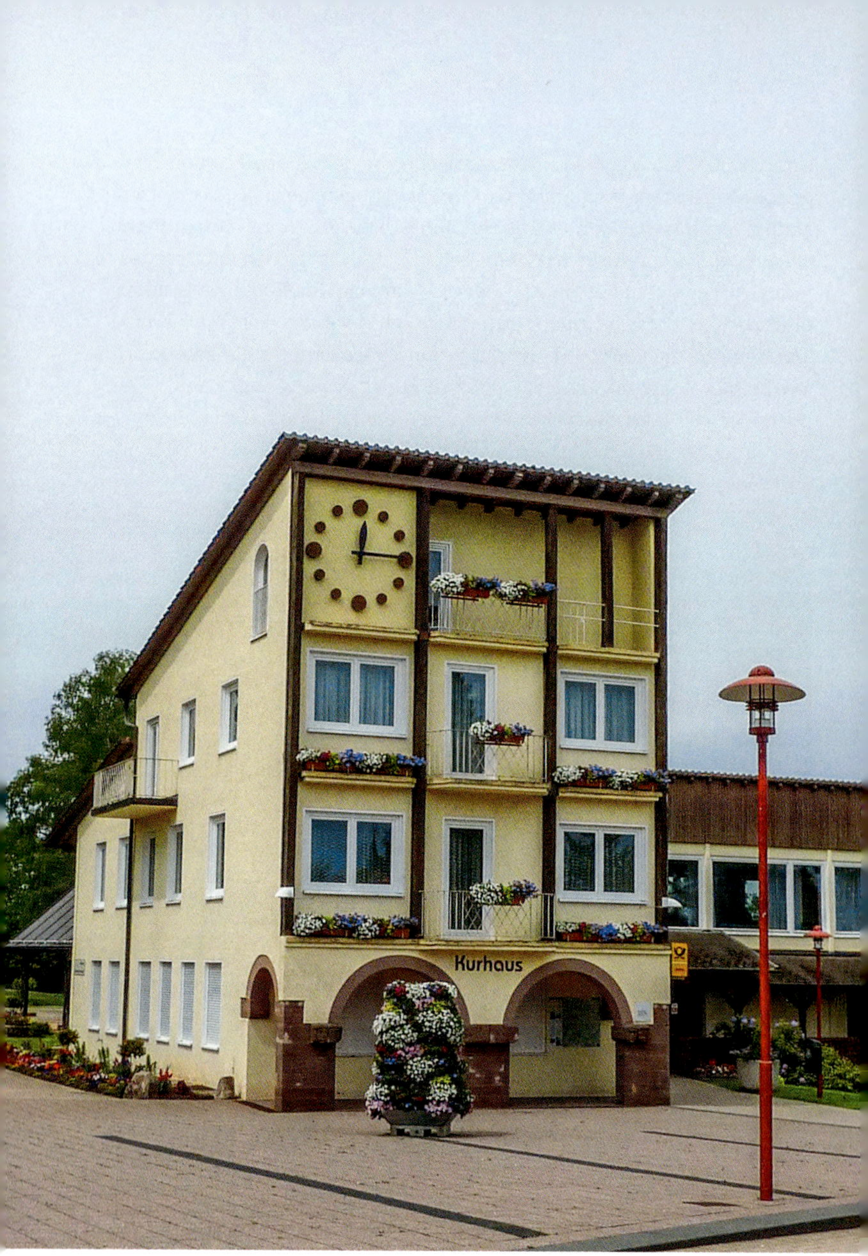


**Das Kurhaus in Dobel**

Über den Mannenbachheideweg und die Mannenbachheide führt die Strecke bis zum Parkplatz Jägerbrunnen. Dabei kommen die Eltern und Kinder an den Bänken von Griechenland, Schweden, Finnland und Österreich vorbei. Am Parkplatz selbst befindet sich eine weitere EU-Bank mit 27 Sternen und den Namen der EU-Länder. Über die Wildbader Straße ist als Nächstes die Bank von Malta am Waldrand in Sicht. Dann geht es rechts durch den Wald auf dem Klötzbuckelweg. Dieser erreicht dann den Engetürlesweg und streift unterdessen die Europa-Waldbank.

Die Bänke von der Slowakei und Polen sind dann auf dem Engetürlesweg und am Engetürle vorzufinden. Spannend wird es nachfolgend auf dem Engelweg. Hier befinden sich Engelsbilder unterschiedlicher Künstler.

Weiter geht es entlang des Waldrandes, wo weitere Bänke warten. Von hier aus bietet sich ein schöner Blick auf die Gegend. Nach dem Seitenwechsel auf der Neuenbürger Straße ist der Parkplatz Horntannhalde mit der dritten EU-Bank in Sichtnähe. Nun gilt es, dem Schwanner-Rainweg bis zum Ebenehardtweg zu folgen. Nach drei weiteren Bänken führt die Tour wieder durch den Wald, wo die letzten Sitzgelegenheiten des Europa-Rundwanderwegs warten.

Die Neusatzer Straße führt nun wieder in das Zentrum der Gemeinde bis zum Tótvázsony-Platz, wo in wenigen Minuten die Gemeindeverwaltung erreicht wird. Hier befindet sich auch der Ortskern mit seinen Restaurants und Cafés.

## Ratespaß

**Auf dem Wanderweg darfst du mitraten. Nicht nur, um welches Land es sich handelt, sondern auch, warum das eine oder andere Kunstobjekt gewählt wurde. Was hat das Pferd mit dem Land Spanien gemein? Oder was macht die Dame auf der Schwarzwaldbank? Finde es heraus!**

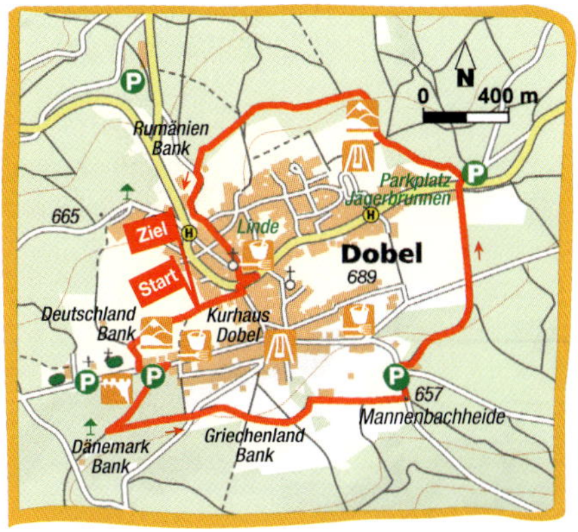

# 5 »Das kalte Herz«

## MÄRCHENWEG BAD WILDBAD

**Auf dem Märchenweg tauchen Eltern und Kinder tief in die spannende Erzählung *Das kalte Herz* ein. Zudem erhalten sie viele Hintergrundinformationen zu den Traditionen und dem Leben im Schwarzwald.**

Am Turm des Baumwipfelpfades beginnt der idyllische und informative Märchenweg. Der Baumwipfelpfad bietet nicht nur fantastische Ausblicke auf den Wald, sondern auch Möglichkeiten zum Klettern und Balancieren. Zudem gibt es eine 55 Meter lange Tunnelrutsche, die für die Besucher ein großer Spaß ist.

leicht | 3,2 km | 1.00 h | 53 Hm

**Tourencharakter** Gemütliche Wanderung auf Waldwegen auf den Spuren von WIlhelm Hauff **Ausgangs-/Endpunkt** Am Turm des Baumwipfelpfades **Altersempfehlung** Ab 1 Jahr **Anfahrt** Von Pforzheim nach dem Bahnhof Richtung Sommerberg. Der Parkplatz befindet sich am Peter-Liebig-Weg 10 in Bad Wildbad. Mit öffentlichen Verkehrsmitteln: von Pforzheim mit der Stadtbahn S6 bis zur Haltestelle Bad Wildbad Uhlandplatz. Weiter zu Fuß zur Talstation der Bergbahn. Von der Bergstation zum Turm des Baumwipfelpfades **Karte** KOMPASS Wanderführer Schwarzwald Nord, Die schönsten Wanderungen zwischen Pforzheim, Freudenstadt und Baden-Baden: Wanderführer mit Extra-Tourenkarte 1:50 000, 50 Touren, GPX-Daten zum Download, ISBN 978-3990440414 **Einkehr** Café & Aussichtsrestaurant Sommerberg-Hotel, Heermannsweg 5–7, 75323 Bad Wildbad, Tel. 07081/38 00 20, www.sommerberg-hotel.de **Übernachtung** Hotel Sonnenhof, Bismarckstr. 23, 75323 Bad Wildbad, Tel. 07081/929 60, www.sonnenhof-badwildbad.de/ **Preise** Märchenweg frei zugänglich, Bergbahn-Familienkarte ab 7,50 € **Tourist-Info** Tourist-Information, König-Karl-Str. 5, 75323 Bad Wildbad, Tel. 07081/102 80, www.bad-wildbad.de

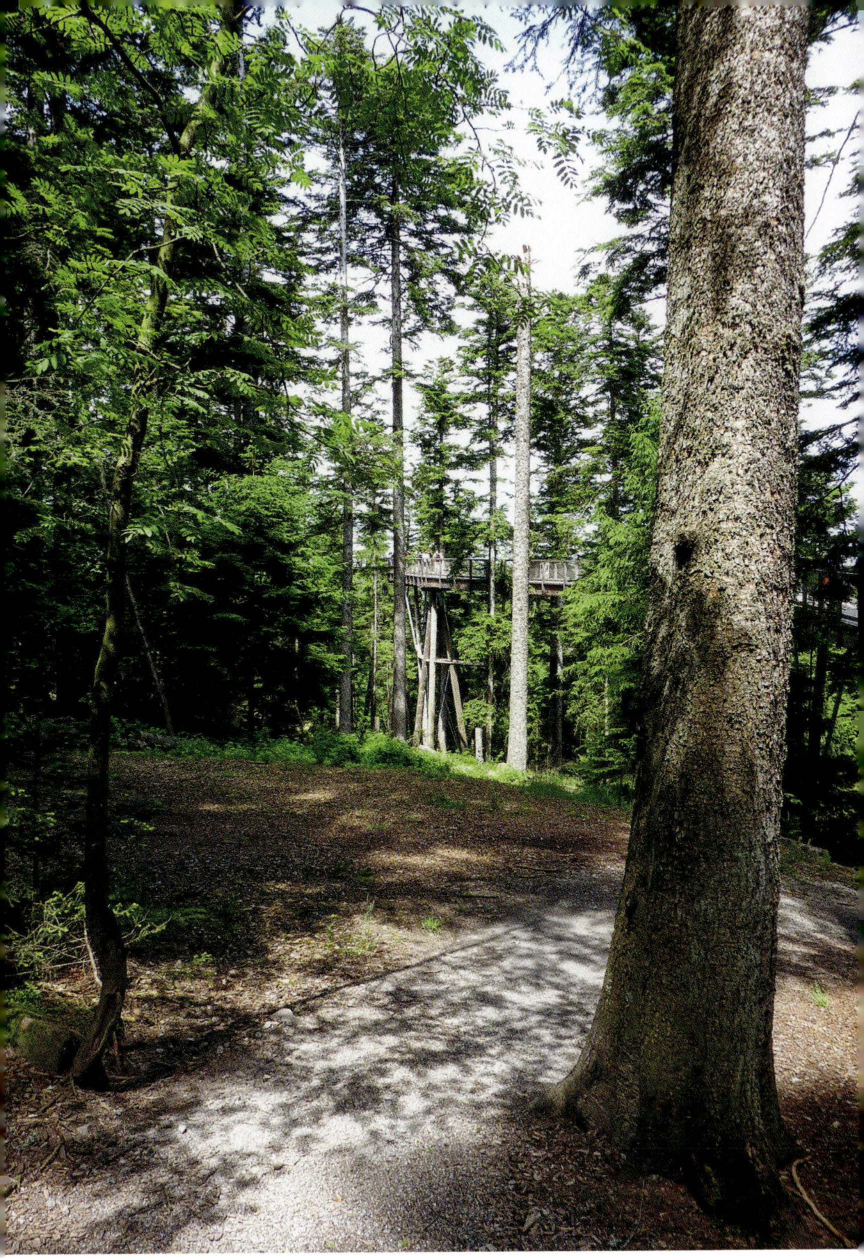

Auf den Spuren einer Erzählung von Wilhelm Hauff

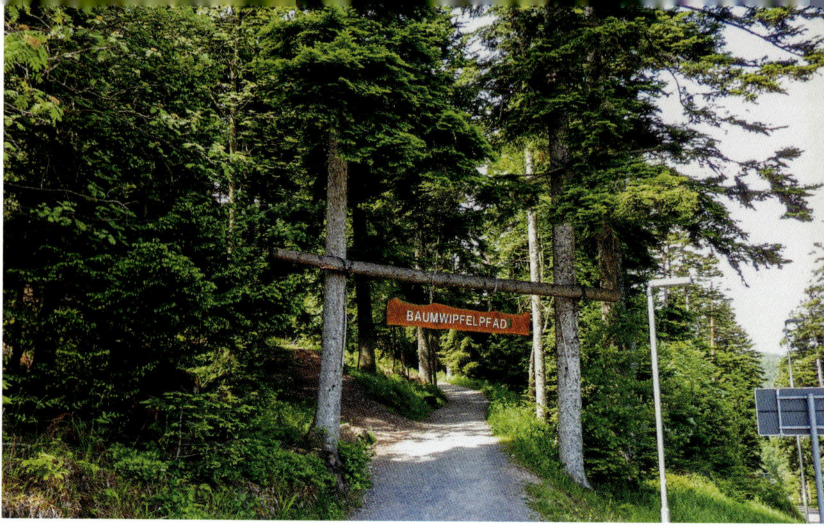


**Der Eingang zum Baumwipfelpfad**

Auf dem bequemen Weg vom Turm des Baumwipfelpfades, der auch für Buggys geeignet ist, tauchen die Familien in das Märchen *Das kalte Herz* ein. An zehn Stationen können sie der Geschichte lauschen und sich zudem an den Mitmachstationen ausprobieren.
Kurz hinter dem markanten Eingangsportal aus Holz befindet sich die erste Station. Eine Informationstafel stimmt die kleinen und großen Wanderer auf das Kommende ein, während sie dem ersten Teil des Märchens von Wilhelm Hauff lauschen. Die weiteren Stationen folgen rasch, während die Eltern mit ihren Kindern immer tiefer in den Wald kommen. Immer wieder gibt es bezaubernde Aussichten auf die Umgebung und Sitzgelegenheiten für eine kleine Pause.

Während das Märchen aus dem Schwarzwald die Familien auf dem Märchenweg begleitet, haben die Kinder die Möglichkeit, ein Steinherz zu fühlen und zu erfahren, wie ein Kohlenmeiler funktioniert. Nur wenig entfernt vom Hauptweg verläuft der Glasmännchenpfad, auf dem die Entdecker über große Steine und

### Das kalte Herz

**Wilhelm Hauff veröffentlichte sein Märchen *Das kalte Herz* im Jahr 1827. Es gehört zu seinen bekanntesten Erzählungen und ist heute noch sehr beliebt. Vielleicht liest du es einfach mal in deinem Märchenbuch nach.**

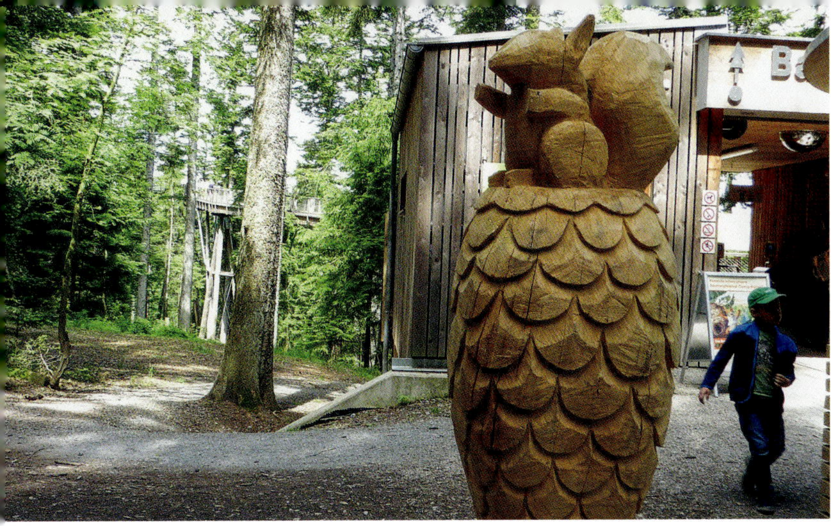

**Das Eichhörnchen begrüßt jeden Wanderer.**

Wurzeln den Spuren des Glasmännchens folgen. Am Ende des Märchenweges wissen die Kinder, wie das Märchen mit dem Köhler Peter Munk, dem Glasmännchen und dem Holländer Michel ausgegangen ist. Zudem haben die Familien Wissenswertes zu den Bäumen im Schwarzwald, zu der Tradition des Glasmachens und zu mancher Schwarzwälder Spezialität erfahren. In unmittelbarer Nähe des Märchenweges befindet sich die WILDLINE. Die Hängebrücke in Bogenform über das Enztal ist nichts für schwache Nerven. Mit ihrer Länge von 380 Metern bietet sie faszinierende Ausblicke in die Tiefe. Die WILDLINE hat im Sommer wie auch im Winter geöffnet.

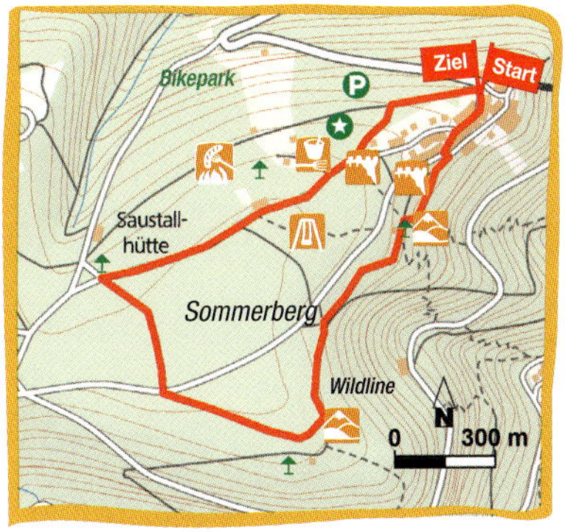


**Etwa eine Stunde vom Sommerberg entfernt befindet sich die Waldgaststätte Grünhütte. Diese bietet hausgemachte Spezialitäten und Kuchen an. Zudem sind die regional bekannten Heidelbeerpfannkuchen eine beliebte Leckerei. Weitere Infos unter www.gruenhuette.de.**

# 6 Am Bach entlang

## IN DAS SCHNEITBACHTAL

**Simmersfeld im Schwarzwald bietet aufgrund seiner Lage gemütliche Wanderwege ohne große Steigungen. Diese Wanderung führt zum Oberen Woog in das Schneitbachtal. Ein besonderes Highlight für Kinder ist das große Wasserrad.**

Simmersfeld ist ein Luftkurort und liegt zwischen dem Oberen Enztal und dem Nagoldtal auf der Enz-Nagold-Platte. Die ebenen Flächen ohne größere Steigungen eignen sich hervorragend zum Wandern oder auch Radfahren. Im Winter dagegen verwandelt sich Simmersfeld in eine weiße Traumlandschaft. Die eingeschneiten Hügel sehen aus wie einem Wintermärchen entsprungen. Mehrere Pisten und Waldabfahrten, aber auch gespurte Loipen stehen für das Wintervergnügen bereit. Anfänger wie fortgeschrittene Wintersportler finden hier alles für ihre sportliche Betätigung.

leicht | 7,7 km | 2.00 h | 150 Hm

**Tourencharakter** Kurze Wanderung zum Oberen Woog und durch das Schneitbachtal **Ausgangs-/Endpunkt** Freudenstädter Straße, 72226 Simmersfeld **Altersempfehlung** Ab 5 Jahren **Anfahrt** A8 bis Ausfahrt Pforzheim-West oder A81 über die Ausfahrt Herrenberg. Mit öffentlichen Verkehrsmitteln: mit der Bahn bis Bahnhof Nagold. Von dort oder von Altensteig aus mit Bus 7781 bis nach Simmersfeld **Karte** KOMPASS Wanderführer Schwarzwald Nord, Die schönsten Wanderungen zwischen Pforzheim, Freudenstadt und Baden-Baden: Wanderführer mit Extra-Tourenkarte 1:50 000, 50 Touren, GPX-Daten zum Download, ISBN 978-3990440414 **Einkehr** Gasthof Adler, Besenfelder Str. 7, 72226 Simmersfeld, Tel. 07484/841 **Übernachtung** Hotel Anker, Altensteiger Str. 2, 72226 Simmersfeld, Tel. 07484/361, www.anker-simmersfeld.de **Preise** Frei zugänglich **Tourist-Info** Gemeinde- und Kurverwaltung, Gartenstr. 14, 72226 Simmersfeld, Tel. 07484/932 00

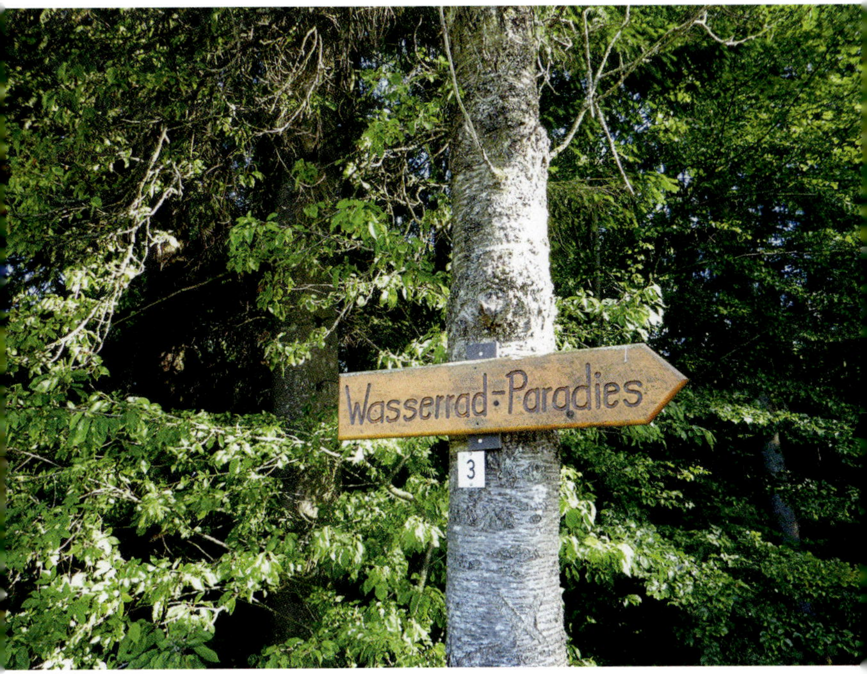


**Immer dem Wegweiser folgen**

Von der Freudenstädter Straße im Zentrum des Ortes biegen wir in die Dielstraße ein, der wir ein Stück geradeaus folgen. Rechts wandern wir nach kurzer Zeit auf dem Paradiesweg weiter, der uns schließlich aus dem Ort heraus und in den Wald hinein bringt. Wir gelangen immer tiefer in das dichte Grün und biegen kurz vor der Paradieshütte links ab. Nun wandern wir parallel zum Zugbach bis zum Oberen Woog. Das Gewässer liegt ganz friedlich und

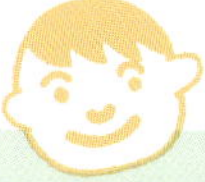

### Baumarten

**Im Wald gibt es immer etwas zu entdecken. Kennst du eigentlich schon die ganzen Baumarten? Schau dich mal um. Von welchen Bäumen weißt du die Namen?**

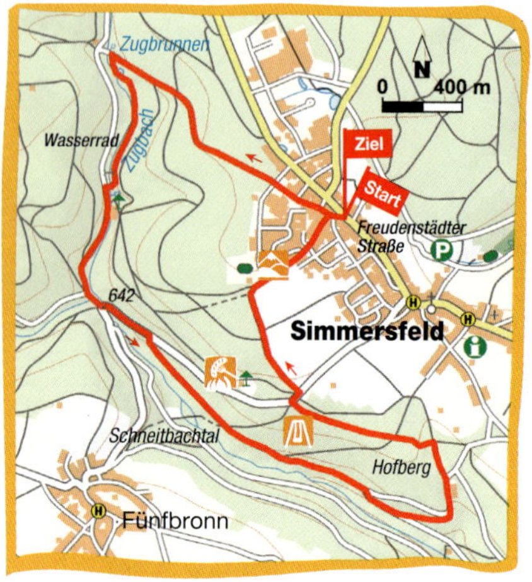


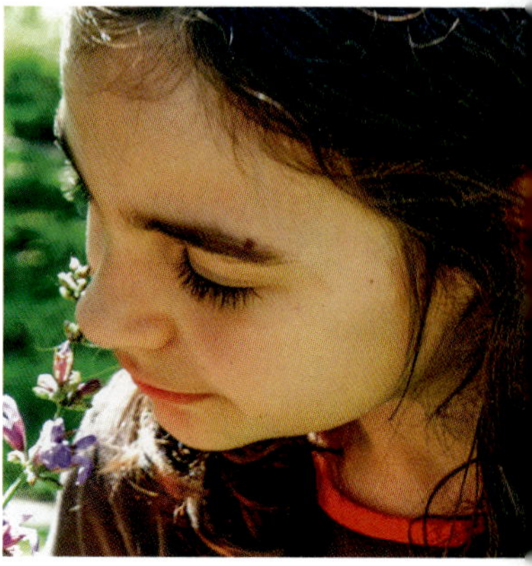

**Betörender Duft**

idyllisch inmitten des Waldes. Den Oberen Woog umrunden wir halb und erreichen weiter auf unserem Weg den Standort einer ehemaligen Mühle. Zu sehen gibt es hier ein großes Wasserrad, was besonders Kinder immer sehr spannend finden. Weiter auf unserer Wanderung gelangen wir tiefer in das Schneitbachtal. Später biegen wir links ab und überqueren einige kleine Bachläufe. Nach einer weiteren Abbiegung nach rechts wandern wir parallel zum Schneitbach. Links führt uns die Strecke über den Hofberg zum Waldrand. Hier spazieren wir gemütlich weiter und queren die Mühlstraße und die Fünfbronner Straße, bis wir rechts in die Dielstraße einbiegen können. Diese bringt uns wieder zum Ausgangspunkt in der Freudenstädter Straße von Simmersfeld.

Nach der zweistündigen Wanderung ist es empfehlenswert, im Gasthof Adler in der Besenfelder Straße einzukehren. Der Gasthof gilt als besonders kinderfreundlich. In der gemütlichen Atmosphäre können Familien entspannt Schwarzwälder Gerichte genießen.

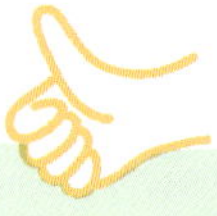

## Abstecher

**Etwa sieben Kilometer von Simmersfeld entfernt befindet sich die Nagoldtalsperre. Sie liegt inmitten eines Landschaftsschutzgebietes und ist lohnenswert für einen Ausflug. Der Stausee ist gerade in den schönen Monaten ein Treffpunkt für Segler, Taucher und Spaziergänger. Im Vorsee ist das Baden erlaubt.**

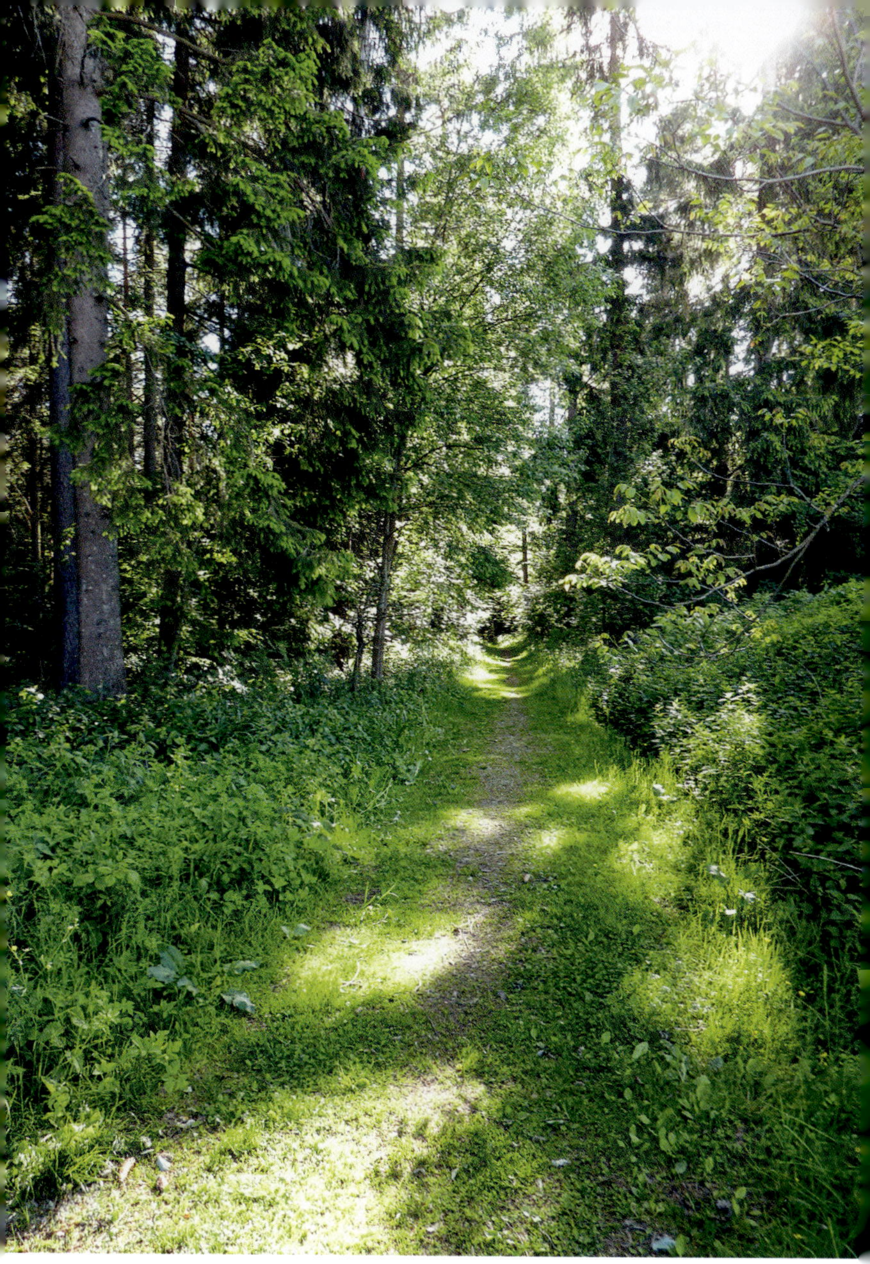

**Hier kann man den Vogelstimmen im Wald lauschen.**

# 7 Der Geist und die Nixe

## MUMMELSEE

**Von der Hornisgrinde führt die Wanderung über waldige Strecken und das Hochmoor zu zwei Aussichtstürmen. Weiter geht es zum idyllisch gelegenen Bergsee mit seinem Furcht einflößenden Wassergeist. Ab und zu wird der heute sehr freundliche Geist auf dem Holzsteg gesehen.**

Auf der Hornisgrinde am Wanderparkplatz Seibelseckle startet diese Wanderung. Die Hornisgrinde ist 1163 Meter hoch und damit auch der höchste Berg im nördlichen Schwarzwald.
An einer Rasthütte vorbei erreichen die Eltern und Kinder in Kürze den Wald. Ein bequemer weicher Waldweg führt sie leicht aufwärts. Bald darauf wird es wieder etwas heller und einzelne Heideflächen sind zu sehen.

mittel | 5,6 km | 2.00 h | 210 Hm

**Tourencharakter** Aussichtsreiche Tour zum sagenträchtigen Mummelsee **Ausgangs-/Endpunkt** Parkplatz am Seibelseckle an der Schwarzwaldhochstraße **Altersempfehlung** Ab 4 Jahren **Anfahrt** Über die B500 bzw. Schwarzwaldhochstraße in Richtung Freudenstadt. Mit öffentlichen Verkehrsmitteln: mit den Bussen der Panoramalinie 7123 ab Bahnhof Achern bis zur Haltestelle Mummelsee **Karte** KOMPASS Wanderführer Schwarzwald Nord, Die schönsten Wanderungen zwischen Pforzheim, Freudenstadt und Baden-Baden: Wanderführer mit Extra-Tourenkarte 1:50 000, 50 Touren, GPX-Daten zum Download, ISBN 978-3990440414 **Einkehr** Rasthütte Seibleseckle, 72270 Seebach, Tel. 07842/308 92, www.seibelseckle.de **Übernachtung** Berghotel Mummelsee, Schwarzwaldhochstr. 11, 77889 Seebach, Tel. 07842/992 86, www.mummelsee.de **Preise** Frei zugänglich **Tourist-Info** Tourist-Information Seebach, Ruhesteinstr. 21, 77889 Seebach, Tel. 07842/94 83 20, www.seebach-tourismus.de

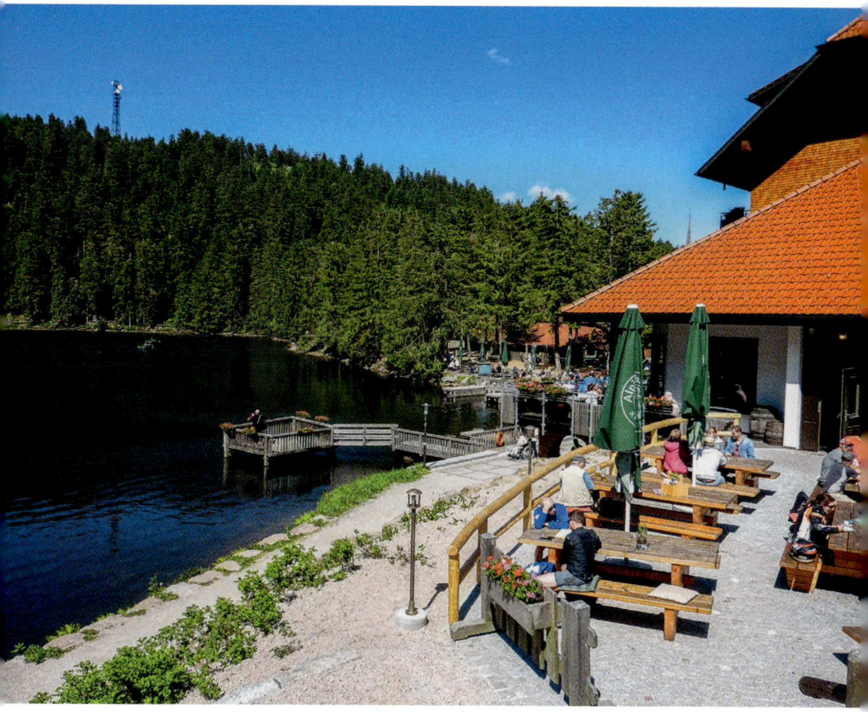

**Ein idyllischer Ort für eine Wanderpause am See**

Nun geht es am Dreifürstenstein, der aus einer großen Felsenplatte aus Bundsandstein besteht, vorbei. Gerade im Sommer bietet das lauschige Plätzchen Schatten und etwas Abkühlung. Danach lassen die Familien den Wald hinter sich. Für die Kinder wird es jetzt besonders spannend. Auf ebenen Holzstegen geht es nun über das Hochmoor. Zudem gibt es hier schöne Aussichten zu genießen. Am Ende des

**Um den Mummelsee ranken sich mehrere Sagen. So spielen auch die Gedichte *Die Geister am Mummelsee* von Eduard Mörike oder *Der Mummelsee und Die Lilien* und *Mummelsees Rache* von August Schnezler dort.**

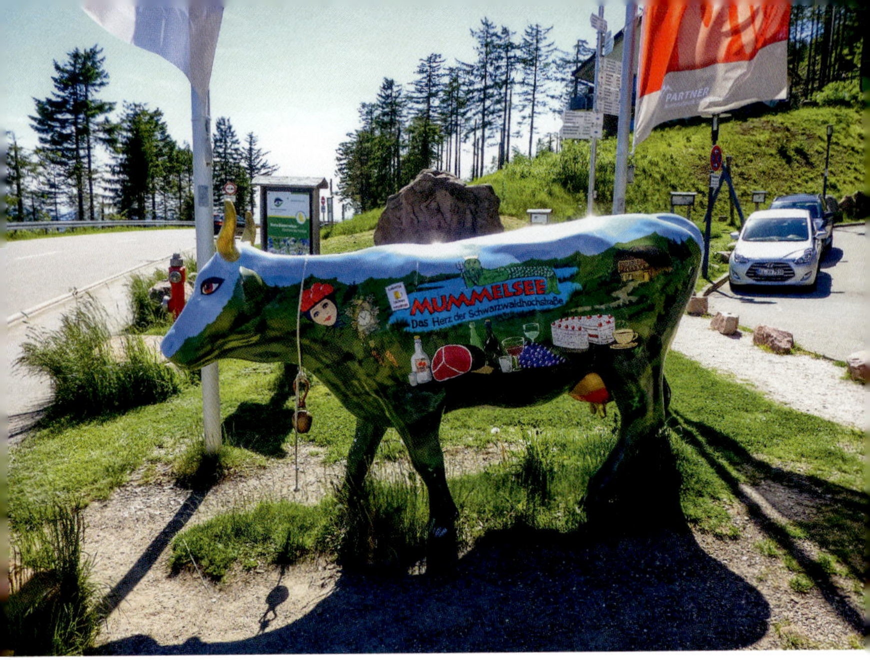


**Die bunte Kuh zeigt die Spezialitäten, die am See erhältlich sind.**

Holzsteges, der höchsten Stelle auf der Hornisgrinde, werden die Familien von dem kleinen Bismarckturm erwartet. Dieser misst gerade mal sieben Meter und steht seit 1871 an dieser Stelle. Hier können die Wanderer geschwind über die Leiter nach oben klettern und den Blick in die Ferne schweifen lassen. Ein Stück weiter auf der Strecke wird der Hornisgrindeturm erreicht. Auch dieser Turm bietet herrliche Fernsichten. Der 23 Meter hohe Turm wurde erst später im Jahr 1910 erbaut.

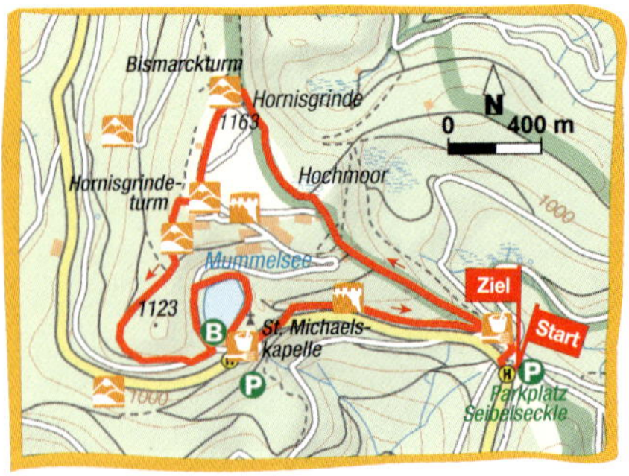


Die Wanderung führt nun über eine schöne Waldstrecke bis zum Mummelsee. Der 18 Meter tiefe See gehört zu den beliebtesten Seen im Schwarzwald und ist einer der letzten Karseen. Um ihn herum führt ein barrierefreier Rundweg, auf dem einige moderne Kunstwerke errichtet wurden. Der Name des Mummel-

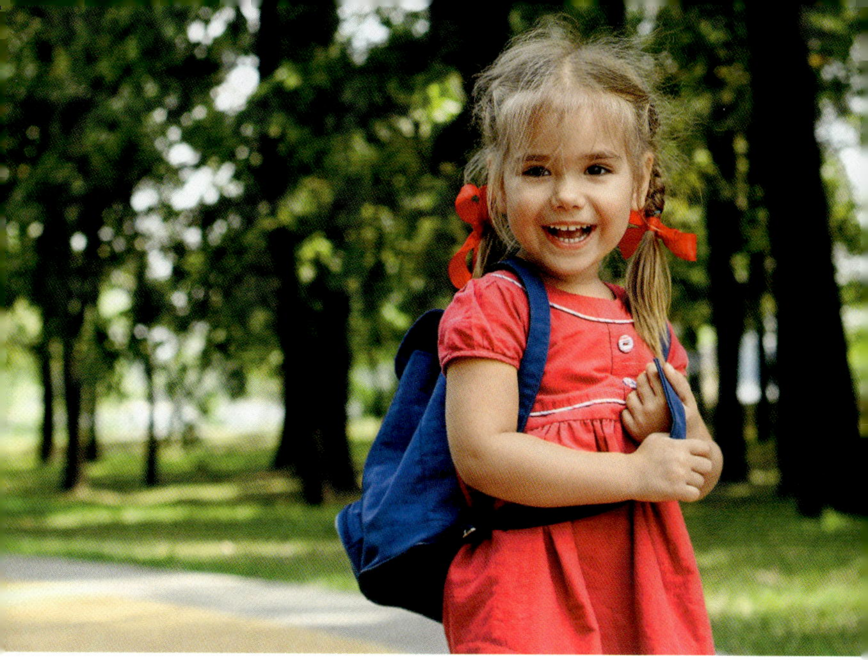

**Bei ihrem Anblick strahlen kleine Mädchen gern.**

sees geht wohl auf das einstige Vorkommen von weißen Seerosen zurück. Diese wurden von den Bewohnern auch als »Mummeln« bezeichnet. Mitten im See thront auf einem großen Stein eine kleine Meerjungfrau.

Direkt am Mummelsee liegt das idyllische Berghotel Mummelsee, welches auf eine lange Geschichte zurückblicken kann. Zudem befindet sich vor Ort ein Schwarzwaldladen, der mit seinem kräftig geräucherten Schwarzwälder Schinken schon von Weitem zu riechen ist.

Dann geht es an der St.-Michael-Kapelle vorbei. Links abbiegend durch das Mummelseetor führt die Strecke durch den Wald zurück zur Seibelseckle.

### Der Geist vom Mummelsee

**Früher glaubten die Bewohner, dass im Mummelsee ein böser Geist wohnt, der ihnen schaden wolle. Keiner traute sich, ein Steinchen in das Wasser zu werfen, aus Angst, bestraft zu werden. Mit ein bisschen Glück ist der Geist auf dem Holzsteg des Sees zu sehen. Mit seiner Größe von ca. zwei Metern und seinem grünen Gesicht wirkt er sehr beeindruckend.**

# 8 Wilde Wasserspiele

## SANKENBACH-WASSERFALL BAIERSBRONN

**Vom Tal in Baiersbronn führt die Tour zum Sankenbachsee, wo sich auch der gleichnamige Wasserfall befindet. Hier haben die Kinder die Gelegenheit, selbständig die Schleusen des Wasserfalls zu öffnen oder zu schließen.**

Baiersbronn liegt im oberen Murgtal zwischen dem Schliffkopf und dem Ruhestein. Die Gemeinde mit ihren neun Ortsteilen hält eine Vielzahl von Sehenswürdigkeiten bereit. Neben dem Kulturpark Glashütte-Buhlbach und Hauffs Märchenmuseum gibt es in Baiersbronn viele Natursehenswürdigkeiten in Form von Karseen. Dazu zählen der Huzenbacher See, der Wildsee wie auch der Sankenbachsee, zu dem die nachfolgende Wanderung führt.

mittel | 10,9 km | 3.00 h | 349 Hm

**Tourencharakter** Längere Tour auf bequemen Wegen zum Sankenbachsee und -wasserfall mit Holzschleuse **Ausgangs-/Endpunkt** An dem ehemaligen Sessellift Stöckerkopf, Sankenbachstr., 72270 Baiersbronn **Altersempfehlung** Ab 6 Jahren **Anfahrt** Über die B462 nach Baiersbronn, dort abbiegen in die Sankenbachstraße. Mit öffentlichen Verkehrsmitteln: mit der Regionalbahn oder S-Bahn bis Baiersbronn Bahnhof. Von dort ca. 800 m zu Fuß **Karte** KOMPASS Wanderführer Schwarzwald Nord, Die schönsten Wanderungen zwischen Pforzheim, Freudenstadt und Baden-Baden: Wanderführer mit Extra-Tourenkarte 1:50 000, 50 Touren, GPX-Daten zum Download, ISBN 978-3990440414 **Einkehr** Glasmännlehütte, Stöckerkopf 1, 72270 Baiersbronn, Tel. 07442/12 14 33, www.glasmaennlehuette.de **Übernachtung** Hotel Krone, Freudenstädter Str. 32, 72270 Baiersbronn, Tel. 07442/841 10, www.krone-baiersbronn.de **Preise** Frei zugänglich **Tourist-Info** Tourist-Information Baiersbronn, Rosenplatz 3, 72270 Baiersbronn, Tel. 07442/841 40, www.baiersbronn.de

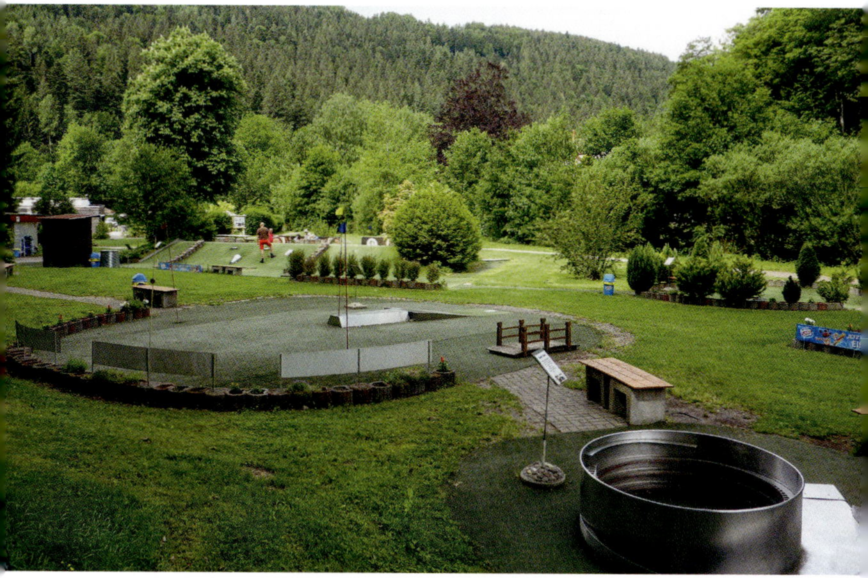

**Sportliche Auszeit in Baiersbronn**

Von der Sankebachstraße geht es links zum ehemaligen Parkplatz des Sesselliftes Baiersbronn, dessen Betrieb vor einiger Zeit eingestellt wurde. Die Wanderung führt in Richtung des Sankenbaches, der auch überquert wird. Kurz danach gilt es, dem linken Weg zu folgen. Parallel zum Sankenbach nehmen wir den Weg unterhalb des Sankenbach-Wasserfalls bis zum Spielplatz. Hier gilt es, eine kleine Pause einzuplanen, damit die Kinder genug Zeit zum Spielen haben. Weiter auf unserem Weg überqueren wir wiederum den Sankenbach. Immer weiter leicht aufwärts führt die Wanderung schließlich zum Sankenbachsee. Am See

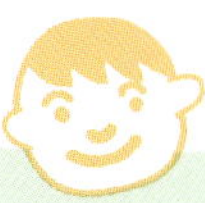

**Zum Ausprobieren**

**Aus einem Stück Rinde, einem Hölzchen und einem Blatt lässt sich in Windeseile ein Boot bauen. Probiere es mal aus und lass das Boot auf dem Wasser des Wasserfalls hinuntersausen.**

## Fahrradtouren

**Baiersbronn hält eine Vielzahl von kindertauglichen Mountainbike-Strecken bereit. Die Strecken sind zwischen 10 und 50 Kilometer lang und stellen geringe Ansprüche an die Kondition. Informationen zu geeigneten Strecken sind bei der Baiersbronn Touristik erhältlich.**

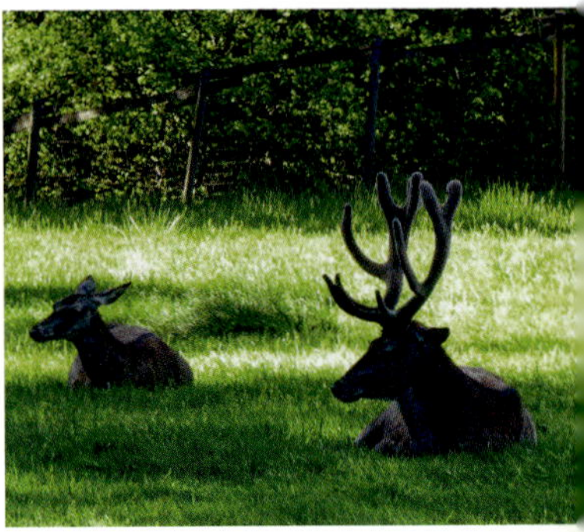

**Stolz reckt der Hirsch sein Geweih in die Luft.**

laden einige Bänke zum Verweilen und zur Entspannung ein. Weiter am See entlang gelangt man zum Wasserfall. Hier stürzt das Wasser etwa 40 Meter in mehreren Etappen hinab. Ein besonderes Highlight für die Kinder ist das Betätigen der Holzschleuse. Hier können sie als Schleusenwart tätig werden und das Wasser stauen. Kurze Zeit später wird das Wasser durch das Öffnen des Schiebers in das Tal gelassen.

Ein schöner Grillplatz lädt vor Ort zum Pausieren ein. An der rechten Seite des Sankenbach-Wasserfalls verläuft die Wanderung weiter. Nach dem Stück, welches rechts steil weiterverläuft, ist das nächste Teilziel die Wasserfallhütte, die als Schutzhütte und Rastmöglichkeit dient. Links führt dann die Wanderung über eine Quelle weiter. Ein kleinerer Weg bringt uns zu einem Schotterweg, von dem die Tour links weiterführt. An der Wasenhütte kann man erneut innehalten. Diese ist zwar geschlossen, kann aber für eine Rast genutzt werden. Über den mittleren Weg geht es nun wieder über die Glasmännlehütte in das Tal von Baiersbronn. Dieser Abschnitt bietet herrliche Ausblicke.

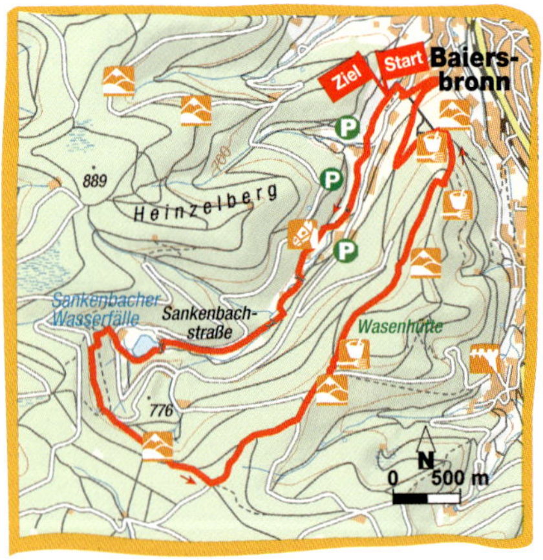

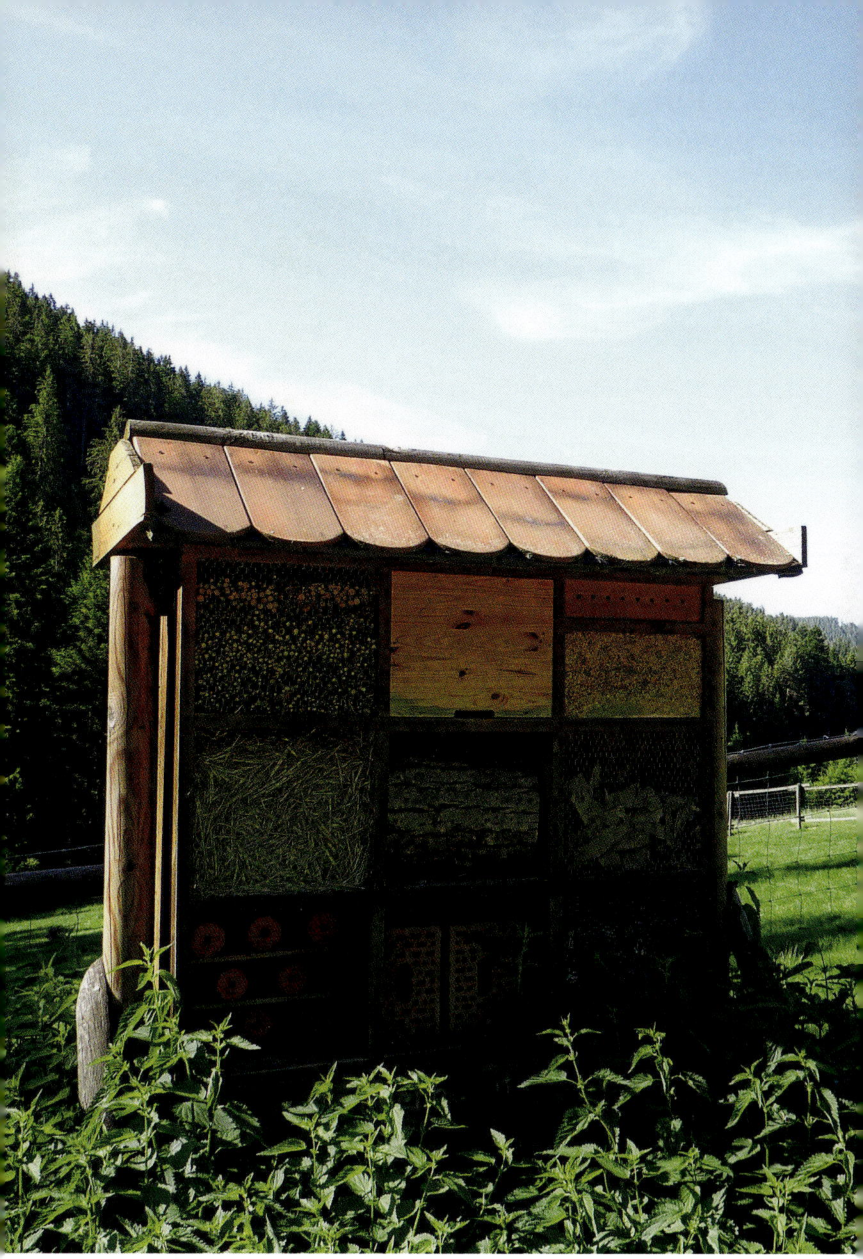

**Das Insektenhotel ist der Lieblingsort der fleißigen Bienchen.**

# 9 Fantastische Aussichten

AM ELLBACHSEE

**Die Wanderung zum Ellbachsee ist eine aussichtsreiche Rundtour. Von der großen Aussichtsplattform führt die Tour über die Ellbachseehütte direkt zum kleinsten Karsee des Schwarzwaldes. Über den Rosshimmel-Wasserfall geht es dann gemütlich wieder zum Wanderparkplatz.**

Vom Wanderparkplatz bei Kniebis wandern wir ein paar Minuten über den Heimatpfad durch den Wald. Schon bald erreichen wir den ersten Aussichtspunkt. Rutschsichere Schuhe sind hier von Vorteil. Auf einem steinigen kleinen Weg geht es geradewegs bergauf, wobei etwa 150 Meter Höhenunterschied bewältigt werden.

leicht | 6,8 km | 2.00 h | 227 Hm

**Tourencharakter** Kurzweilige Strecke mit schönen Aussichten zum Karsee **Ausgangs-/Endpunkt** Wanderparkplatz Kohlwald, Schwarzwaldhochstraße, 72250 Kniebis **Anfahrt** Über die Schwarzwaldhochstraße (B28 bzw. B500) zwischen Freudenstadt und dem Renchtal. Mit öffentlichen Verkehrsmitteln: vom Bahnhof Freudenstadt mit Bus 7266 bis Kniebis Skistadion/Besucherzentrum. Von der Haltestelle etwa 15 Minuten zu Fuß **Altersempfehlung** Ab 5 Jahren **Karte** KOMPASS Wanderführer Schwarzwald Nord, Die schönsten Wanderungen zwischen Pforzheim, Freudenstadt und Baden-Baden: Wanderführer mit Extra-Tourenkarte 1:50 000, 50 Touren, GPX-Daten zum Download, ISBN 978-3990440414 **Einkehr** Kniebishütte, Straßburger Str. 347, 72250 Freudenstadt, Tel. 07442/12 11 60, www.kniebishuette.de **Übernachtung** Hotel Pension Klosterhof, Alte Passstr. 49, 72250 Freudenstadt-Kniebis, Tel. 07442/604 40 00, www.kniebis.de **Preise** Frei zugänglich **Tourist-Info** Besucherzentrum Schwarzwaldhochstraße Freudenstadt-Kniebis, B28, 72250 Freudenstadt, Tel. 07442/75 70, www.kniebis.de

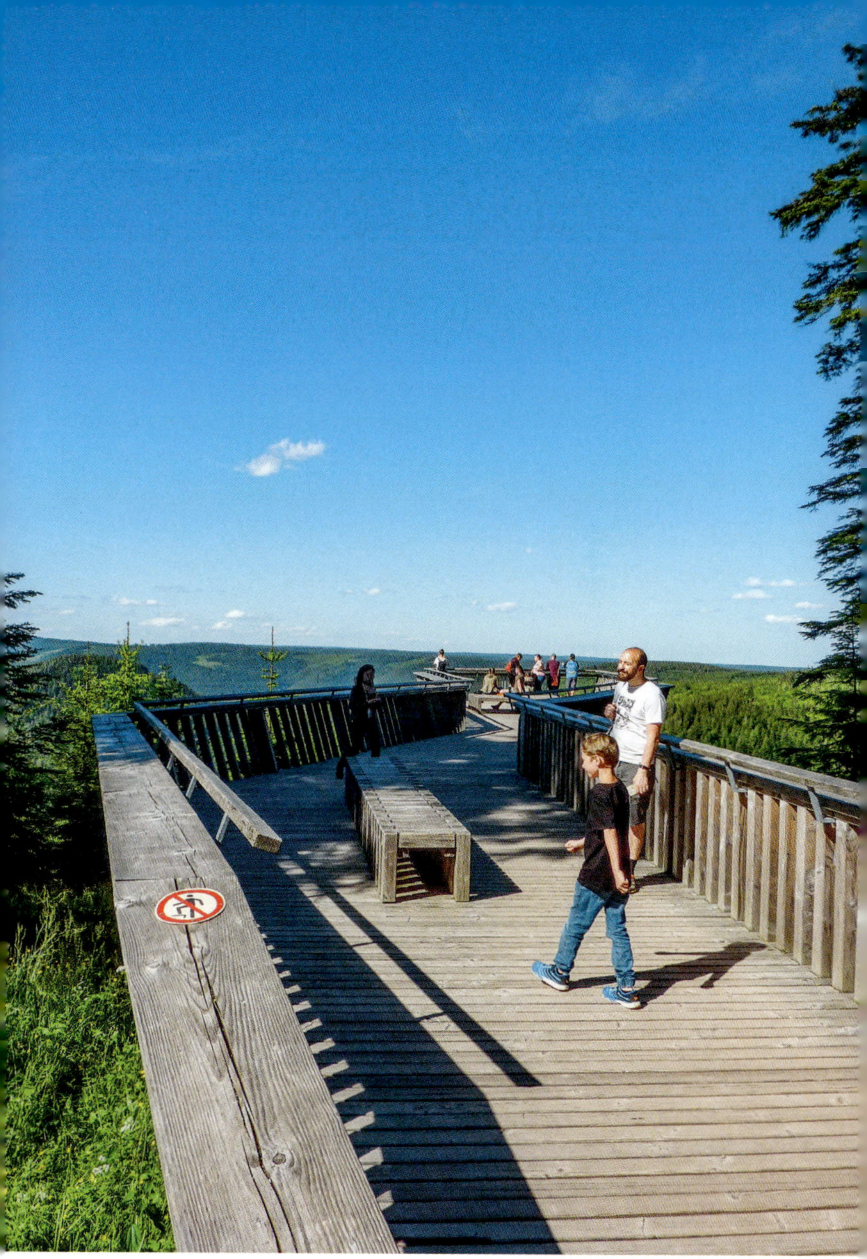

**Grandiose Aussichten ermöglicht die Aussichtsplattform.**

Der Ellbachseeblick verfügt über eine große Aussichtsplattform, von der man gerade bei schönem Wetter einen fantastischen Blick hat. Hier kann man den Ellbachsee oder auch die Hornisgrinde mit ihren 1163 Metern sehr gut erkennen. Nach einer kurzen Rast geht es rechts auf dem Weg weiter. Ein kleiner, sehr schöner, vorerst gerader und später im Zickzack verlaufender Weg führt uns direkt zur Ellbachseehütte. Jetzt sind es nur noch wenige Meter, bis wir nahe am Ellbachsee sind. Ganz ruhig und verträumt liegt der See inmitten von viel Wald. Der durch Gletscher entstandene Karsee gilt als Naturdenkmal und ist nur bis zu zwei Meter tief. Inmitten des Sees befindet sich eine kleine Insel, auf der einige Moorbirken wachsen. Am Ufer wuchern seltene Pflanzen. Aber auch Tiere wie die Zwergtaucher haben es sich hier gemütlich gemacht und sorgen für ihren Nachwuchs.

**Bei sehr trockenem Wetter ist der Rosshimmel-Wasserfall kaum zu entdecken. Dagegen ist im Frühling – zur Zeit der Schneeschmelze – der Wasserfall sehr tosend und kaum zu übersehen.**

Vom Ellbachsee wandern wir links gehend geradeaus. Wir folgen dem Weg durch den Wald und erreichen das nächste Teilziel. Der Rosshimmel-Wasserfall zieht sich mitten durch den Wald. Bei heißen Temperaturen wirkt es sehr abkühlend, in seiner Nähe zu sein. Je nach Wetter der letzten Tage sprudelt das Wasser an der Karwand hinunter oder plätschert fast spielerisch sanft vor sich hin. Wir folgen dem Weg weiter und erreichen den Gutellbach. Eine kurze Weile, nachdem wir ihn hinter uns gelassen haben, führt die Tour in

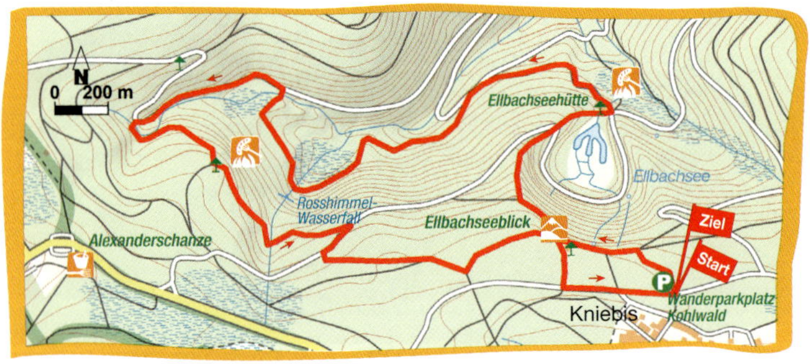

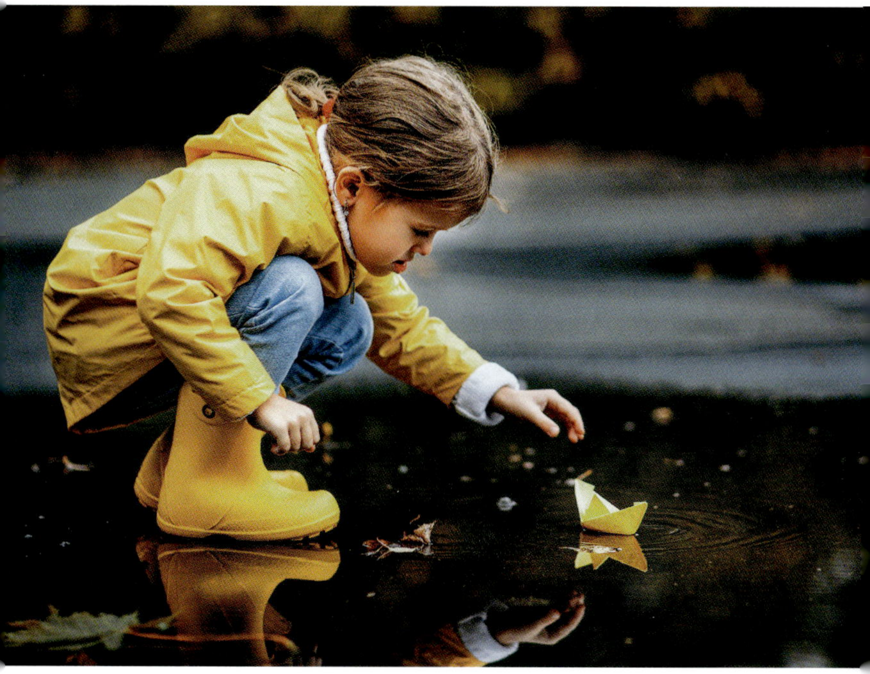

**In Pfützen spielen ist toll!**

zwei Linkskurven weiter. Ein gutes Stück wandern wir nun parallel zum Gutellbach. Nach zwei weiteren Bachüberquerungen führt die Strecke auf einer großen Linkskurve weiter bis zum Guterbrunnenweg. Diesem folgen wir, bis wir an einer Wegkreuzung links weitergehen können. Rechts auf den Heimatpfad abbiegend und dann wieder links treffen wir auf den Wanderparkplatz.

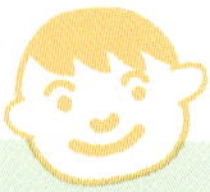

## Wasserbewohner im See

**Im Ellbachsee sollen einige Wassergeister und Elfen wohnen. Einige Märchen und Sagen berichten von wundersamen Dingen, die hier vor sich gehen. Vielleicht siehst du einen Wasserbewohner inmitten des blauen Wassers?**

# Spaß am Wasser

Wunderbare Entdeckungen können am Bach oder am Fluss gemacht werden. Hier lässt sich die Natur einzigartig erforschen. Neben dem Singen der Vögel summen die Insekten, die Frösche stimmen ein Konzert an und das Wasser gibt sprudelnde, glucksende oder plätschernde Geräusche von sich. Neben kleinen und großen Steinen gibt es Morast oder auch Sand, wo sich allerlei Tiere befinden.

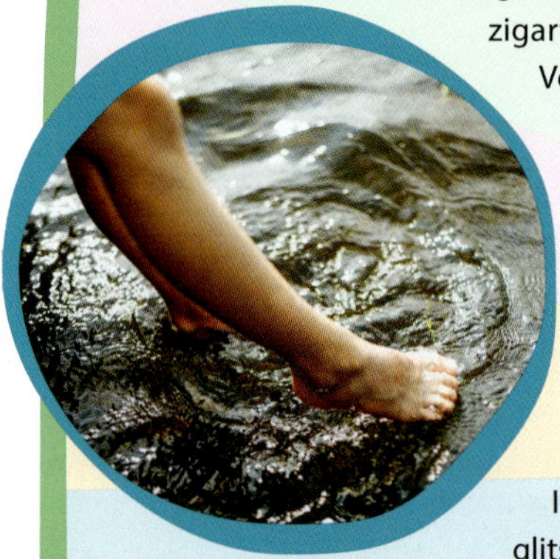

## Staunen am Wasser

Im Wasser kann man den Schlamm oder glitschige Steine spüren, treibendes Holz und Blätter beobachten oder einfach kleine Wasserströmungen beobachten. Kleine Fische, Kaulquappen oder Wasserschnecken tummeln sich im Gewässer, während Libellen ihre Schönheit und Anmut zeigen.

## Achtsamkeit

Ein wenig Achtung vor der Natur ist aber am Bach und am See angeraten. Brütende Vögel halten sich gern im Uferbereich auf und möchten nicht gestört werden. Schilf und Gräser dienen ihnen als geschützter Raum. Steile Uferböschungen können brechen und es kann sich im Wasser der eine oder andere Pfahl befinden. Manche Gewässer

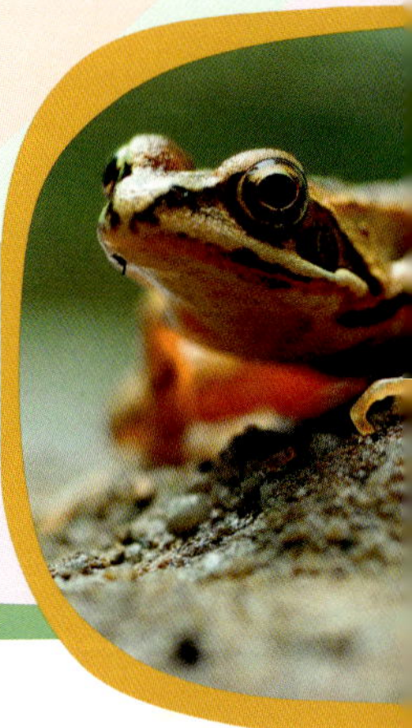

sind auch nicht sehr sauber oder einfach zu flach, um hineinzuspringen. An manchen Stellen gibt es vielleicht starke Strömungen oder auch Wurzeln am Ufer, an denen man sich leicht verfangen kann oder Moos, das die Steine bedeckt, welches eine wirkliche Rutschgefahr darstellt.

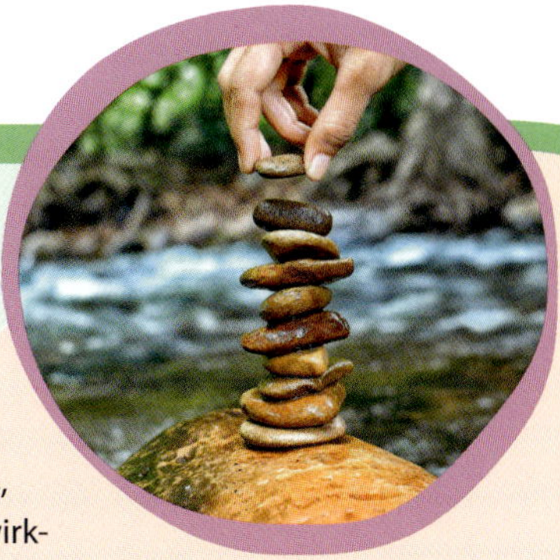

## Kleine Baumeister

Auf Kinder wirkt Wasser wie ein Magnet und lädt zum stundenlangen Spielen ein. Hier werden ausdauernd Staudämme gebaut, kleine selbstgemachte Boote zu Wasser gelassen oder auch kleine Gebäude aus Steinen oder Hölzchen errichtet.

## Die Frösche und der Storch

Dieses Spiel ist vielen Kindern in ländlichen Gegenden bekannt. Das Ufer eines Baches gilt dabei als Startpunkt. Alle Kinder bis auf eines gehen in die Hocke und stellen so Frösche dar. Das einzelne Kind steht in größerer Entfernung zum Ufer und ist der Storch. Ziel für den Storch ist es, die Frösche zu fangen. Mit dem Satz »Passt auf, passt auf! Der Storch geht um!« sieht es in die entgegengesetzte Richtung der Frösche. Diese hüpfen derweil möglichst nah an den Storch hin. Nach dem letzten Wort blickt sich der Storch pfeilschnell um. Ist ein Fröschlein noch in Bewegung, muss es an das Bachufer zurück. Wer als erstes Fröschlein den Storch erreicht, hat gewonnen und darf als Nächstes den Storch spielen.

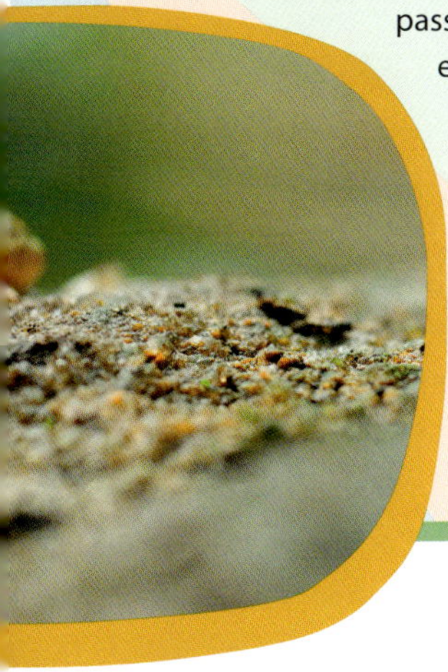

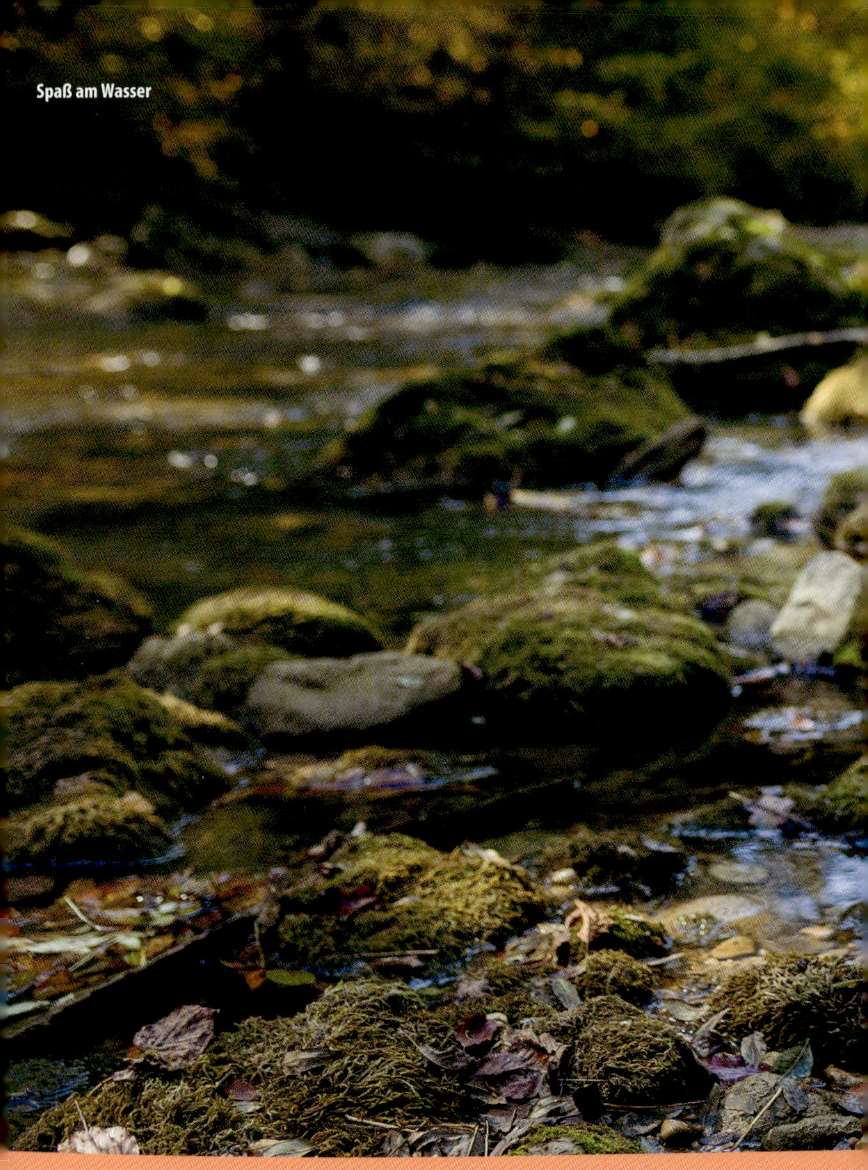

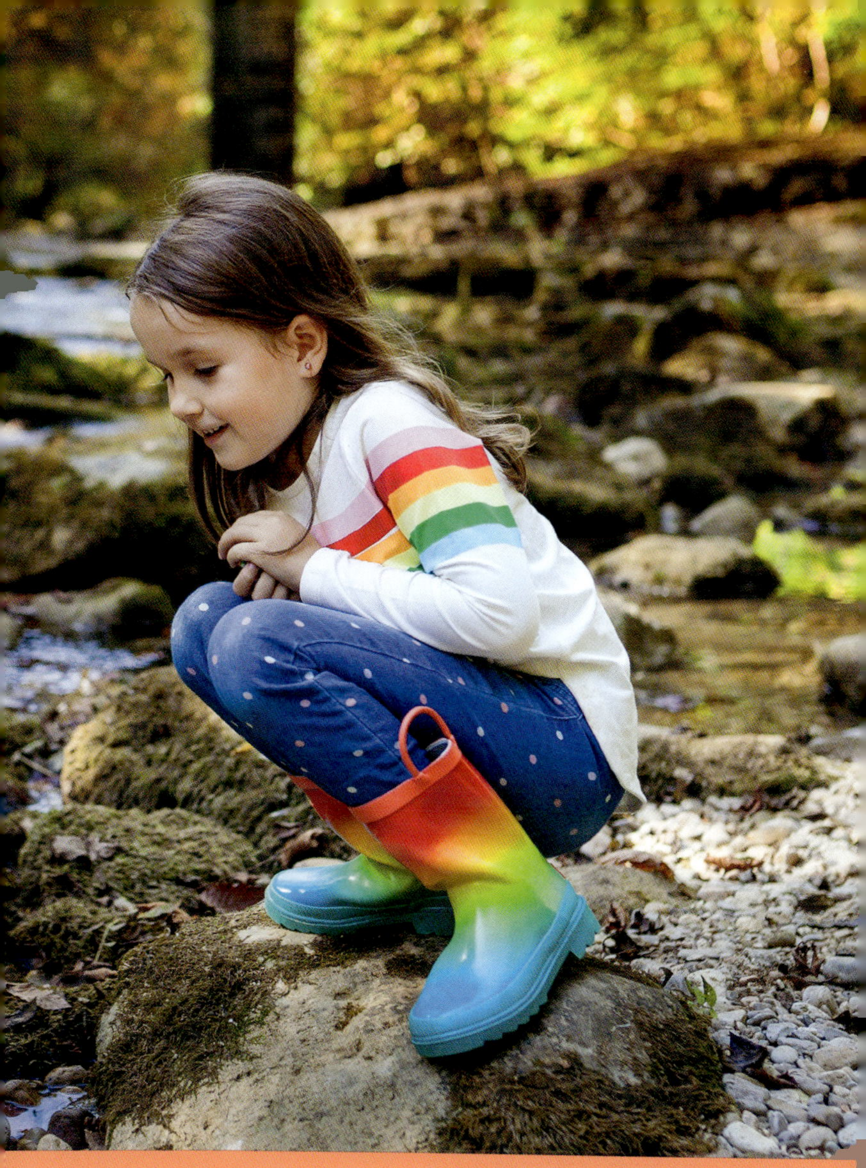

# Schwarzwald Mitte

# 10 Abenteuer im Wald

## DER KLEINE RÄUBERPFAD GENGENBACH

**Kleine und große Rätselfreunde sind auf dieser Wanderung goldrichtig. Denn hier gilt es, nicht nur Aufgaben zu lösen, sondern es darf gehüpft, gesprungen und auch geschlichen werden. Der Räuber Hotzenplotz zeigt dabei immer den richtigen Weg.**

Startpunkt ist der Steinbruch in Strohbach; hinter dem Ziegelwaldsee befindet sich auch der Parkplatz. Geradewegs geht es auf dem markierten Weg in den Wald hinein, in dem auf die Familien ein ganz besonderes Abenteuer wartet.

Es gilt, eine spannende Aufgabe zu lösen, denn der Räuber Hotzenplotz hat eine Kiste im Wald versteckt. Das Geheimnis der Kiste zu lösen, ist jetzt die Aufgabe für die Familien.

leicht | 3,6 km | 1.30 h | 192 Hm

**Tourencharakter** Abenteuerlicher Rundweg mit vielen Spiel- und Mitmachgelegenheiten **Ausgangs-/Endpunkt** Strohbacher Steinbruch, 77723 Gengenbach-Strohbach **Altersempfehlung** Ab 1 Jahr **Anfahrt** Über die B33 nach Gengenbach, dann abbiegen auf die L99 nach Strohbach. Mit öffentlichen Verkehrsmitteln: vom Bahnhof Gengenbach mit dem Bus 7160 von Gengenbach Bahnhofstraße bis Haltestelle Strohbach **Karte** GeoMap Karten, Mittlerer Schwarzwald Landkarte/Gefaltete Karte, ISBN 978-3933671691 **Einkehr** Stadtcafé Alt Gengenbach, Victor-Kretz-Str. 38, 77723 Gengenbach, Tel. 07803/16 22, www.stadtcafe-alt-gengenbach.de/ **Übernachtung** Schwarzwaldhotel Gengenbach, In der Börsiglache 4, 77723 Gengenbach, Tel. 07803/939 00, www.schwarzwaldhotel-gengenbach.de **Preise** Frei zugänglich **Tourist-Info** Kultur- und Tourismus GmbH, Im Winzerhof, 77723 Gengenbach, Tel. 07803/93 01 43, www.gengenbach.info

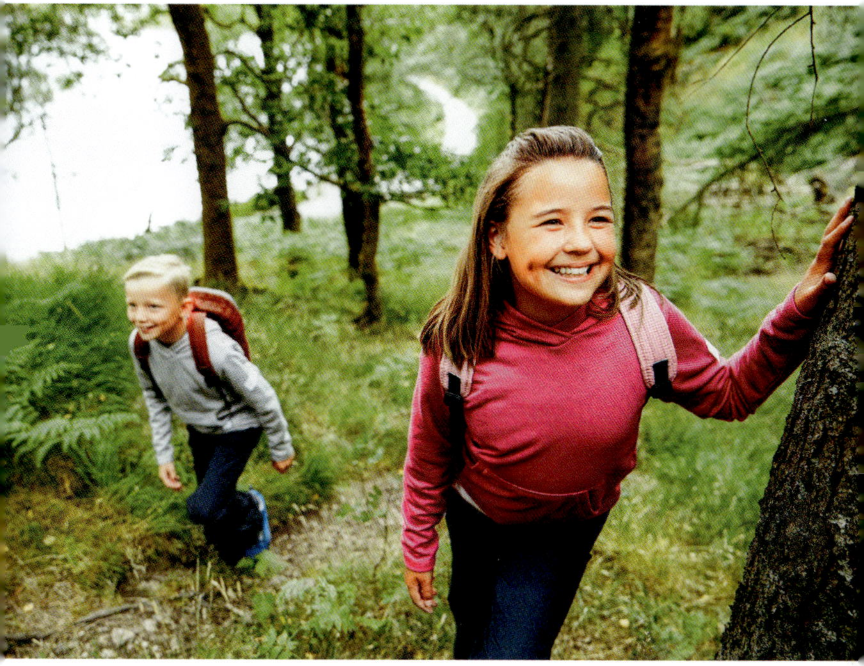

**Spannenden Entdeckungen im Wald**

Der Rundweg auf den Spuren von Otfried Preußlers Geschichte führt zu insgesamt elf Stationen. Für jede Station sollte ein wenig Zeit für die dortige Aktion eingeplant werden. Zudem gibt es an jeder Station einen Buchstaben für die Lösung des Kisten-Rätsels.

An den einzelnen Stationen setzen sich die kleinen und großen Räuber unter anderem mit Störchen, Tannenzapfen, aber auch Fledermäusen auseinander. Gemeinsam begegnen sie den bekannten Figuren der Erzählung *Der Räuber Hotzenplotz*. Mit dabei sind

**An der Tourist-Info in Gengenbach gibt es Entdeckerrucksäcke für die Kinder zum Ausleihen. Mit dabei sind Bestimmungsbücher, ein Fernglas und eine Lupe.**

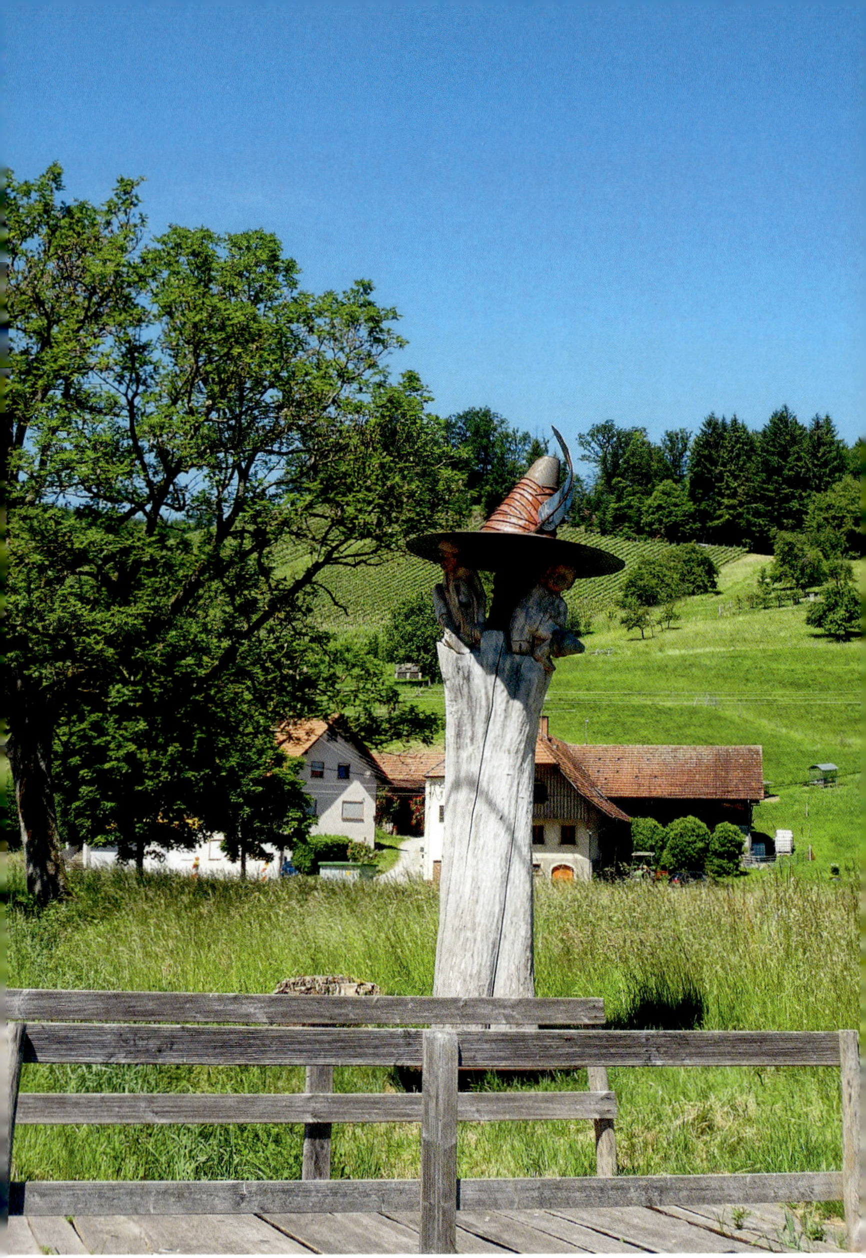

Wer hat hier seinen Hut verloren?

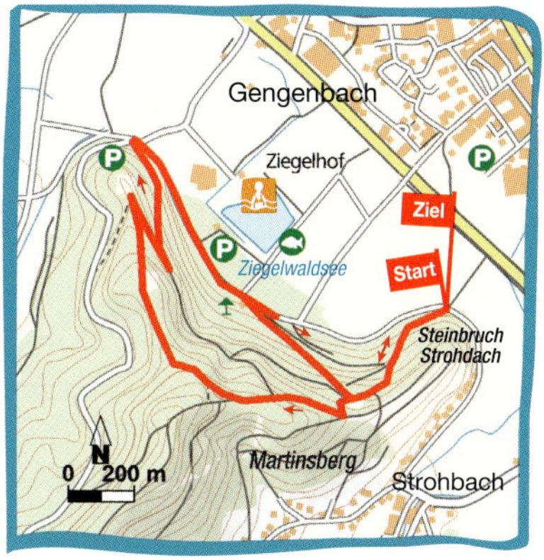


## Immer der Nase nach!

**Um auf dem richtigen Weg zu bleiben, gilt es, die richtigen Hinweise zu entdecken. Aber keine Angst! Der Räuber Hotzenplotz zeigt dir mithilfe seiner drolligen Nase den richtigen Weg!**

natürlich der Kasperl, sein Freund Seppel, die Großmutter vom Kasperl und Wachtmeister Dimpfelmoser.

Die Eltern und die Kinder entdecken auf einem Schleichpfad verschiedene Tiere oder versuchen sich im Hören wie eine Fledermaus. Beim Zapfenhutball ist die Freude besonders groß. Hier muss man ganz genau treffen, sodass die Tannenzapfen in dem großen Räuberhut landen. Zudem misst man sich mit Räuber Hotzenplotz beim Weitsprung und entdeckt den Unkenbrunnen.

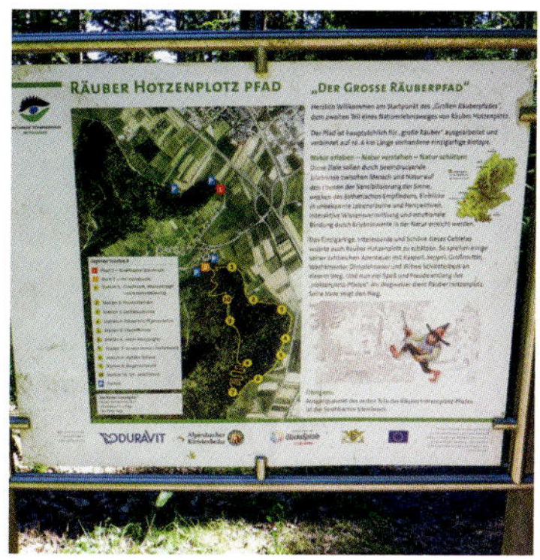


**Die Infotafel sorgt für eine gute Orientierung auf dem Räuberpfad.**

Überdies beweisen die Familien ihr Wissen über Pilze. Welcher Pilz ist giftig? Gut, dass die Eltern mit dabei sind, um etwas zu helfen. Am höchsten Punkt des Kleinen Räuberpfades befinden sich Panoramaliegen. Diese laden dazu ein, es sich richtig gemütlich zu machen und die Sicht auf die Gegend zu genießen. Anschließend gibt es natürlich wieder eine Aufgabe. Welcher Berg auf der Informationstafel ist der höchste?

Wer dann noch Lust hat, kann den Großen Räuberpfad erkunden. Dieser ist sehr gut für ältere Kinder und Erwachsene geeignet und etwa vier Kilometer lang. Der Große Räuberpfad beginnt beim Strohbacher Festplatz.

# 11 Der Zipfelmütze hinterher

## RUND UM OBERHARMERSBACH

**Diese kinderwagentaugliche Rundtour führt über den Naturerlebnispfad zu schönen aussichtsreichen Plätzen. Zudem laden eine Panoramaliege oder auch das Vogelnest zum Verweilen ein. Der Waldwichtel Hademar begleitet teilweise die kleinen und großen Wanderer.**

Die Tourist-Information von Oberharmersbach ist der Startpunkt der Wanderung auf dem Naturerlebnispfad. Merkwürdige kleine Fußstapfen zeigen uns den richtigen Weg, bis wir zum ersten Mal Hademar, dem Waldwichtel, begegnen.

Der Naturpfad lädt nicht nur zu einem idyllischen Waldspaziergang ein. Hier darf zudem nach Herzenslust an den verschiedenen Stationen experimentiert und ausprobiert werden. Ganz nebenbei können die kleinen und

leicht | 4,4 km | 1.30 h | 187 Hm

**Tourencharakter** Kurzweiliger markierter Rundweg mit Mitmachstationen zum Ausprobieren **Ausgangs-/Endpunkt** Tourist-Information Oberharmersbach, Dorf 60, 77784 Oberharmersbach **Altersempfehlung** Ab 3 Jahren **Anfahrt** Über die L94 bis zur Reichstalhalle. Mit öffentlichen Verkehrsmitteln: mit der Bahn zur Haltestelle Oberharmersbach-Dorf. Weiter zu Fuß Richtung Kirche bis zur Tourist-Information **Karte** Wanderkarte Ferienregion Brandenkopf – Gengenbach: Berghaupten, Biberach, Gengenbach, Nordrach, Oberharmersbach, Ohlsbach, Zell am Harmersbach. 1:25 000 **Einkehr** Café Baumann, Obertal 7, 77784 Oberharmersbach, Tel. 07837/218, www.cafebaumann.de **Übernachtung** Schwarzwälder Hof, Dorf 8, 77784 Oberharmersbach, Tel. 07837/206 **Preise** Frei zugänglich **Tourist-Info** Tourist-Information Oberharmersbach, Dorf 60, Oberharmersbach, Tel. 07837/277, www.oberharmersbach.de

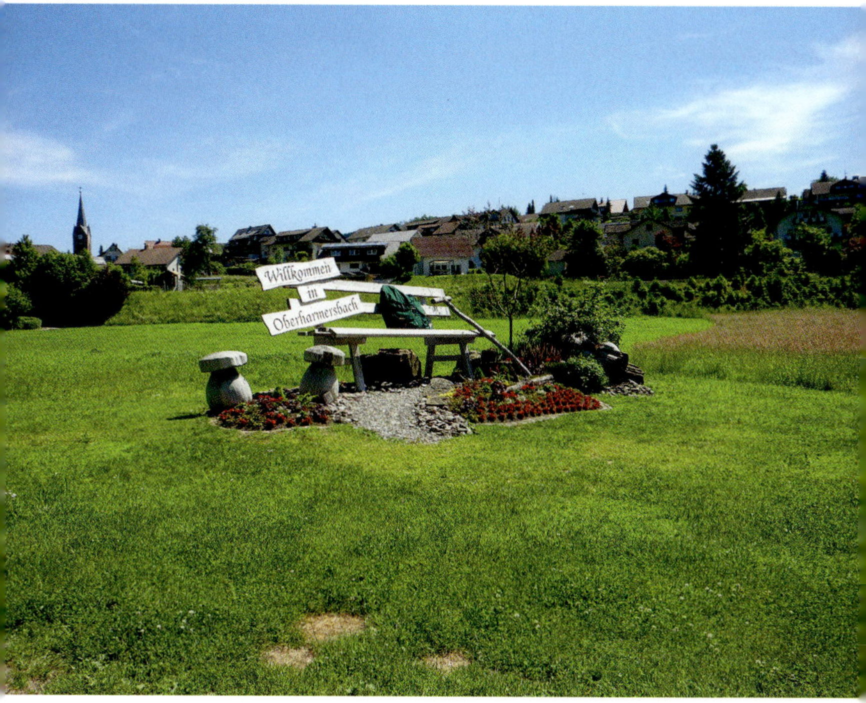


**Oberharmersbach heißt Gäste herzlich willkommen.**

großen Entdecker den Wohnturm des Waldwichtels von innen und außen erkunden oder sich über die Bedeutung des Waldes informieren. Neben einem Summstein verfügt der Erlebnispfad auch über ein Baumtelefon. Lachend blickt der Waldwichtel Hademar uns auf dieser Wanderung an und lässt uns wissen, dass wir genau auf der richtigen Strecke sind.
Dem insgesamt zwei Kilometer langen Naturerlebnispfad folgend erreichen wir bald die Hammerschmiede. Hier lässt sich anschaulich erfahren, wie die Kraft des Wassers genutzt werden kann. Die Hammerschmiede ist auch der Punkt auf der Wanderung, an dem wir den Naturerlebnispfad verlassen. Nun ist der Harmersbach unser Begleiter bis zum Franziskusweg. Über zwei Brücken gelangen wir zu einem Firmengelände.

Anschließend wird die Gemeinde langsam verlassen. Richtung Kornbauernhof weiter wandernd, nehmen wir schließlich die rechte Abbiegung in Richtung Brutonihof. Nochmals rechts abbiegend Richtung Dammenseflehof ist bald ein schöner Aussichtspunkt erreicht. Hier gibt es eine Liegebank, die besonders die kleinen Wanderer magisch anzieht. Nach der kleinen Ruhepause führt die Tour zum Jedensbachhof. Dieser gehört zu den ältesten Gebäuden von Oberharmersbach.

Nach dem Hof führt nun ein rechter Trampelpfad die Familien bis zum Franziskusweg weiter. Ein kleiner Pavillon bietet uns hier eine weitere Rastmöglichkeit. Nachfolgend bringt uns der Franziskusweg wieder zum Naturerlebnispfad. Schon nach kurzer Zeit erreichen wir das Vogelnest, was gern von den kleineren Kindern ausgiebig in Augenschein genommen wird. Weiterwandernd über die Naturschule ist der Dachsbau bald erreicht. Hier lohnt es sich, kurz ein paar Meter abweichend der Route einen Abstecher zu der Panoramaliege zu unternehmen. Wunderschöne Ausblicke sind der Lohn dafür. Am Ende des Naturerlebnispfades wechseln wir die Straßenseite und gelangen nach nur wenigen Metern wieder zu der Tourist-Information in Oberharmersbach.

## Hademar lässt grüßen!

**Am Kunstrasenplatz wartet schon der Postbote Hademar auf dich! In seine Posttasche darfst du deine Hademar-Postkarte mit deinen Grüßen an deine Freunde unfrankiert einwerfen. Die Hademar-Postkarte erhältst du bei der Tourist-Information.**

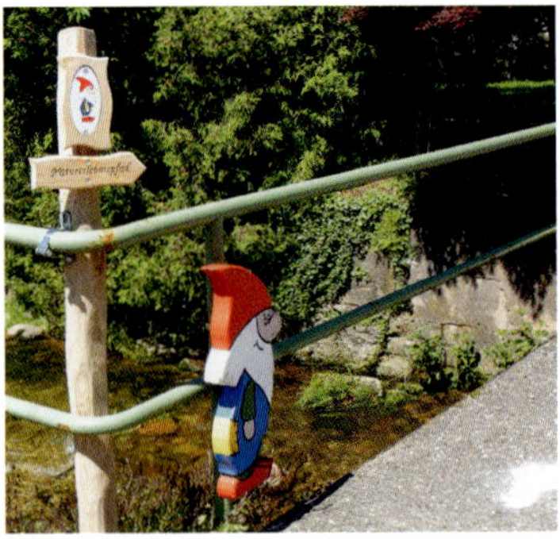

**Hademar zeigt uns den Weg.**

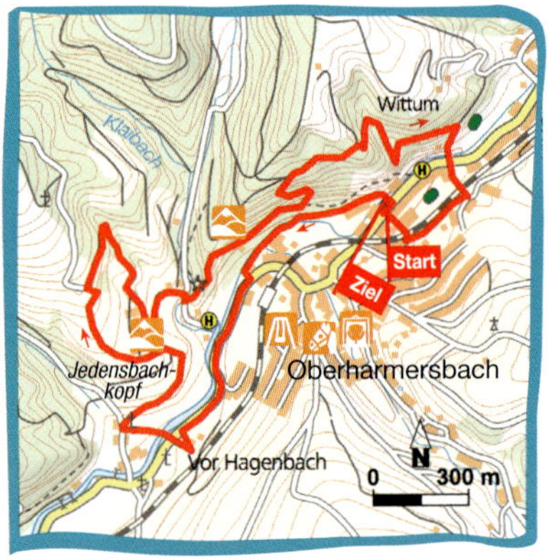

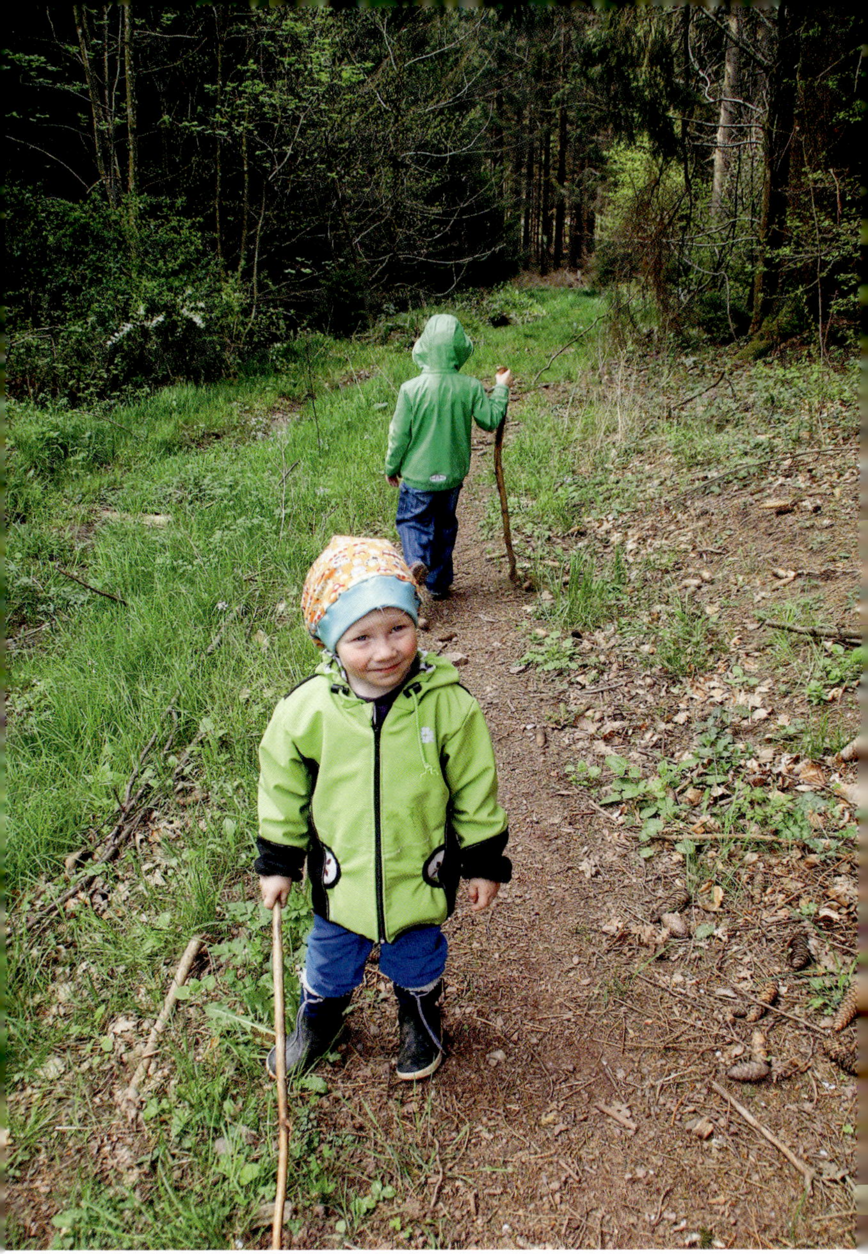

Mit dem Wanderstock unterwegs

# 12 Klettern und Rutschen

## VON SPIELPLATZ ZU SPIELPLATZ IN ZELL AM HARMERSBACH

**Gerade für Kinder ist die Spielplatzrunde in Zell am Harmersbach sehr kurzweilig. Eine Vielzahl von Rutschen, Schaukeln und Klettermöglichkeiten steht den Jungen und Mädchen zur Verfügung. Bei der Aussicht auf die vielen Spielattraktionen sind die kurzen Wegstrecken dazwischen schnell bewältigt.**

Vom Bahnhof Zell geht es zum Storchenturm. Der mittelalterliche Stadtturm gilt als Wahrzeichen und wurde etwa 1330 errichtet. Anschließend gelangen wir über die Hauptstraße und Kirchstraße zum Stadtpark. Hier erwartet die Kinder gleich der erste Spielplatz inmitten des Parks. Im Zentrum befindet sich ein großes Spielgerät, welches zu zahlreichen Betätigungen

leicht | 3 km | 1 h | 65 Hm

**Tourencharakter** Wanderung auf vorwiegend ebenen Wegen zu mehreren Spielplätzen **Ausgangspunkt** Bahnhof Zell, Hindenburgstraße 12, 77736 Zell am Harmersbach **Endpunkt** Bahnhof Unterharmersbach, 77736 Zell am Harmersbach **Altersempfehlung** Ab 3 Jahren **Anfahrt** Von Offenburg nach Zell in die Hauptstraße. Am Kreisverkehr rechts in die Grabenstraße. Rechts abbiegend in die Bahnhofstraße zum Bahnhof. Mit öffentlichen Verkehrsmitteln: mit der Bahn zur Haltestelle Zell am Harmersbach. Mit der Konus-Gästekarte ist die Fahrt kostenlos. **Karte** GeoMap Karten, Mittlerer Schwarzwald Landkarte/ Gefaltete Karte, ISBN 978-3933671691 **Einkehr** Krone Ristorante Pizzeria, Hauptstraße 26, 77736 Zell am Harmersbach, Tel. 07835/56 58, krone-zell.de **Übernachtung** Hotel Bären, Dorf 35, 77784 Oberharmersbach, Tel. 07837/928 80, www.baeren-oh.de **Preise** Frei zugänglich **Tourist-Info** Tourist-Information Oberharmersbach, Dorf 60, Oberharmersbach, Tel. 07837/277, www.oberharmersbach.de

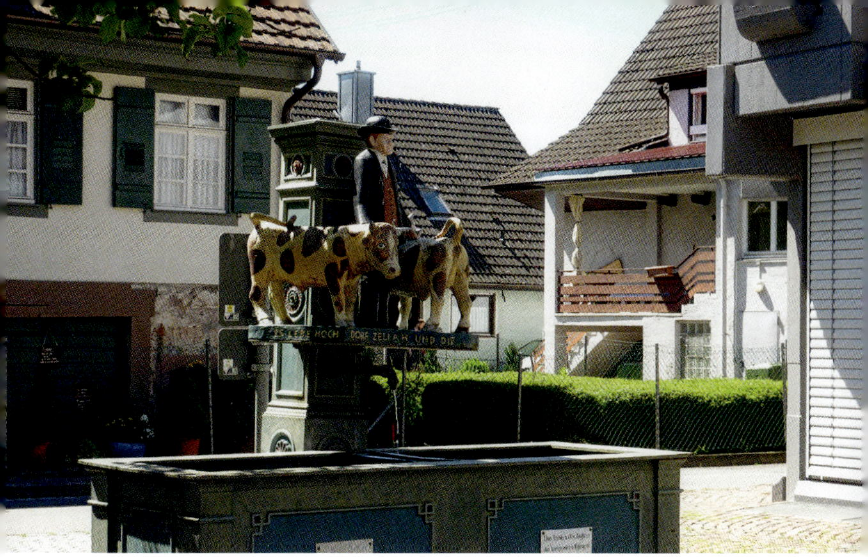

**Ein typischer Schwarzwälder Brunnen**

einlädt. Rasant geht es anschließend auf der Rutsche hinunter. Fördernd für die Motorik ist das Kletterelement. Zudem befindet sich auf dem Spielplatz ein Sandkasten, in dem die Kleinsten eifrig buddeln. Verschiedene Reifenschaukeln, Wipptiere wie auch Balancierbalken können zudem ausgiebig getestet werden.

Über die Kirchstraße zurück geht es sich rechts haltend über die Sonnenhalde. Anschließend führt der Weg weiterhin bergab zum Harmersbach. Am Wehr folgen wir dem Reichstalpfad bis zur Brücke. Über die Hauptstraße gehend ist der »Ochse« nicht mehr weit. Rechts abbiegend folgen wir der Buchenwaldstraße und biegen links ab. Nun wandern wir an der Bahnlinie entlang, bis wir den Spielplatz Buchenfeld erreichen. Auch werden ausgiebig die Spielmöglichkeiten erkundet, während die Eltern sich eine Pause unter den Bäumen

## Ein besonderes Museum

**Im Storchenturm-Museum kannst du Spielzeug aus Omas und Opas Zeiten bewundern. Neben einer über 100 Jahre alten Puppenstube kann eine Märklin-Eisenbahn bestaunt werden. Zudem gibt es hier die schönsten Kuckucksuhren! Infos unter www.storchenturm-museum.de**

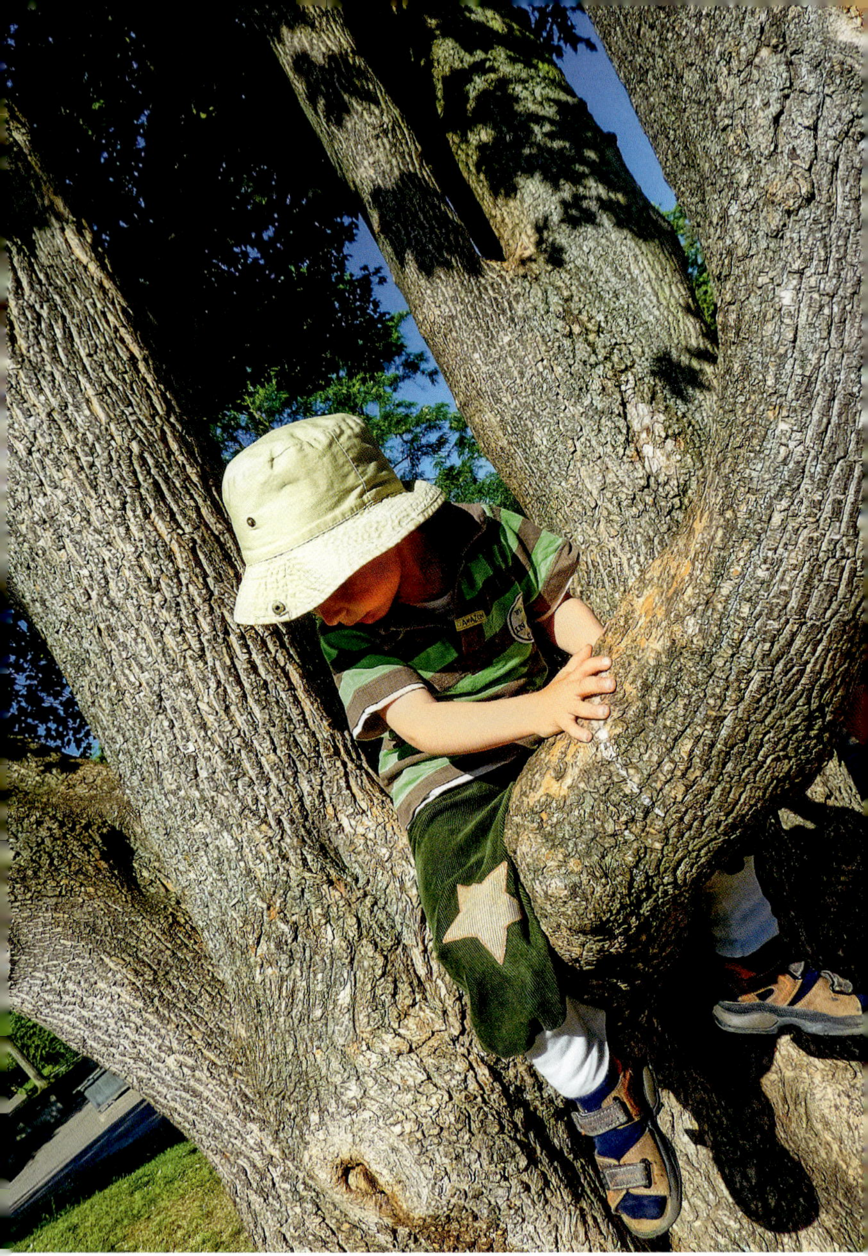

Abenteuerliche Kletterpartie

gönnen können. Nach der Spielpause führt die Wanderung zu dem dritten Spielplatz. Jetzt begleitet uns der Bach, dem wir bis zum Bahnhof Unterharmersbach folgen.

Über die Steinbrücke wandernd und der Talstraße folgend ist der Spielplatz am Adlerteich in direkter Nähe des Wanderparkplatzes schon in Sichtweite. Dieser Spielplatz gehört zu den schönsten Spielplätzen der Stadt. Wie ein Magnet wirken die Rutschen auf die Kinder. Jungen und Mädchen drehen sich gemeinsam auf dem Karussell oder testen die Klettergeräte. Hoch hinaus geht es auf der Wippe, während im Sandkasten tief gebuddelt wird. Nach dem letzten Spielplatzbesuch haben die Familien die Wahl. Wenige Meter zurück des Weges ist der Bahnhof, von dem aus sie mithilfe der Bahn den Ausgangspunkt erreichen können. Alternativ kann die Strecke auch zurückgelaufen werden.

**Der Spielplatz am Adlerteich ist Anfangs- und Endpunkt des Schwarzwälder Genießerpfades Hahn und Henne. Die etwa 14 Kilometer lange Strecke bietet viele Aussichten auf die abwechslungsreiche Landschaft. Der Weg führt durch Wälder, über Wiesen und am Waldrand entlang. Mehrere Vesperstuben und Rastmöglichkeiten im Look von Hahn und Henne zeichnen die Wanderroute aus. Die durchweg markierte Wandertour ist aufgrund der 498 Höhenmeter für Erwachsene und ältere Kinder geeignet.**

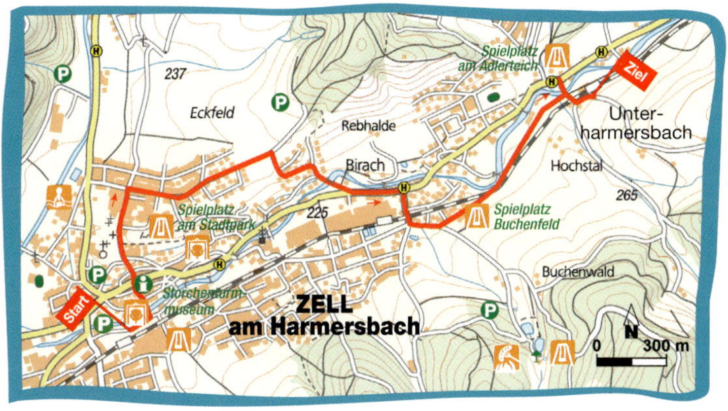

# 13 Rundtour mit Aussicht

## ZUM URENKOPFTURM

**Vom idyllisch gelegenen Waldsee führt die Wanderung zum Urenkopfturm, wo sich herrliche Aussichten bieten. Über die Sandhasenhütte und den Heiligen Brunnen geht es auf schönen Wegen zum Waldsee-Restaurant. Dort lässt es sich herrlich entspannen.**

Haslach ist eine alte Fachwerkstadt, deren erste Besiedelung im 1. Jahrhundert n. Chr. stattfand. Zahlreiche Brunnen lassen sich inmitten der Fachwerkhäuser auf den Pflastergassen entdecken. Zudem wurde Haslachs Bekanntheitsgrad durch den Autor Heinrich Hansjakob erhöht, der in dem Städtchen lebte.

Am Restaurant Waldsee-Terrasse startet unsere heutige Wanderung. Nur wenige Schritte vom Restaurant entfernt befindet sich der idyllisch gelegene Waldsee. Hier wiegt sich ruhig das Schilf im Wind und die Äste der

mittel | 6,9 km | 2.30 h | 356 Hm

**Tourencharakter** Geschichtlich interessante Tour zum Aussichtsturm **Ausgangs-/Endpunkt** Restaurant Waldsee-Terrasse, Waldseeweg 25, 77716 Haslach, www.waldsee-terrasse.de **Altersempfehlung** Ab 6 Jahren **Anfahrt** Über die B33 nach Haslach. Weiter Richtung Freiburg und auf der B294 bis zum Waldsee-Parkplatz. Mit öffentlichen Verkehrsmitteln: mit der Schwarzwaldbahn bis Haslach, vom Bahnhof zu Fuß ca. 20 Minuten bis zum Restaurant **Karte** GeoMap Karten, Mittlerer Schwarzwald Landkarte/Gefaltete Karte, ISBN 978-3933671691 **Einkehr** Restaurant Waldsee-Terrasse, Waldseeweg 25, 77716 Haslach, Tel. 07832/89 77, www.waldsee-terrasse.de **Übernachtung** Hotel Restaurant Ochsen, Mühlenstr. 39, Haslach im Kinzingtal, Tel. 07832/99 58 90, www.hotel-restaurant-ochsen.de **Preise** Frei zugänglich **Tourist-Info** Tourist-Information, Ringstraße 20, 77716 Haslach im Kinzigtal, Tel. 07832/70 61 70, www.schwarzwald-kinzigtal.info

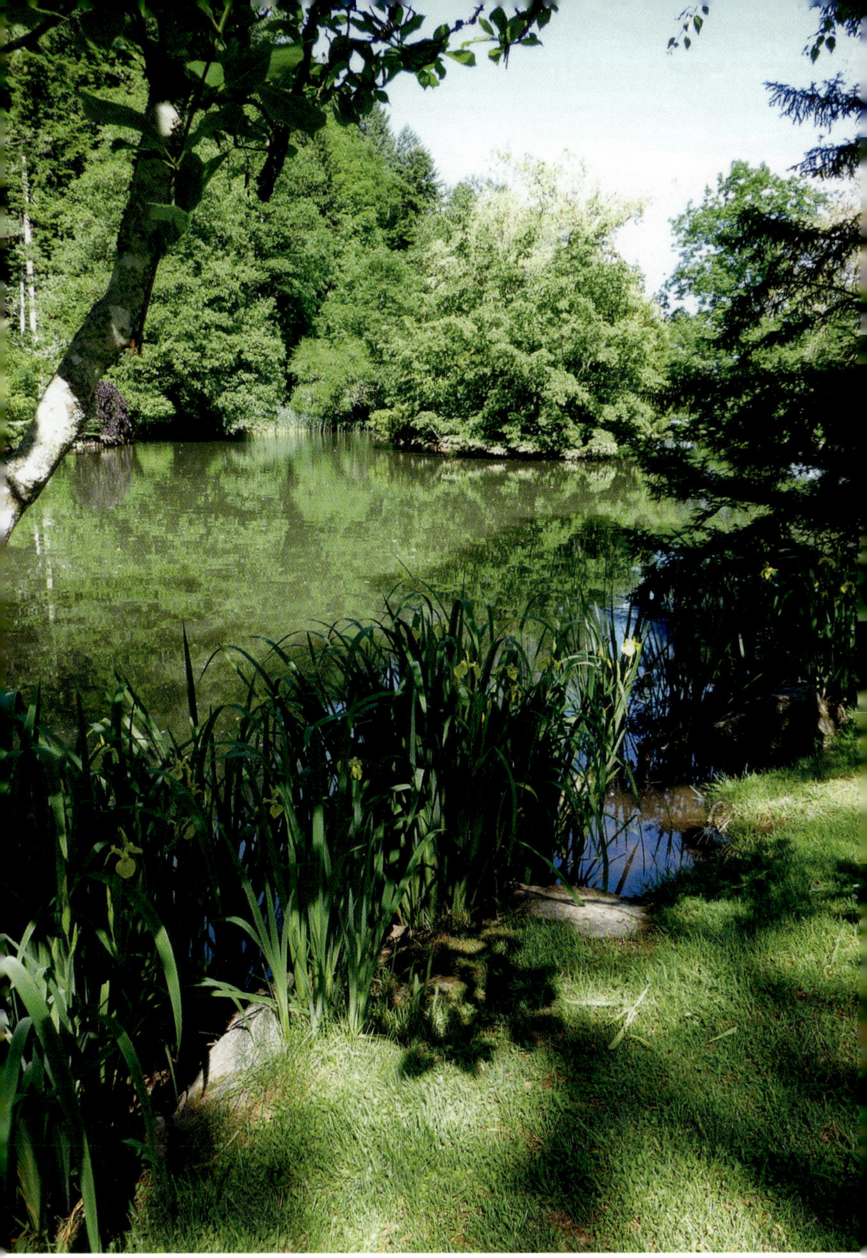

**Ein lauschiges Plätzchen am Waldsee**

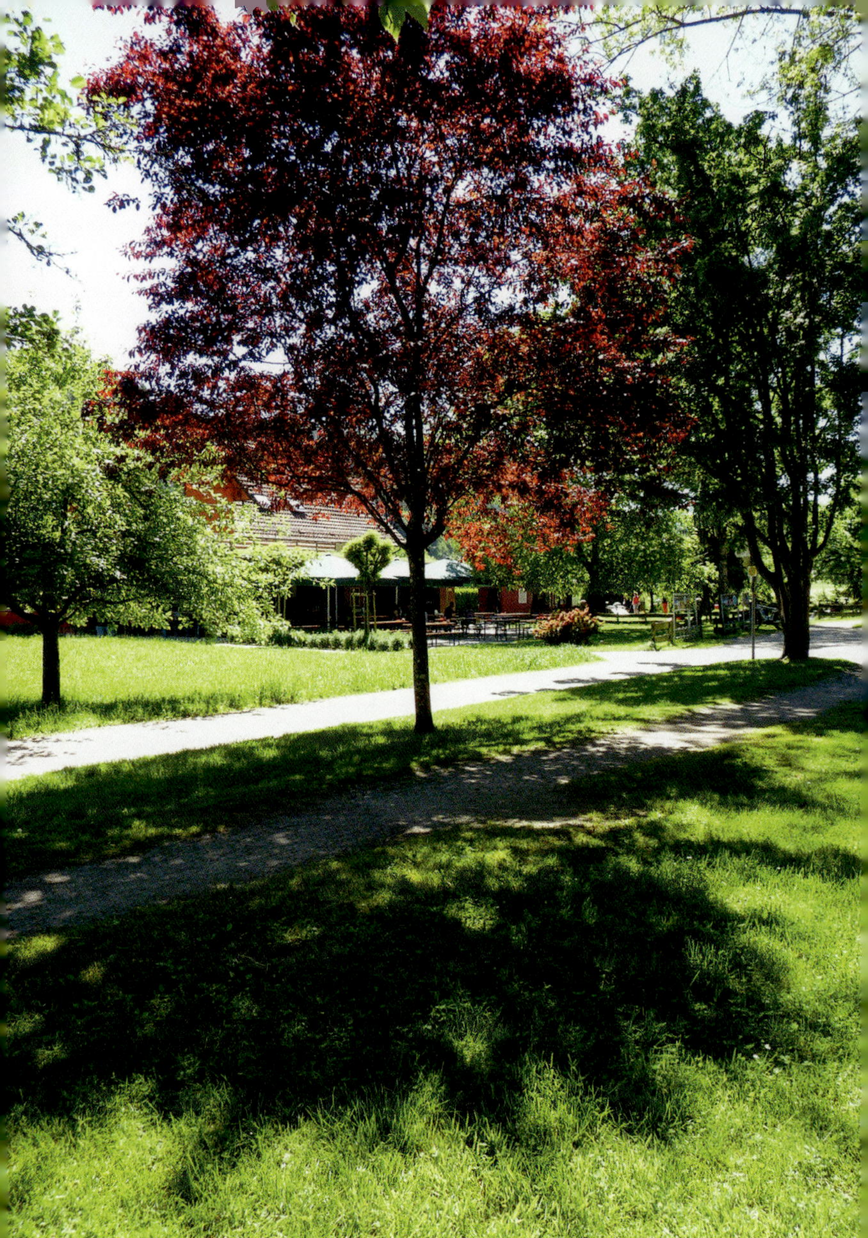

**Gemütliche Einkehr im Biergarten**

am Ufer stehenden Bäume neigen sich dem Wasser zu. Wir wandern auf dem Rotkreuzweg und dem Pfaffenkäner zur KZ-Gedenkstätte Vulkan. Die Gedenkstätte erinnert an ca. 1700 Häftlinge aus 21 Ländern, die einst hier zur Arbeit gezwungen wurden.
Immer wieder können wir den Aussichtsturm auf dem Urenkopf erblicken. Über dem Bohnenacker erreichen wir schließlich den Urenkopfturm auf einer Höhe von 554 Metern. Über 183 Stufen gelangen die Eltern mit ihren Kindern auf die große Aussichtsplattform, von der sie einen fantastischen Ausblick über den Mittleren Schwarzwald haben. Allerdings ist zu beachten, dass der Turm im Winter geschlossen ist.
Nun führt uns der Weg über die Sandhasenhütte, eine Schutzhütte. Die Sandhasenhütte wurde nach dem Maler Carl Sandhaas benannt. Dieser baute sich hier einst eine gemütliche Hütte, um sich zu erholen. 1844 wurde diese durch einen Brand zerstört und danach wiederaufgebaut.
Von hier aus haben wir einen tollen Ausblick auf Haslach. Der Hirschfelsenweg bringt uns schließlich zum Heiligen Brunnen mit der Rudolfuskapelle. Einst soll an dieser Stelle im 17. Jahrhundert der gottesfürchtige Hirtenjunge Rudolfus ermordet worden sein. Der Heilige Brunnen galt als Wallfahrtsort für Kinder, die sich ein Brüderchen oder Schwesterchen wünschten. Kleine Kreuze aus Tannen wurden in die Erde der Grotte über der Quelle gesteckt. Nachfolgend wandern wir auf den Stationenweg und dem Rotkreuzweg zum Waldsee zurück. Hier gibt es einen Biergarten. Die Kinder haben die Möglichkeit, sich auf dem Spielplatz auszutoben oder auf dem Minigolfplatz ihr Glück zu versuchen.

## Wusstest du schon?

**Der Urenkopf bzw. der Urenwald hat die Bedeutung eines moorigen, sumpfigen Waldes. Der »Kopf« in Urenkopf steht für den Gipfel oder die Spitze eines Berges.**

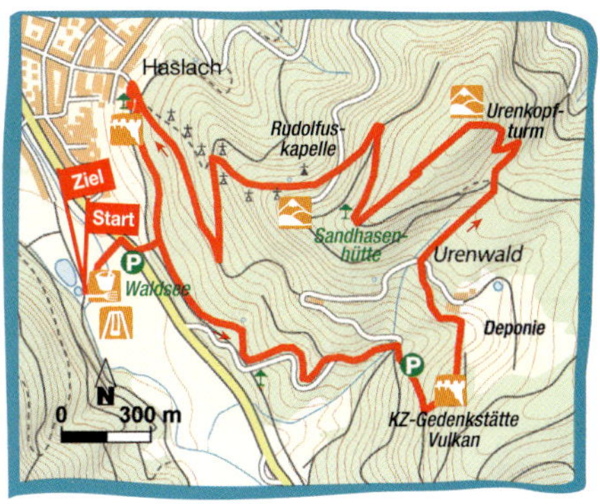

# 14 Tief durchatmen

## YOGA-NATUR-PFAD IN LAUTERBACH

**Vom Zentrum Lauterbachs führt die Strecke zum Hohenreuterwald und dem Aussichtsturm. Schon bald ist der Yoga-Natur-Pfad im Boschelwald erreicht. Acht Stationen laden die Familien zum Mitmachen und Innehalten ein.**

Vom Exerzitienhaus Porta Caele der Priesterbruderschaft St. Pius X in Lauterbach starten wir die Tour. Mithilfe unserer Wegmarkierung, der gelben Raute, wandern wir auf der Straße am Rande des Waldes. Nach etwa einem Kilometer erreichen wir ein Steinkreuz. Hier biegen wir links ab. Wir erreichen den Hohenreuterwald, wo wir immer wieder kleinere Wäldchen durchstreifen. Nach kurzer Zeit erreichen wir eine Kurve, wo wir rechts in den Wald abbiegen. Jetzt wird die Wanderung etwas mühevoll, denn es geht straff den Berg hinauf. Nach einer Weile in Richtung Mooswaldkopf erreichen wir das Gedächtnishaus Fohrenbühl. Am Eingang begegnen uns zwei Hinweis-

mittel | 10 km | 3.00 h | 322 Hm

**Tourencharakter** Die Tour führt auf markierten bequemen Wegen durch den Wald zum Aussichtsturm bis zum Yoga-Natur-Pfad und wieder zum Ausgangspunkt. **Ausgangs-/Endpunkt** Tannenäckerle 2, 78730 Lauterbach **Altersempfehlung** Ab 6 Jahren **Anfahrt** Über die B33 und L108 nach Lauterbach. Mit öffentlichen Verkehrsmitteln: mit dem Bus von Hernberg nach Lauterbach/Friedhof. Weiter zu Fuß ca. 1 km **Karte** GeoMap Karten, Mittlerer Schwarzwald Landkarte/Gefaltete Karte, ISBN 978-3933671691 **Einkehr/Übernachtung** Gasthof Adler, Fohrenbühl 1, 78730 Lauterbach, Tel. 07422/953 80, www.adler-fohrenbühl.de **Preise** Frei zugänglich **Tourist-Info** Tourist-Info Lauterbach, Schramberger Straße 5, 78730 Lauterbach, Tel. 07422/94 97 30, www.lauterbach-schwarzwald.de

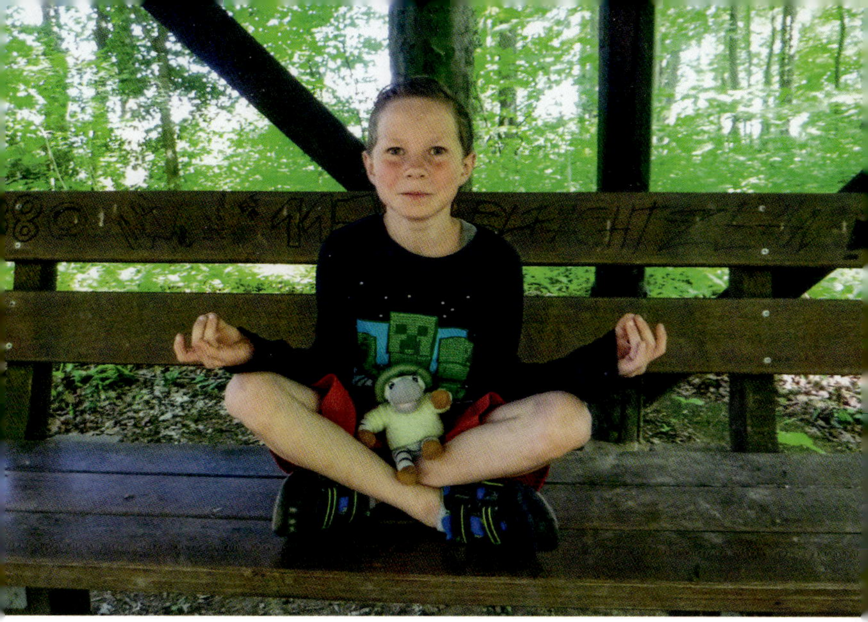

**Kleine Meditationsübung in der Wanderpause**

schilder, die uns die Geschichte des Hauses vermitteln. Für die Kinder ist eine besondere Attraktion der Aussichtsturm mit einer Höhe von 15 Metern. Dieser ist bei den Einheimischen auch als Turmhütte bekannt. Ursprünglich wurde diese zum Gedächtnis der Gefallenen des Weltkrieges 1914–1918 vom Württembergischen Schwarzwaldverein errichtet. Von dem Turm aus bietet sich dem Betrachter ein fantastischer Blick über den Schwarzwald. Nun führt uns die Wanderung ein Stück des bekannten Weges zurück. Das nächste Teilziel ist der Spittel, ein kleiner Weiler. Hier biegen wir links ab und nach nur wenigen Schritten rechts. Für kurze Zeit wandern wir auf der Fahrstraße, bis wir links abbiegen können. Hier gelangen wir zum Boschelwald. Nun haben wir den Yoga-Natur-Pfad erreicht, der uns um den

### Probier es aus!

**Stell dir vor, du bist ein großer Baum! Das rechte Bein ist angewinkelt und der Fuß berührt dein linkes Knie. Nun recke die Arme in Richtung Himmel. Deine Augen dürfen dafür geradeaus blicken. Und jetzt stehe, so lange du kannst …**

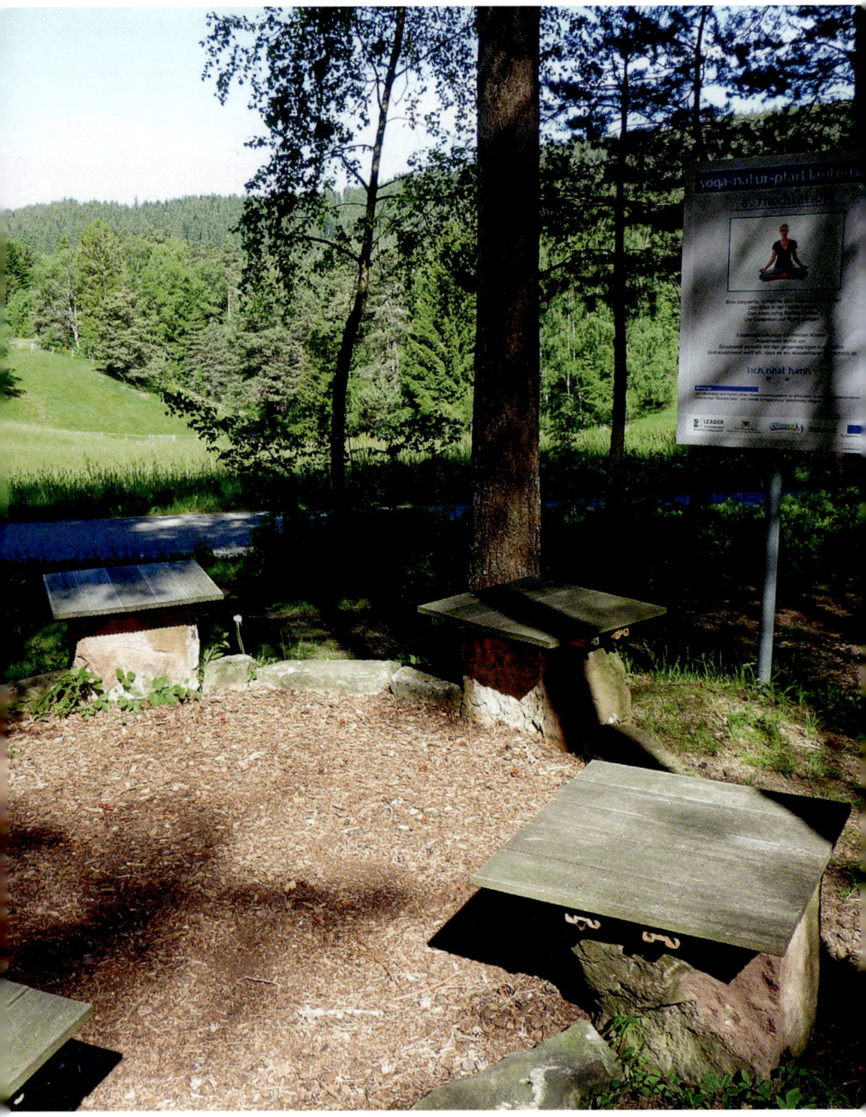


**Eine Station des Naturpfades im Wald mit schöner Aussicht**

Boschel führt. Der 1,3 Kilometer lange Pfad lädt kleine wie auch große Wanderer zum Innehalten und Durchatmen ein. Acht Stationen erläutern verschiedene Yogaübungen. Stehende Yogaübungen, Drehungen, Vorwärtsbeuge, die Heldenposition wie auch eine Meditationsübung werden erklärt.

Wieder am Startpunkt des Yoga-Pfades geht es nun nach Spittel zurück. Von hier aus führt uns die bekannte Wegmarkierung mit der gelben Raute nach Welschdorf. In Kürze erreichen wir den Biohof Buchholz. Anschließend wandern wir wieder durch den Wald, bis wir das Steinkreuz sehen können. Jetzt sind es nur noch wenigc Minuten bis zum Ausgangsort.

Schließlich haben wir im Gasthof Adler die Möglichkeit, uns im Restaurant oder auf der Terrasse zu stärken und eines der regionalen Gerichte zu probieren. Neben saisonalen Leckereien gibt es Kartoffelrösti, Salat und auch Suppen.

## Für praxiserfahrene Yogis

**Der Yoga-Pfad ist für erfahrene Yogis und Yoginis eine willkommene Abwechslung. Die schönen Plätze laden die Könner unter den Eltern zu den eigenen Yogaübungen aus der Praxis ein. Empfehlenswert für die Ausübung ist der Vormittag, wenn der Tau noch auf den Blättern glitzert, die Kühle des Waldes erfrischt und das Tal gerade erst erwacht.**

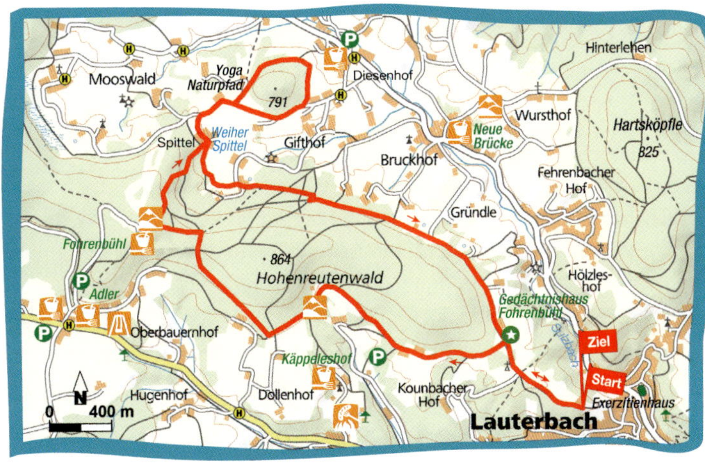

# Spiele am Wasser

## Steine hüpfen lassen

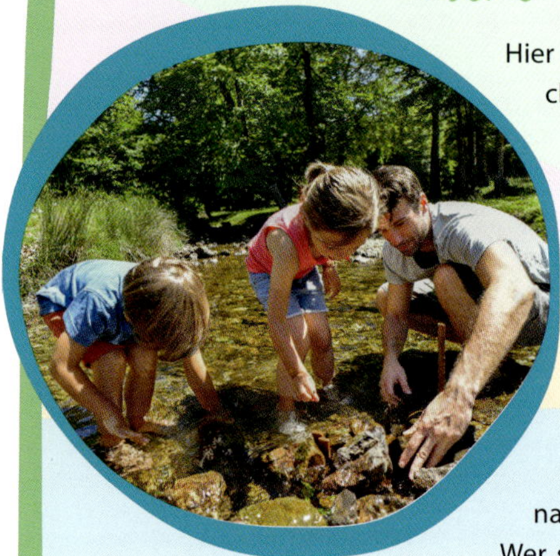

Hier eignen sich besonders kleine, flache Steine. Sind diese erst gefunden, werden sie durch geschicktes Werfen auf dem Wasser zum Springen gebracht. Wer die meisten Hüpfer hat, ist Sieger!

## Tiere am Wasser zählen

Während einer angemessenen Zeitspanne gilt es, aufmerksam nach Tieren am Wasser zu suchen. Wer sieht die meisten Lebewesen am Bach und wie bewegen sie sich fort?

## Wasserrad bauen

Durch einen einfachen Korken wird ein dünner Stab gesteckt und dient als Welle. Anschließend wird dieser in zwei Astgabeln gelegt. Nun werden in den Korken lange Kerben geritzt. In die Kerben werden identische Flügel gesteckt, die das Rad zum Drehen bringen. Als Material für die Flügel können Plastikschachteln oder Joghurtbecher genutzt werden. Wichtig ist nur die gleiche Größe, sodass die Welle sich gleichmäßig dreht.

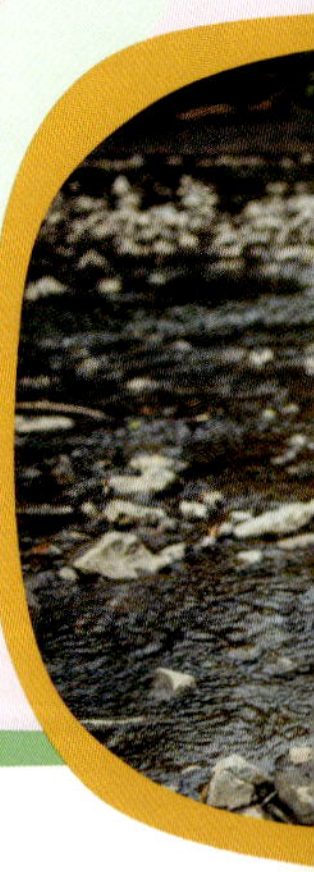

## Papierschiffchen auf großer Fahrt

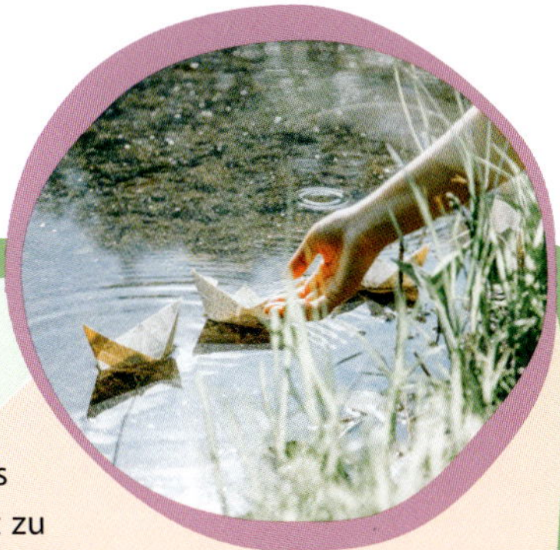

Wer schafft es, zuerst sein Schiff aus Papier zu falten und es auf große Fahrt zu bringen? Welches ist das schnellste Schiff? Und welches schafft es nicht zur anderen Uferseite?

## Vermessung des Baches

Wie tief ist das Wasser oder wie breit ist der Bach? Wo ist das Wasser tiefer und ändert es die Farbe? Dann gilt es eine andere Stelle zu suchen. Ist es hier gleich oder ändern sich die Schätzwerte?

## Spüren und Fühlen

Bei warmen Temperaturen freuen sich die Füße über eine Abkühlung. Also Schuhe und Socken ausziehen und nichts wie hinein in das flache Wasser. Jetzt braucht man einfach nur zu spüren. Worauf steht man? Sand? Steine? Oder auch Schlamm? Ist das Wasser kühler als die Luft und wie fühlen sich die Füße nach dem Bad an?

## Kleines Holzfloß auf großer Fahrt

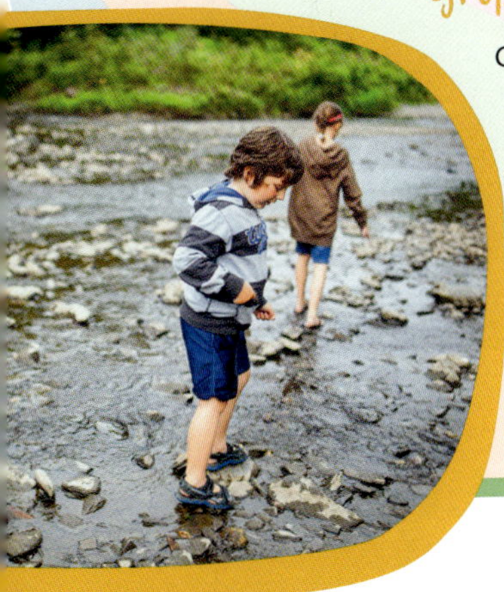

Ganz leicht kann man ein Floß aus kleinen Ästen und Zweigen basteln. Ein kleiner Mast mit Papiersegel bringt das Floß dann richtig in Schwung. In welche Richtung nimmt es die Fahrt auf? Wann ändert es seinen Kurs? Oder fängt es bei einer kleinen Strömung an, im Zickzack zu fahren?

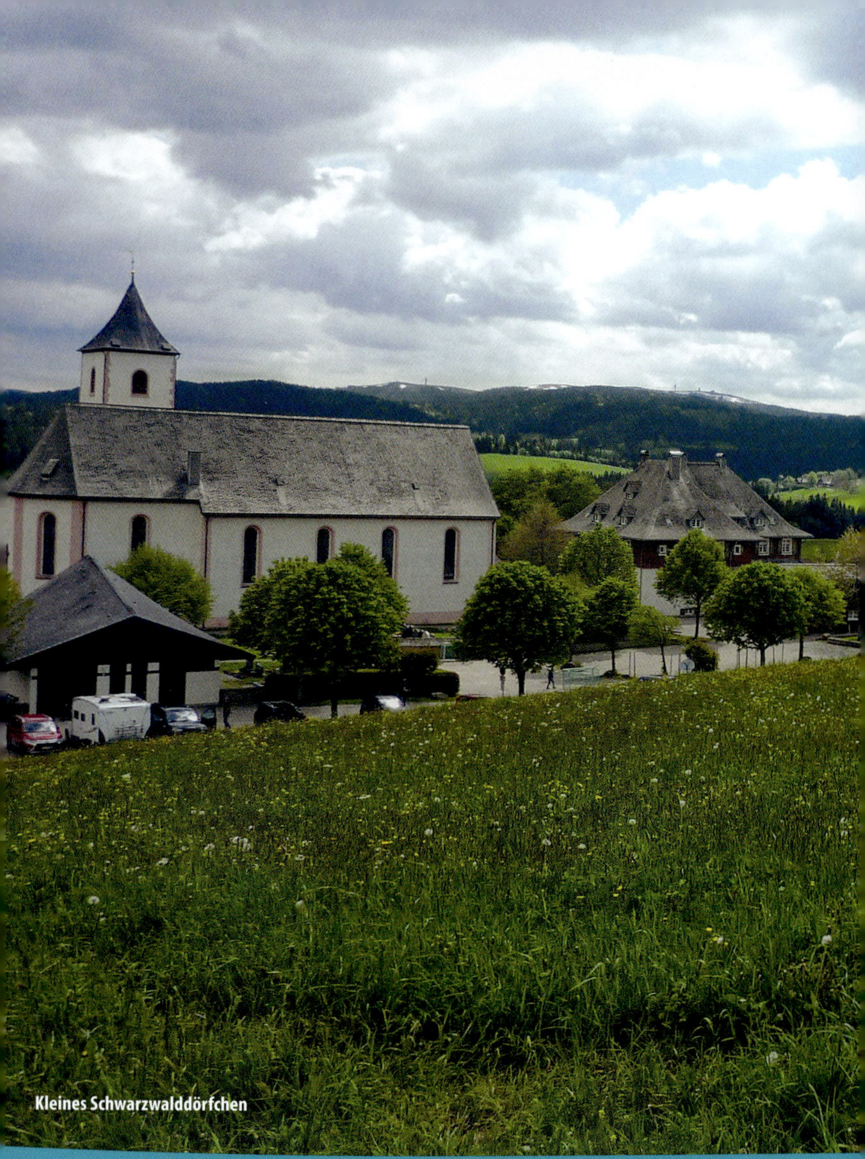
Kleines Schwarzwalddörfchen

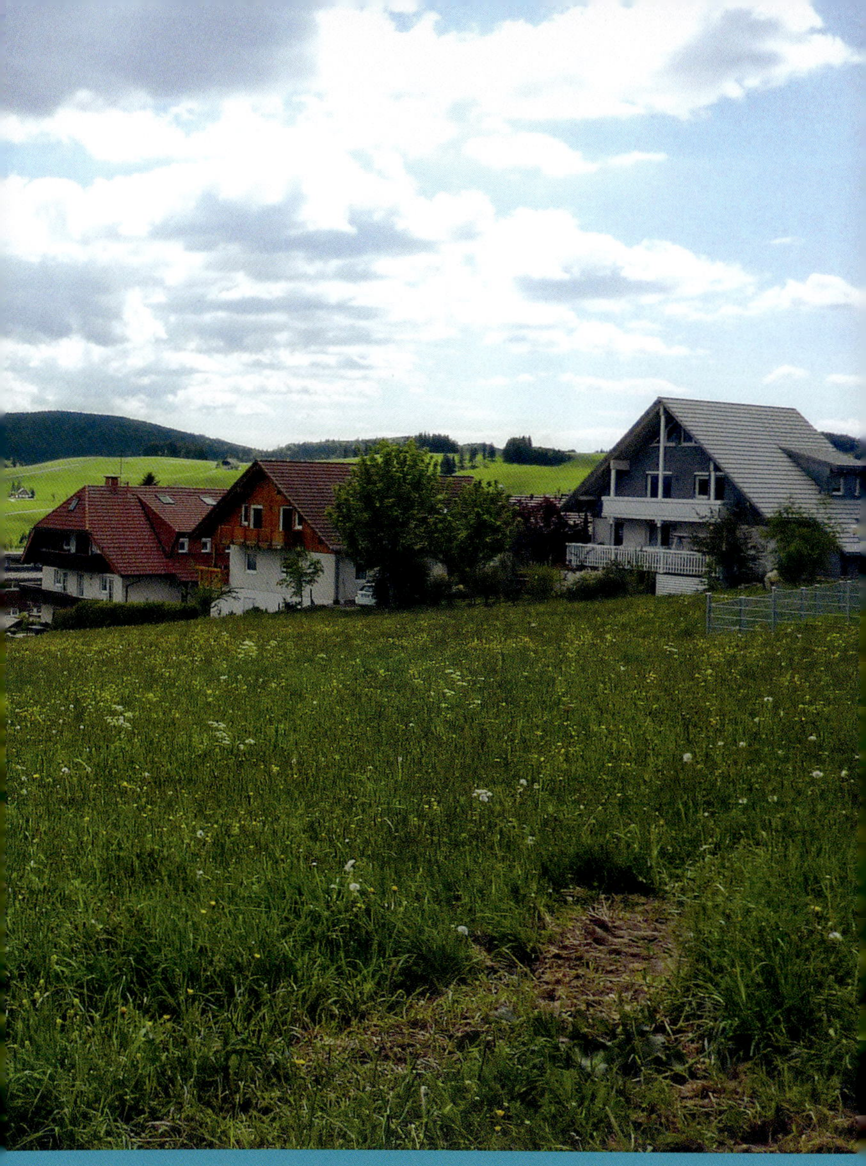

# Hochschwarzwald

# 15 Wilde Wasserspiele im mystischen Wald

ZWERIBACH-WASSERFALL

**Kleine und große Kletterkünstler kommen bei dieser Wanderung voll auf ihre Kosten. Von St. Märgen führt die Tour über den Hohwartsfelsen zum Zweribach-Wasserfall. Über die Kapfenkapelle und den Panoramaweg geht es wieder zum Ausgangspunkt.**

St. Märgen ist ein idyllischer heilklimatischer Kur- und Wallfahrtsort. Im Zentrum des Ortes befindet sich das Hotel Hirschen. Hier führt unsere Wanderung über das Landfeld. Unsere erste Zwischenstation ist die Rankmühle. Im Jahr 1736 wurde die alte Bauernmühle in der Nähe des Rankhofes errichtet.

schwer | 12 km | 4.00 h | 446 Hm

**Tourencharakter** Eindrucksvolle und idyllische Tour zum Zweribach-Wasserfall **Ausgangs-/Endpunkt** Hotel Hirschen, Feldbergstr. 9, 79274 St. Märgen, Tel. 07669/94 06 80, www.derhirschen.de **Altersempfehlung** Ab 7 Jahren **Anfahrt** Über die A5 und B31 in Richtung Titisee-Neustadt bis zur Ausfahrt St. Märgen/Buchenbach/Burg. Mit öffentlichen Verkehrsmitteln: mit der Bahn nach Kirchzarten und weiter mit dem Bus in Richtung St. Märgen bis zur Haltestelle St. Märgen/Post **Karte** KOMPASS Wanderkarte Schwarzwald gesamt, Wanderkarten-Set in der Schutzhülle, 1:50 000, Band 888, ISBN 978-3850267489 **Einkehr** Plattenhof, Platte 3, 79271 St. Peter, Tel. 07660/864, www.plattenhof-ferienwohnung.de **Übernachtung** Hotel Hirschen, Feldbergstr. 9, 79274 St. Märgen, Tel. 07669/94 06 80, www.derhirschen.de **Preise** Frei zugänglich **Tourist-Info** Tourist-Information, Rathausplatz 6, 79274 St. Märgen, Tel. 07652/120 60, www.hochschwarzwald.de

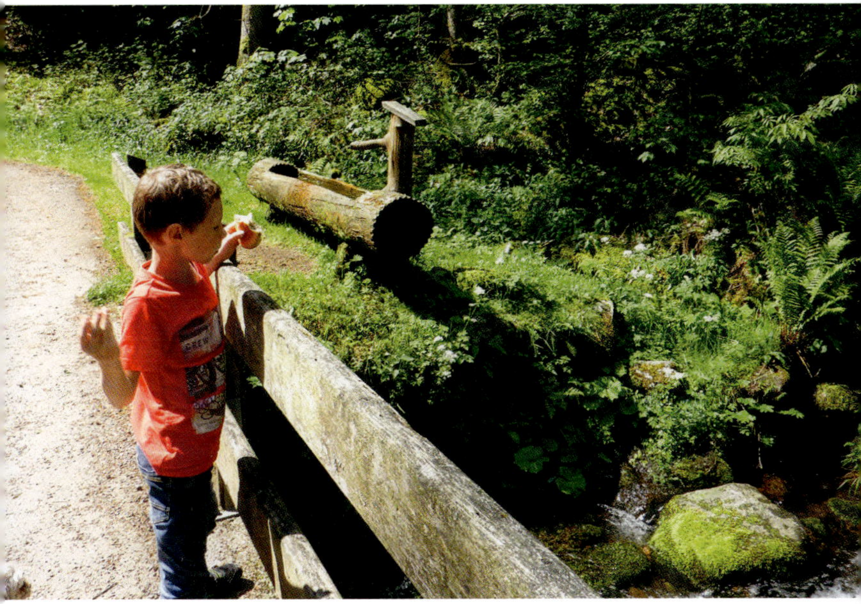

**Eine kleine Stärkung zwischendurch**

Das hübsche Gebäude kann nur von außen besichtigt werden und gehört zu den meistfotografierten Schwarzwaldmühlen.

Kurze Zeit später erreichen wir den Wald der Gutacherweide. Bei dem Hinweisschild »Bannwald Zweribach« führt uns die Route auf einem schmalen Weg rechts leicht abwärts. Wir streifen die Hohwartsfelsen (923 Meter), von denen wir einen wunderbaren Ausblick genießen können. Anschließend passieren wir die Hirschbachfälle, bevor wir den Wald hinter uns lassen. In Kürze

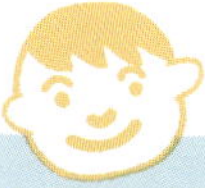

**Bist du etwas jünger, dann ist der zwei Kilometer lange Wanderweg geeignet. Dieser beginnt am Parkplatz Haldenschwarzhof oder alternativ an der Bushaltestelle im Obersimonswald, Gasthaus Engel. Vorbei an einigen Höfen wird der Weg dann zusehends steiniger.**

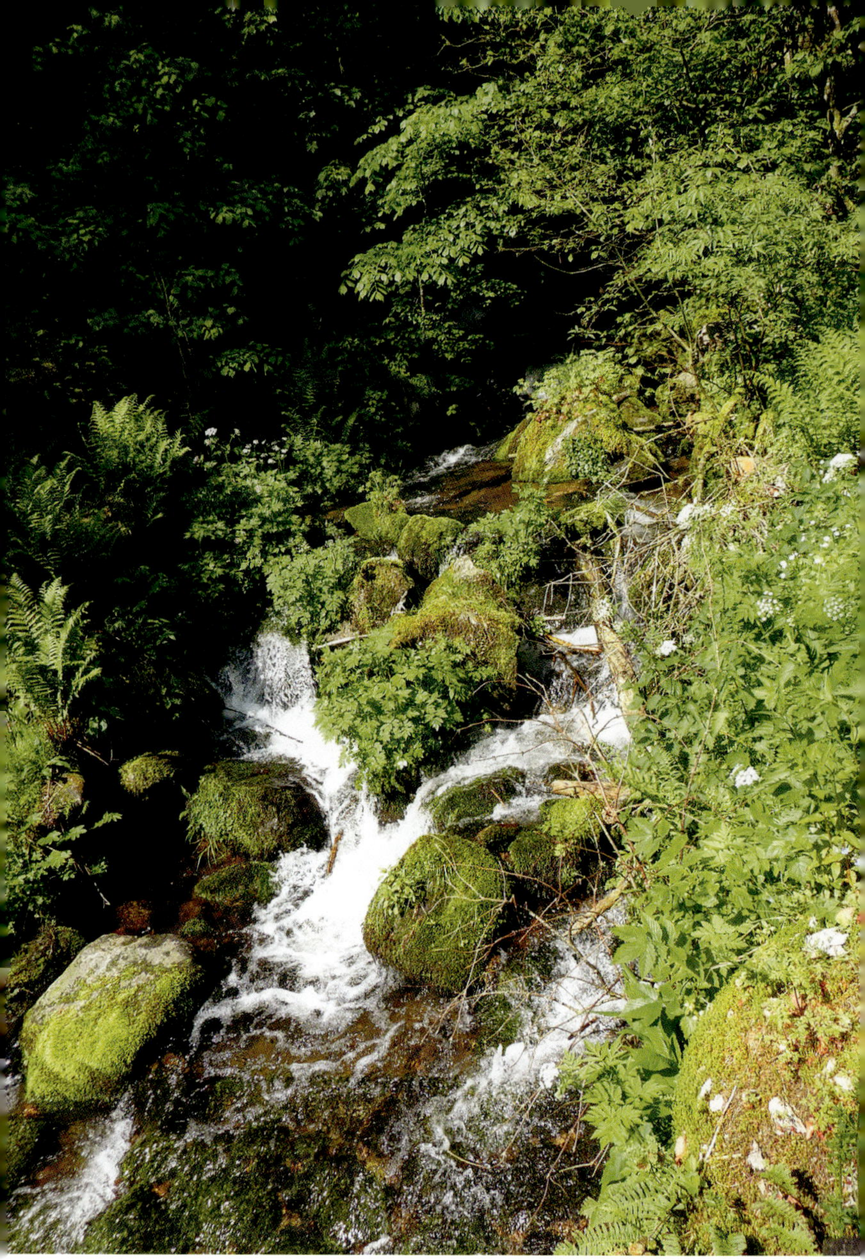

**Zauberhafte Wasserspiele**

sind wir beim ehemaligen Brunnenhof angekommen, der im Jahr 1984 abgebrannt ist. Hier können wir am Grillplatz eine Pause einlegen oder uns bei schlechtem Wetter in der Schutzhütte unterstellen. Zudem gibt es an dieser Stelle eine kleine Kapelle.

Ein schmaler Weg führt uns nachfolgend zu den Zweribach-Wasserfällen inmitten des Naturschutzgebietes Zweribach. Wahrhaft beeindruckend rauscht das Wasser des Zweribaches etwa 40 Meter hinab. Ein fantastisches Naturspektakel! Die vielen großen Steine ermuntern zu aufregenden Klettermanövern, was Kinder wie auch Eltern begeistert. Aber Vorsicht! Bei feuchtem Wetter sind diese ganz rutschig.

**Festes Schuhwerk ist für die Wanderung zum Zweribach-Wasserfall unabdingbar! Für den Kinderwagen ist die Tour nicht geeignet. Ebenfalls ist im Winter der Weg bei den Wasserfällen vielfach vereist und von daher nicht empfehlenswert.**

Links weiter aufwärts sind wir bald beim Stockbühl. Hier folgen wir dem breiten Waldweg nach links. Immer weiter durch den Wald sind schnell die Gschwanderdobelhütte und die Hirschmatter zu sehen. Hier geht es auf dem Hohlweg rechts bergauf, bis wir zum Roten Kreuz kommen.

Nun verlassen wir den Wald und erreichen die Kapfenkapelle (1028 m). Die kleine Kapelle aus Holz ist stets zugänglich. Auch von der Kapfenkapelle aus bietet sich dem Betrachter ein schöner Ausblick auf St. Märgen und St. Peter. Über den Panoramaweg erreichen wir in Kürze wieder das Hotel Hirschen in St. Märgen.

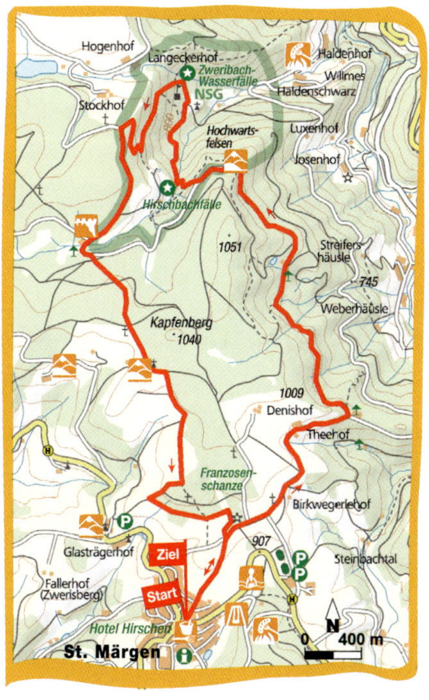

# 16 Der Wald und du

## IM PFISTERWALD

**Spannende und lehrreiche Informationen zum Thema Wald erhalten die Familien auf dieser Rundwanderung. Die Krönung für die Mädchen und Jungen ist der Aufenthalt auf dem Spielplatz, wo sie gehörig toben, während die Eltern ihre Auszeit genießen.**

In der Ortsmitte von St. Märgen befindet sich das Kloster, ein ehemaliges Augustiner-Chorherrenstift. 1118 wurde es unter dem Namen Cella Sanctae Mariae gegründet. Die Klosterkirche im Stil des Barocks wird heute als katholische Pfarrkirche genutzt und gehört zu den bedeutendsten Marien-Wallfahrtskirchen des Erzbistums Freiburg. Nach wenigen Metern biegen wir in die Wagensteigstraße ein. Diese führt uns zur Feldbergstraße, auf

leicht | 3,6 km | 1.15 h | 68 Hm

**Tourencharakter** Idyllische Wanderung über den Naturlehrpfad zum Herrenmattenweiher **Ausgangs-/Endpunkt** Kloster St. Märgen, Rathausplatz, 79274 St. Märgen **Altersempfehlung** Ab 4 Jahren **Anfahrt** Über die A5 und B31 in Richtung Titisee-Neustadt bis zur Ausfahrt St. Märgen/Buchenbach/Burg. Mit öffentlichen Verkehrsmitteln: mit der Bahn nach Kirchzarten und weiter mit dem Bus in Richtung St. Märgen bis zur Haltestelle St. Märgen/Post **Karte** KOMPASS Wanderkarte Schwarzwald gesamt, Wanderkarten-Set in der Schutzhülle, 1:50 000, Band 888, ISBN 978-3850267489 **Einkehr** Landfrauen-Café Goldene Krone, Wagensteigstraße, 79274 St. Märgen, Tel. 07669/939 99 88, www.cafe-goldene-krone.de **Übernachtung** Hotel Hirschen, Feldbergstr. 9, 79274 St. Märgen, Tel. 07669/94 06 80, www.derhirschen.de **Preise** Frei zugänglich **Tourist-Info** Tourist-Information, Rathausplatz 6, 79274 St. Märgen, Tel. 07652/120 60, www.hochschwarzwald.de

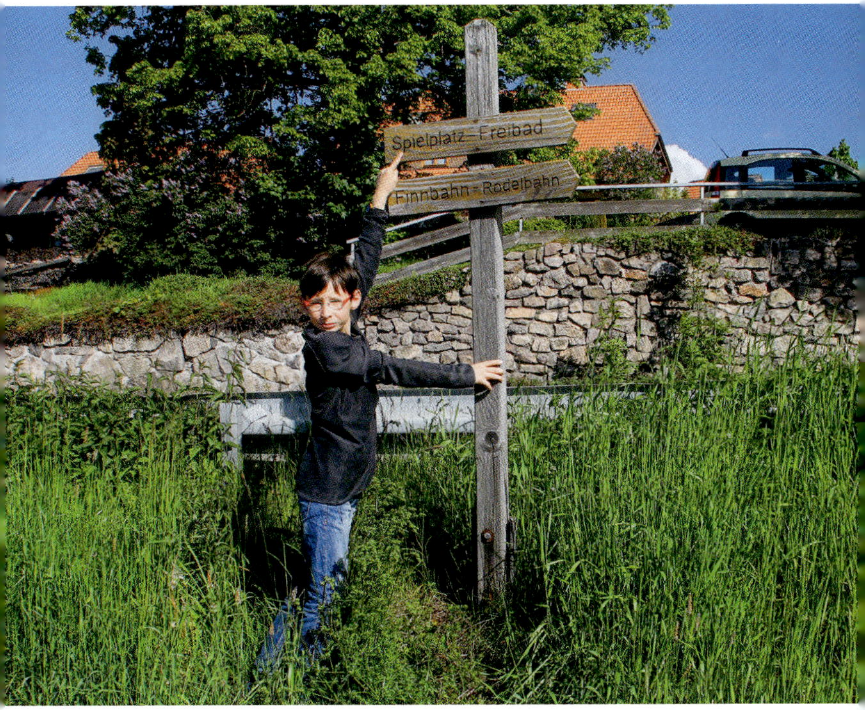


**Da wollen wir hin!**

der wir weiterwandern. In Kürze erreichen wir den Ortsausgang von St. Märgen, wo uns rechter Hand ein asphaltierter kleiner Weg zum Pfisterwald bringt. Schon von Weitem können wir den Naturspielplatz mit seinen Spielgeräten aus Holz sehen. An heißen Tagen spenden die großen Bäume auf dem Spielplatz den nötigen Schatten.

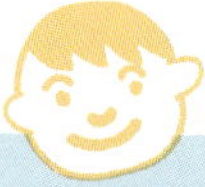

Pssst!

**Der Forstmeister Fritz Hockenjos war ein fleißiger Forstmeister. Geduldig und ganz leise beobachtete er den Wald und die Tiere. Probiere es doch einmal aus! Du wirst erstaunt sein, wie viele Tiere du entdeckst.**

Gern werden die lauschigen Plätze unter der Baumkrone zum Picknicken genutzt.

Nach der Spielpause führt die Tour auf dem Naturlehrpfad weiter. Der Lehrpfad wurde nach dem Forstmeister Fritz Hockenjos benannt. 17 Stationen informieren die Vorbeikommenden über das Ökosystem Wald. Geradeaus auf dem bequemen Weg weiterwandernd erreichen wir nach wenigen Minuten eine Weggabelung. Hier nehmen wir den linken Weg und kommen bald zu einem Wegestern. Hier gilt es, die rechte Abbiegung zu wählen. Nach einem guten Stück führt uns die zweite linke Abbiegung wieder zum Forstweg. Ihm folgen wir links und erreichen eine Kreuzung. Rechts führt uns der Weg aus dem Wald heraus, bevor wir den Pfisterwaldbach überqueren.

In Kürze sind wir bei der Kapelle am Klausen angekommen. Diese wurde 1913 errichtet und soll an die Vorgängerkapelle, die durch einen Brand zerstört wurde, erinnern. Nachdem wir die Kapelle am Klausen hinter uns gelassen haben, gelangen wir zu einer Straße, von der ein Weg rechts abgeht. Diesem folgen wir am Rande des Waldes entlang. Abschließend erreichen wir den Herrenmattenweiher, der gern zum Angeln genutzt wird. Der 0,26 Hektar große Weiher misst an der tiefsten Stelle etwa zwei Meter. In ihm tummeln sich neben den Karpfen auch Regenbogenforellen oder Schleien. Über den Klausenweg haben wir dann nach kurzer Zeit das Kloster in St. Märgen mit seiner gepflegten Außenanlage wieder erreicht.

## Klostermuseum

**Im Museum kann die Geschichte der Schwarzwälder Uhren und der Uhrmacherbrüder Georg und Mathias Kreutz erkundet werden. Zudem lässt sich erfahren, welcher Zusammenhang zwischen der Schwarzwälder Hinterglasmalerei und der Entwicklung der Wallfahrt besteht. Das Museum hat das ganze Jahr über geöffnet. Nähere Informationen unter www.sankt-maergen-kulturwege.de.**

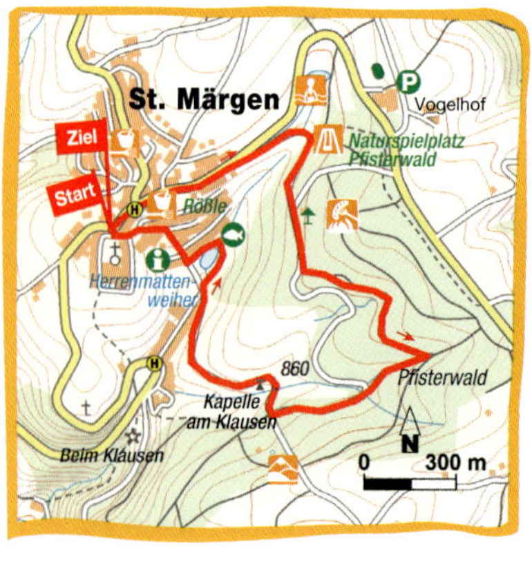

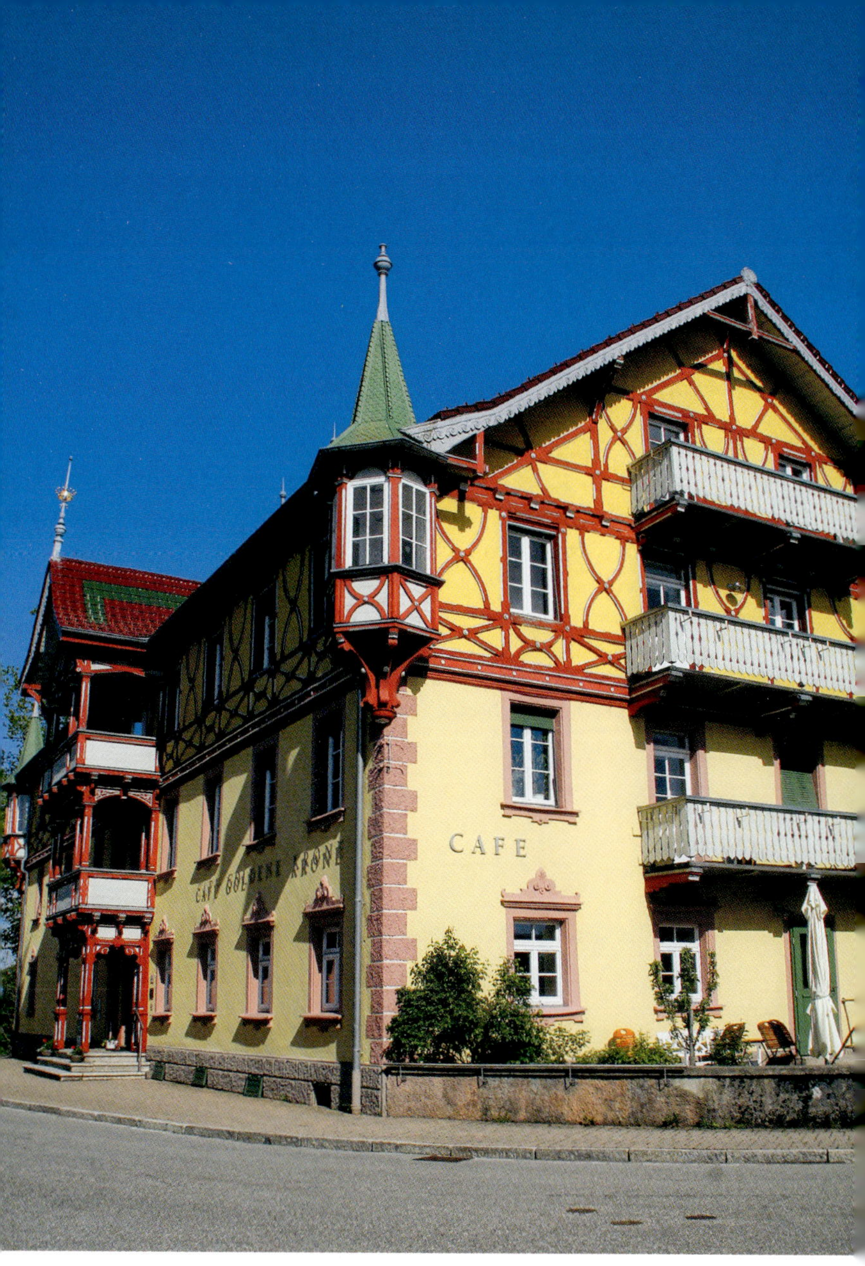


**Ein entzückendes Haus inmitten des Ortes**

# 17 Sonnenrunde

## PANORAMAWANDERUNG BREITNAU

**Viel Sonne bietet den Familien die idyllische Wanderung in Breitnau. Von der Kirche im Zentrum führt die Tour zum Schuhhof und zur Maria-im-Moos-Kapelle. Als nächstes Ziel folgt ein Höhepunkt für die Kinder – der Fun-Park.**

Die sonnenverwöhnte Gemeinde Breitnau im Hochschwarzwald bietet Familien interessante Aktivitäten an. Während im Winter mehrere Hänge zum Rodeln oder Skifahren locken, sind es im Sommer die Spielplätze, welche die Kinder begeistern. Aber auch kurzweilige Spaziergänge oder Wanderungen sind in Breitnau möglich.

Von unserem Parkplatz führt die Route auf der Straße bis zum Ortsende. Dabei passieren wir den alten Pfarrhof, in dem regelmäßig Konzerte statt-

leicht | 5,4 km | 1.45 h | 76 Hm

**Tourencharakter** Aussichtsreiche, sonnenreiche und gemütliche Rundwanderung. **Ausgangs-/Endpunkt** Parkplatz an der Pfarrkirche St. Johannes Baptist, Kirchweg, 79874 Breitnau **Altersempfehlung** Ab 4 Jahren **Anfahrt** Über die A5 und B31 Richtung Titisee-Neustadt. Dann über die B500 Richtung Triberg, Furtwangen und Breitnau. In die Dorfstraße abbiegen. Anfahrt mit den öffentlichen Verkehrsmitteln: mit dem ICE nach Freiburg. Dort mit der Bahn bis zum Bahnhof Hinterzarten. Weiter mit dem Bus nach Breitnau bis zur Haltestelle an der Kirche **Karte** KOMPASS Wanderkarte Schwarzwald gesamt, Wanderkarten-Set in der Schutzhülle, 1:50 000, Band 888, ISBN 978-3850267489 **Einkehr** Höhengasthof Hotel Kreuz, Dorfstr. 1, 79874 Breitnau, Tel. 07652/13 88, www.kreuz-breitnau.de **Übernachtung** Schuhhof, Hinterdorf 22, 79874 Breitnau, Tel. 07652/741, www.schuhhof-breitnau.de **Preise** frei zugänglich **Tourist-Info** Tourist-Information Breitnau, Dorfstr. 11, 79874 Breitnau, Tel. 07652/120 60, www.hochschwarzwald.de

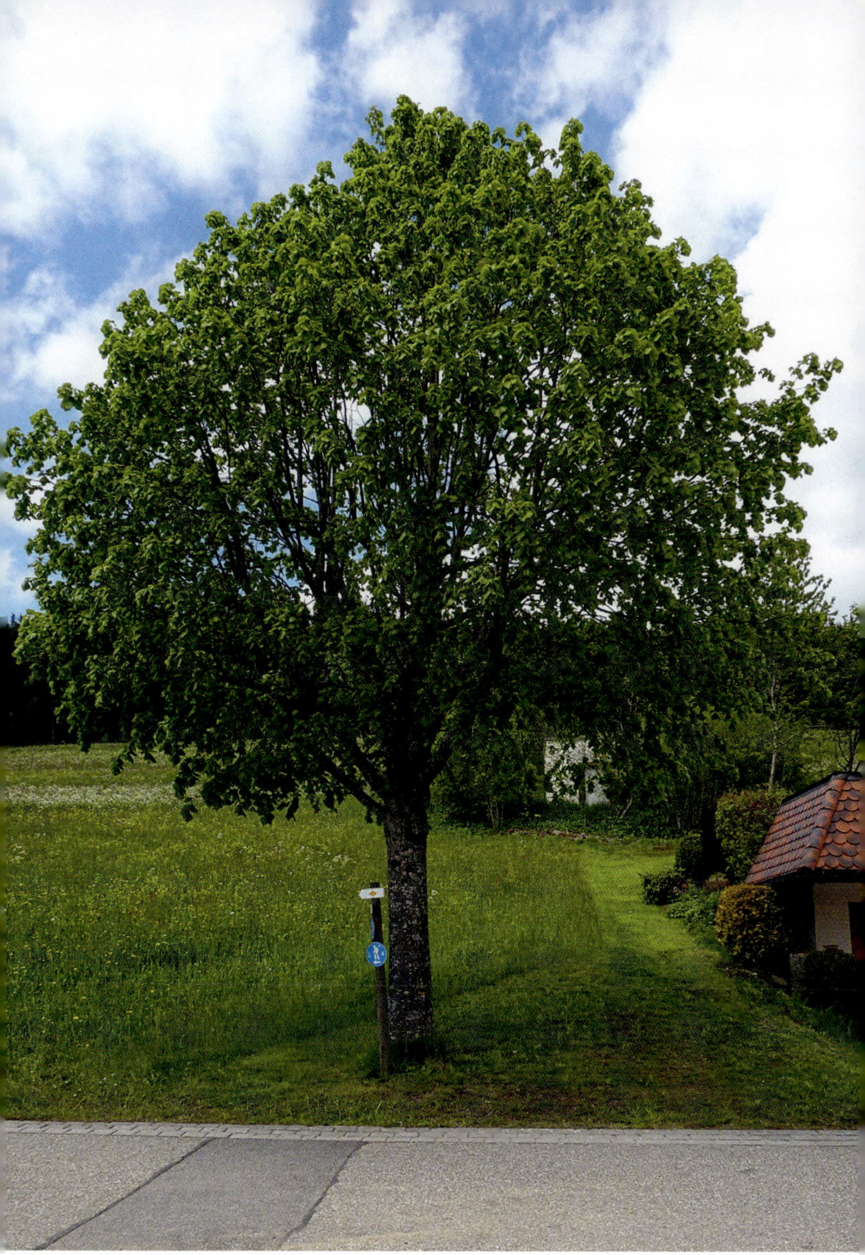

**Versteckter Wegweiser**

finden. Weiter auf unserer Straße kommen wir an den liebreizenden Häusern im typischen Schwarzwaldstil vorbei. Immer wieder haben wir schöne Aussichten auf den Feldberg, der fast zum Greifen nah aussieht. Am Bauernhof Schuhhof biegen wir links ab. Nun erreichen wir in Kürze die Maria-

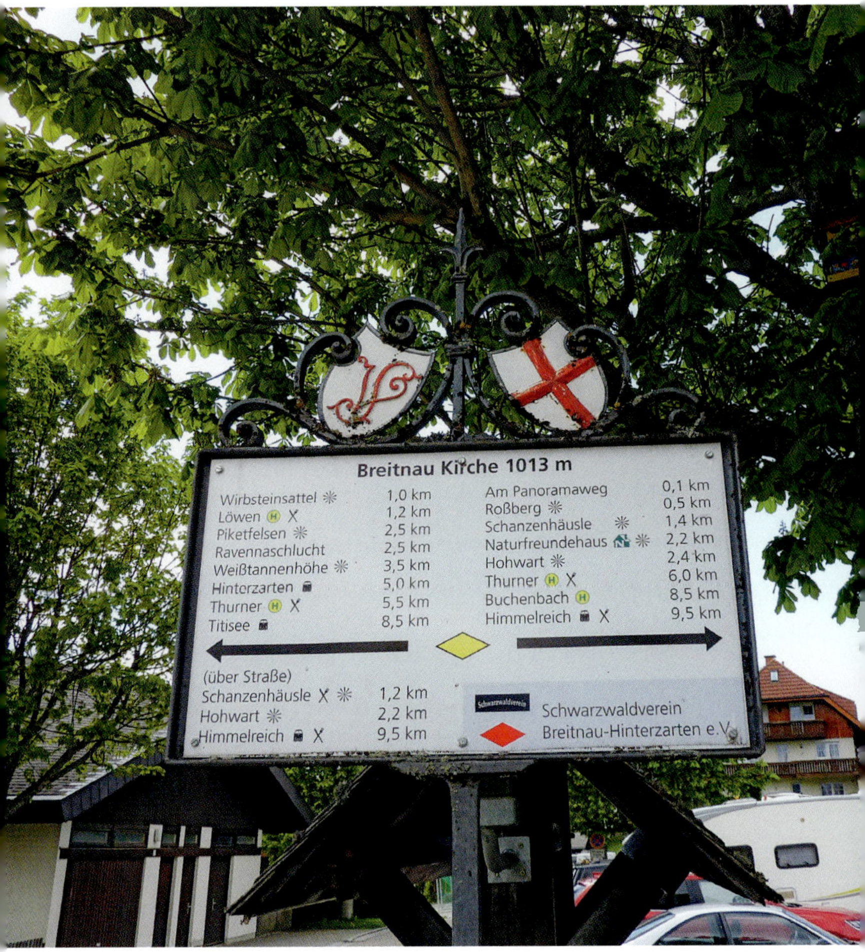


**Ab hier gilt es, der gelben Raute zu folgen.**

im-Moos-Kapelle. Die kleine Kapelle lädt ganzjährig die Vorbeikommenden zum Innehalten und zur inneren Einkehr ein. Vor der Kapelle befindet sich eine kleine Bank, auf der es sich gut ausruhen lässt.

Über die Obere Mühle führt uns die Strecke Richtung Fun-Park. Hier lohnt es sich, einen kurzen Abstecher zu machen und den Spielpark zu erobern. Die Jungen und Mädchen haben die Möglichkeit, sich gemeinsam beim Beachvolleyball auszuprobieren, während auf dem Fußballfeld vorwiegend die Jungen in ihren bunten Trikots dem Ball hinterherjagen. Die kleineren Kinder konzentrieren sich auf ihre Buddeleien im Sand oder erobern die Rutsche. Mit der Seilbahn geht es pfeilschnell in dem Fun-Park zwischen den Bäumen hin und her. Eine ganz besondere Attraktion ist der Mountainbike-Parcours. Rasant bewältigen die Herrscher über ihre Fahrräder die Hindernisse. Ein wenig Mut ist allerdings schon nötig, um die Hürden zu überwinden. Neben einem Blockhaus verfügt der Fun-Park auch über Wasserspiele, über die sich die Kleinsten innerhalb der Familien freuen. Die Spielanlage ist zudem der Startpunkt für die Nordic-Walking-Strecke. In Kürze haben wir den Ausgangspunkt an der Kirche im Zentrum von Breitnau wieder erreicht.

## Mitbringsel oder Souvenir

**In der Glas-Manufaktur Hofgut Sternen ist die Tradition der Glasbläserei im Höllental erlebbar. Zudem kannst du hier Informatives über die Geschichte der Glaskunst erfahren. Bei der Arbeit der Glaskünstler darf vor Ort über die Schulter geschaut werden. In liebevoller Kleinarbeit entstehen einzigartige Schmuckstücke und kleine Glasgegenstände. Die Manufaktur hat täglich von 9 bis 17.30 Uhr geöffnet. Die Produktionszeiten können im Internet unter www.hofgut-sternen.de nachgelesen werden.**

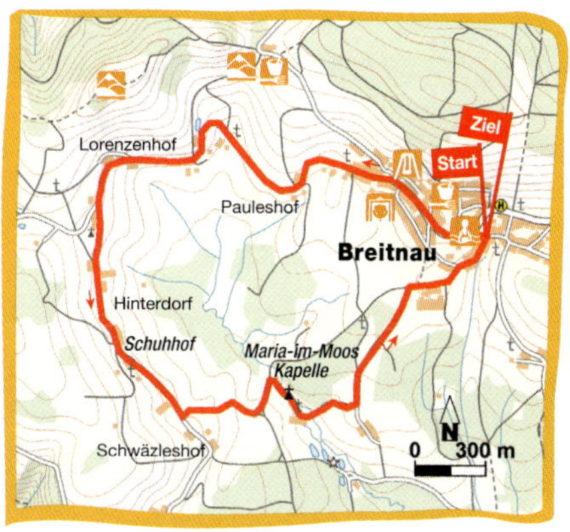

# 18 Wilde Abenteuer in der Klamm

## RAVENNASCHLUCHT

**Die Ravennaschlucht bei Hinterzarten ist ein beliebtes Ziel für kleine und große Wanderfreunde. Immer in Hör- und Sichtnähe der fröhlich sprudelnden Ravenna geht es auf wildromantischen Pfaden durch die Schlucht zum mächtigen Wasserfall. Festes Schuhwerk ist unbedingt nötig.**

Vom Bahnhof in Hinterzarten folgen wir rechts der Freiburger Straße bis zur Alpersbacher Straße. Nach wenigen Metern biegen wir rechts in den Wanderweg ein. Nun geht es leicht abwärts. Mithilfe des Löffeltalweges wandern wir in das Löffeltal. Unsere Wegmarkierung mit dem Mühlrad begleitet uns dabei.

leicht | 7,1 km | 2.30 h | 150 Hm

**Tourencharakter** Abwechslungsreiche Wanderung zum Seitental des Höllentals und seinem Bach Ravenna mit Wasserfällen **Ausgangs-/Endpunkt** Bahnhof, 79586 Hinterzarten **Altersempfehlung** Ab 5 Jahren **Anfahrt** Über die B500 oder B31 und Freiburger Straße nach Hinterzarten. Mit öffentlichen Verkehrsmitteln: mit der Höllental- oder Dreiseenbahn bis Bahnhof Hinterzarten **Karte** KOMPASS Wanderkarte Schwarzwald gesamt, Wanderkarten-Set in der Schutzhülle, 1:50 000, Band 888, ISBN 978-3850267489 **Einkehr** Ravennaschlucht, Höllsteig 76, 79874 Breitnau **Übernachtung** Hotel Thome, Am Kesslerberg 6, 79856 Hinterzarten, Tel. 07652/251, www.hotel-thome.de **Preise** Frei zugänglich **Tourist-Info** Tourist-Information, Freiburger Str. 1, 79856 Hinterzarten, Tel. 07652/120 60, www.hochschwarzwald.de

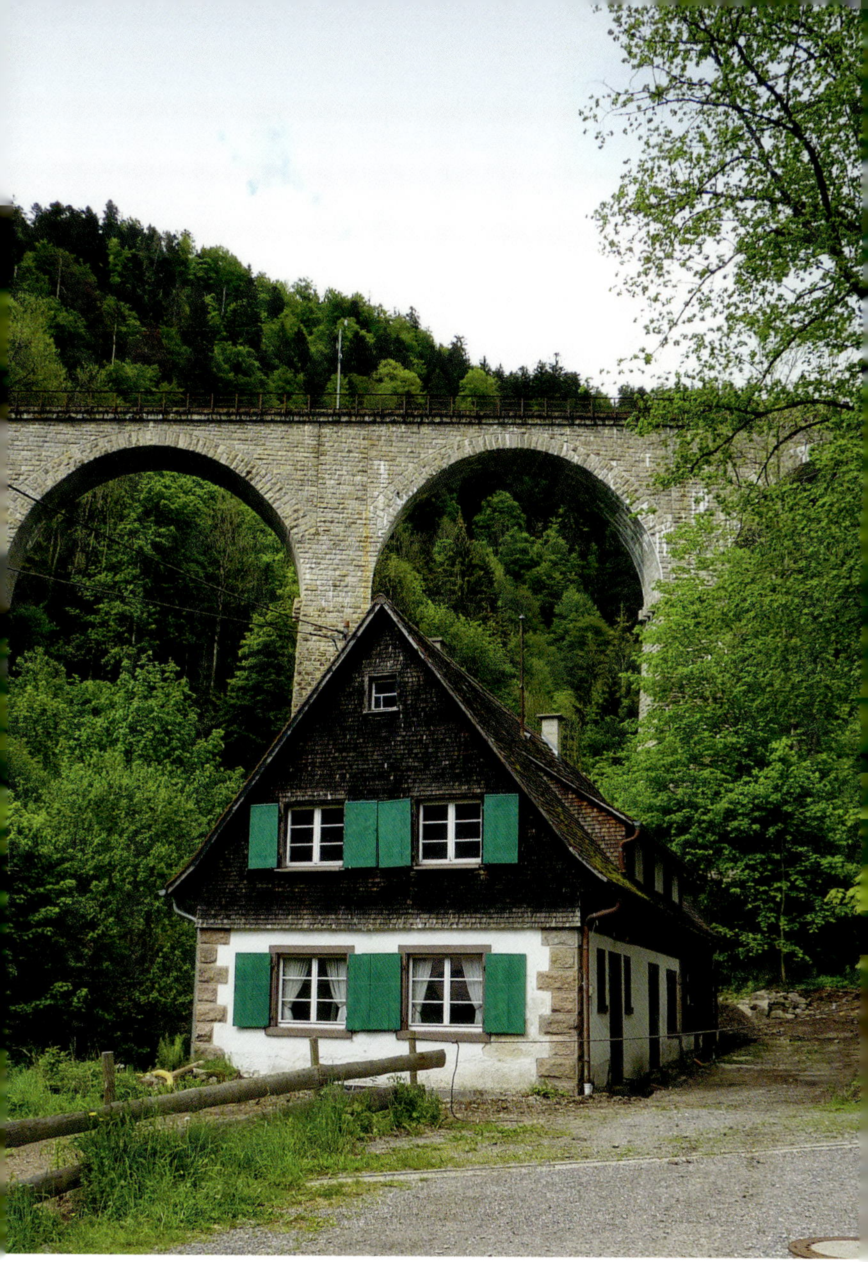

Unter der Eisenbahnbrücke entlang direkt zur Schlucht

## Berühmter Gast

**Das Hofgut Sternen direkt vor dem Eingang der Ravennaschlucht bietet genügend Übernachtungs- und Einkehrmöglichkeiten. Selbst der berühmte Dichter Johann Wolfgang von Goethe residierte hier zweimal. Am Dachfirst des Fachwerkhauses befindet sich zudem ein Uhrenspiel. Immer wieder drehen hier die Schwarzwaldpaare zur Musik im Kreis. Zudem kannst du vor Ort Meisterwerke der Glaskunst bestaunen und das eine oder andere Souvenir kaufen.**

Als Nächstes streifen wir die Löffelmühle und die Hirschenmühle. Etwa 2,5 Kilometer folgen wir unserem Weg, bis wir zur Unterführung der B31 gelangen. Gleich nach der Unterführung biegen wir links ab und erreichen nach kurzer Zeit das Hofgut Sternen. Unser Weg führt an einer alten Sägemaschine vorbei und unter der beeindruckenden Eisenbahnbrücke der Höllentalbahn durch. Jetzt haben wir den Eingang der Ravennaschlucht erreicht. Mit dem Eingang gelangen wir in eine urige, romantisch-wilde Landschaft, die von dem Bach Ravenna gekennzeichnet ist. Je tiefer wir in die Schlucht eintauchen, umso schmaler wird unser Weg. Als Nächstes erreichen wir die Großjockenmühle. Einst diente sie zur Ver-

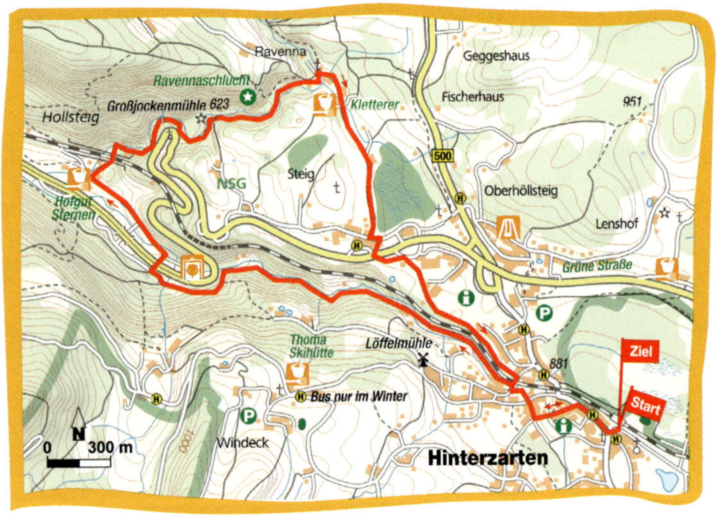

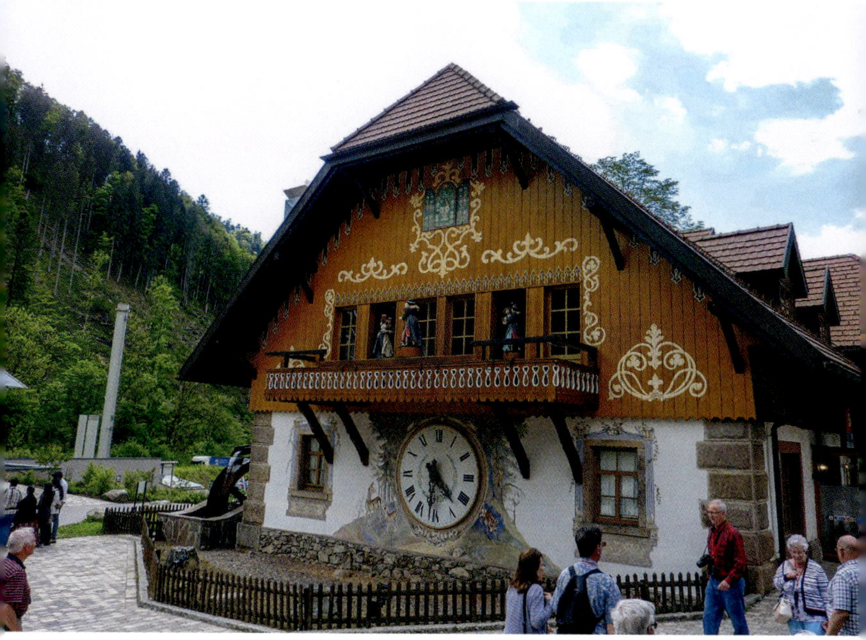

**Dem Tanz der Figuren zusehen**

arbeitung von Getreide. Zwischen dem Hof und der Mühle gab es einen Seiltrieb, der mit der Wasserkraft der Ravenna die Maschinen antrieb.
Nun führt die Wanderung an dem großen Ravenna-Wasserfall vorbei. Mächtig rauscht das Wasser hinunter, während wir unseren Weg weiter an der Ravenna fortsetzen. Hier zeigt sich die Wandlungsfähigkeit der Ravenna. Mal schnell, mal plätschernd oder auch wild präsentiert sich der Fluss.
Schließlich biegen wir an der kommenden Kreuzung rechts ab, streifen das Gästehaus Ketterer und steuern den Birklehof an. Links nur ein kurzes Stück auf der Hauptstraße weiter geht es gleich rechts weiter zur Unterführung. Anschließend links und gleich wieder rechts führt unsere Wanderung zur Höllentalbahn. Jetzt wandern wir parallel entlang der Bahnschienen, bis wir die Bahnunterführung erreichen. Auf dem uns schon bekannten Weg erreichen wir in kurzer Zeit den Bahnhof Hinterzarten.

# 19 Zu Biber und Eichhörnchen

## IM BRUGGERWALD

**Vom Kurhaus Titisee wandern wir geradewegs in den Bruggerwald zum ehemaligen Eisweiher, wo der Hausherr ein Biber ist. Nach einer kurzen Pause oder Spurensuche geht es durch den Eichhörnchenwald und die Kuranlagen zurück zum Titisee.**

Der Titisee bietet aktiven Familien eine Vielzahl von Betätigungsfeldern. Wandern um den See, eine Bootsfahrt auf dem Wasser oder auch eine Rundfahrt mit dem Zäpfle-Bähnle – Langeweile kommt hier nicht auf. Zudem bietet Titisee-Neustadt eine Vielzahl von Schwarzwaldläden, Eiscafés, Festen und Kinder-Ferienprogrammen.

Vom Kurhaus Titisee wandern wir in die Richtung Ortsende. Rechts biegen wir in die Alte Poststraße ab und streifen die Katholische Kirche Christkönig. Weiter über die Alte Poststraße gelangen wir direkt in den Bruggerwald.

leicht | 2 km | 0.45 h | 21 Hm

**Tourencharakter** Kurze Tour auf ebenen Wegen zum Eisweiher und durch den Eichhörnchenwald **Ausgangs-/Endpunkt** Kurhaus Titisee, Strandbadstr. 1, 79822 Titisee **Altersempfehlung** Ab 4 Jahren **Anfahrt** Über die B31 Richtung Neustadt bis zur Ausfahrt Titisee. Mit öffentlichen Verkehrsmitteln: mit der Bahn in Richtung Neustadt bis nach Titisee **Karte** KOMPASS Wanderkarte Schwarzwald gesamt, Wanderkarten-Set in der Schutzhülle, 1:50 000, Band 888, ISBN 978-3850267489 **Einkehr** Café Bootshaus, Strandbadstr. 3, 79822 Titisee-Neustadt, Tel. 07651/881 61 **Übernachtung** Gasthaus Rehwinkel, Neustädter Str. 7, 79822 Titisee-Neustadt, Tel. 07651/83 41 **Preise** Frei zugänglich **Tourist-Info** Tourist-Information, Strandbadstr. 4, 79822 Titisee-Neustadt, Tel. 07652/120 60, www.hochschwarzwald.de

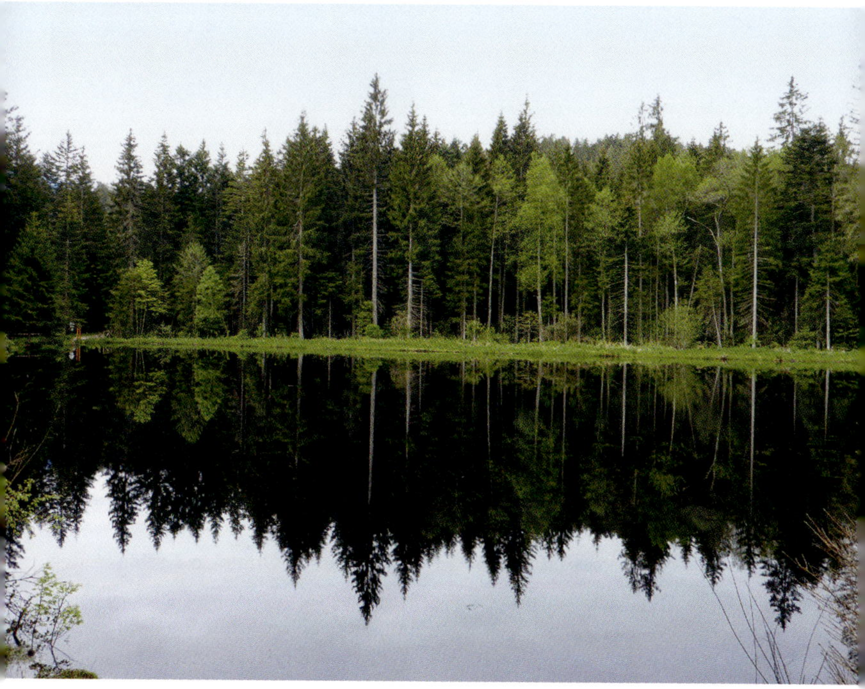

**Schöne Lichtspiele am Eisweiher**

Nach wenigen Minuten durch den Bruggerwald sind wir am Eisweiher angekommen. Der idyllisch gelegene Weiher lädt zu einer kleinen Pause ein. Früher diente der Eisweiher zur Gewinnung von Eis. Am Eisweiher lohnt es sich, Ausschau nach dem Biber zu halten, der sich den Weiher als seine Wahlheimat ausgesucht hat und dort akribisch baut. Wer kann den kleinen Kerl entdecken oder findet eine Spur?

## Starke Zähne

**Wusstest du, dass ein Biber Baumstämme fällen kann? Mit seinen Zähnen nagt er die Bäume an, bis sie umfallen. Mit dem gewonnenen Baummaterial baut er sich nicht nur ein Haus, sondern manchmal bis zu zehn, die durch Biberröhren miteinander verbunden sind.**

Die Gaststätte Pferdestall ist der Abfahrtsort des Zäpfle-Bähnle, mit dem man eine einstündige Rundfahrt genießen kann. Die Fahrt mit dem kleinen Zug führt nach Heiligenbrunnen, zur Fürsatzhöhe und zurück nach Titisee. Alternativ kann von der Fürsatzhöhe zurückgewandert werden. Informationen gibt es bei der Tourist-Information.

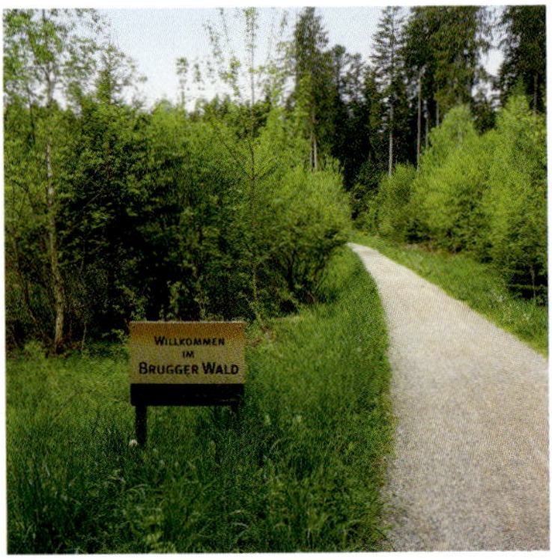


**Das Willkommensschild weist den Weg.**

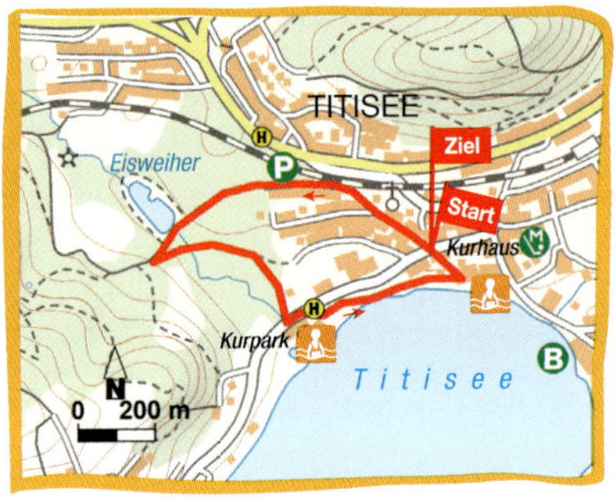


Die Wiese am Weiher wird gern zum Picknicken genutzt. Zudem dient sie jedes Jahr auch als Festplatz. Weiter geradeaus wandernd erreichen wir eine Lichtung. Hier halten wir uns links und tauchen wieder in den Wald ein. Als Nächstes stoßen wir auf den Sägebach, den wir überqueren.

Auf der anderen Bachseite weitergehend kommen wir zu einer Wegkreuzung. Hier wandern wir geradeaus weiter durch den Eichhörnchenwald. Dieser wird seinem Namen gerecht, denn viele der kleinen Tierchen mit ihren buschigen Schwänzchen können hier gesichtet werden. Auf unserem Weg leicht rechts weitergehend kommen wir zu einer Wassertretstelle. Hier werden kleine und große Füße wieder munter, wenn sie mit dem kühlenden Wasser der Tretstelle in Berührung kommen.

Anschließend wechseln wir die Straßenseite am Freibad und gelangen in die Kuranlage. Schön angelegte Wege mit bezaubernden Blumenrabatten bringen uns zum Ufer des Titisees. Rechts am Ufer des Sees entlang ist das Bootshaus schon zu sehen. Hier lohnt sich die Einkehr! Danach führt uns der linke Weg wieder geradewegs zum Kurhaus.

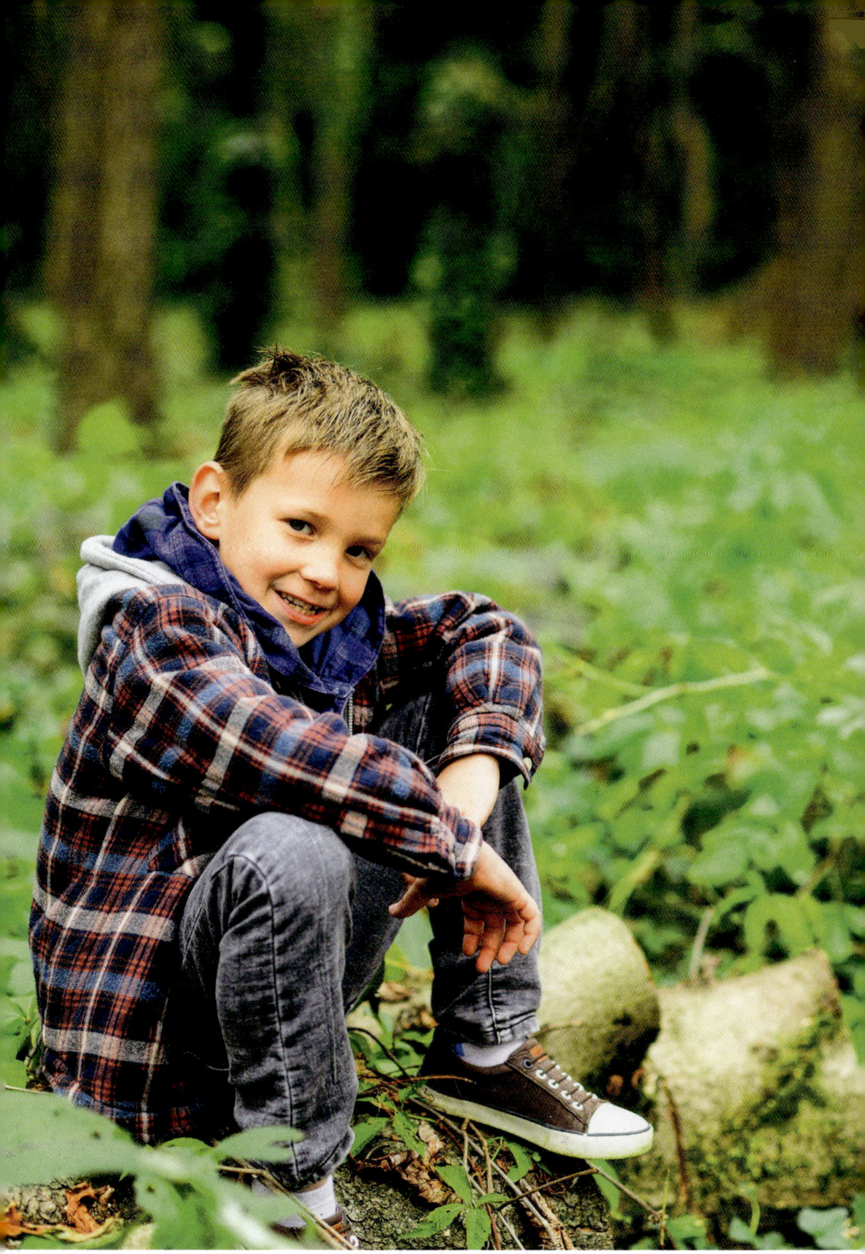

**Meine Zähne sind ebenso stark wie die des Bibers.**

# 20 Entspannt am Fluss

## ENTLANG DER GUTACH

**Die gemütliche, kurze und ebene Wanderung ist auch für kleinere Kinder gut geeignet. Vom Zentrum Titisees bringt uns die Tour entlang des Sees und des Flüsschens Gutach, vorbei an Wiesen und Feldern.**

Vom Kurhaus Titisee führt unsere leichte und beschauliche Wanderung in die belebte Stadtmitte von Titisee. Hier lassen sich einige Geschäfte entdecken, wo es entsprechende Wanderausrüstung gibt.

Wir wechseln die Straßenseite und biegen rechts in die Fußgängerzone ein. Nach wenigen Metern befinden wir uns am Ufer des beliebten Sees. An dieser Stelle lohnt es sich, den Ausblick zu genießen. In den warmen Monaten findet sich auf dem See eine Vielzahl von Tretbooten und Ausflugsschiffen. Auf der Seestraße wandern wir bis zum Hotel Maritim. Links biegen wir nun

leicht | 3 km | 1.00 h | 13 Hm

**Tourencharakter** Entspannte kleine Runde auf ebenen Wegen **Ausgangs-/Endpunkt** Kurhaus Titisee, Strandbadstr. 1, 79822 Titisee **Altersempfehlung** Ab 3 Jahren **Anfahrt** Über die B31 Richtung Neustadt bis zur Ausfahrt Titisee. Mit öffentlichen Verkehrsmitteln: Mit der Bahn in Richtung Neustadt bis nach Titisee **Karte** KOMPASS Wanderkarte Schwarzwald gesamt, Wanderkarten-Set in der Schutzhülle, 1:50 000, Band 888, ISBN 978-3850267489 **Einkehr** Eiscafé Dolomiti, Seestr. 6, 79822 Titisee-Neustadt, Tel. 07651/882 00 **Übernachtung** Gasthaus Rehwinkel, Neustädter Str. 7, 79822 Titisee-Neustadt, Tel. 07651/83 41 **Preise** Frei zugänglich **Tourist-Info** Tourist-Information, Strandbadstr. 4, 79822 Titisee-Neustadt, Tel. 07652/120 60, www.hochschwarzwald.de

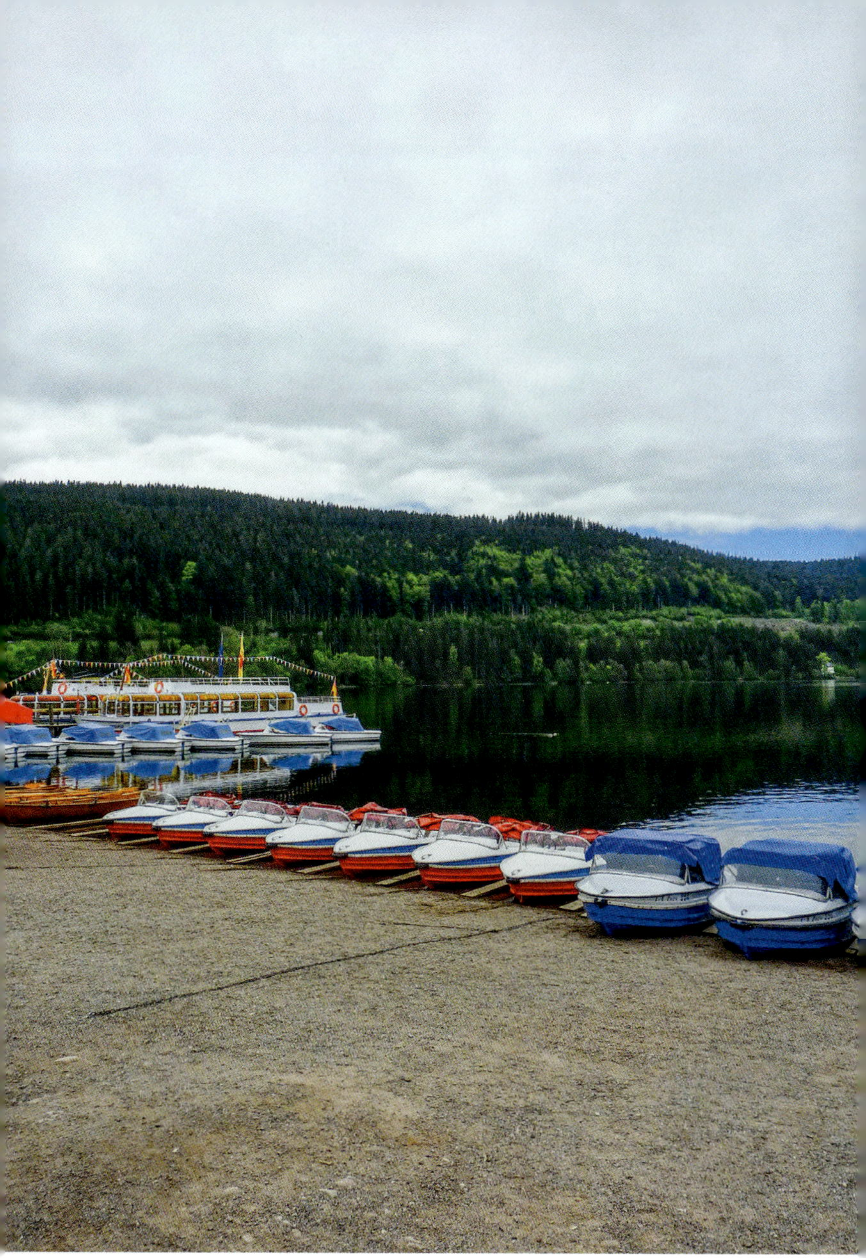

**Noch herrscht Ruhe morgens am Titisee.**

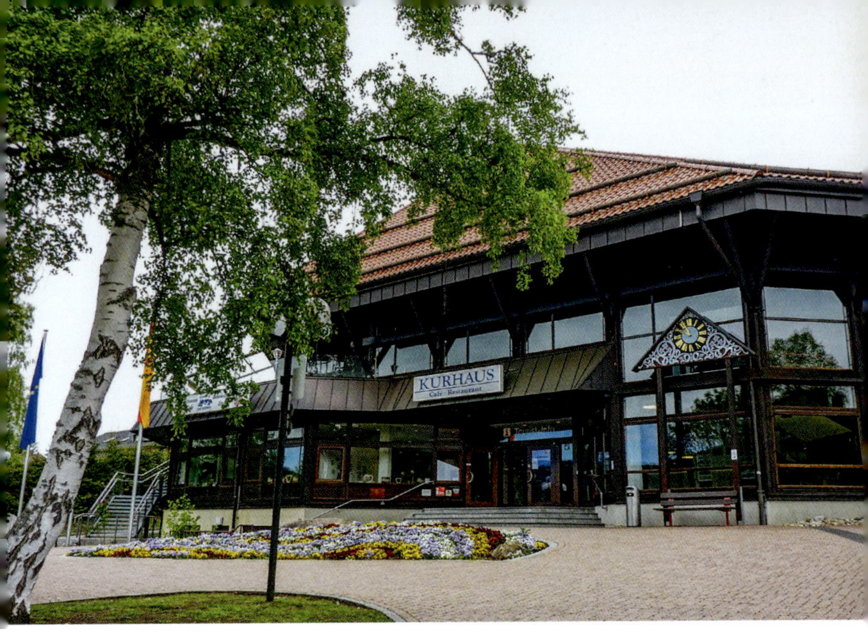


**Start- und Endpunkt ist das Kurhaus.**

in die Seebachstraße ein. Ab hier geht es leicht aufwärts. Unsere Mühen werden mit einem wunderbaren Ausblick auf den Hochfirst belohnt. Der Hochfirst ist der Hausberg von Titisee und misst 1190 Meter. Während der Berg im Sommer von den Wanderern erobert wird, ist er im Winter ein Mekka für Rodler. Eine lange Rodelbahn führt am westlichen Abhang bis zum Titisee. Zudem gibt es auf dem Hochfirst eine knapp zehn Kilometer lange Langlaufloipe, die Hochfirstspur, sowie die Hochfirstschanze, die für das Weltcup-Skispringen genutzt wird.

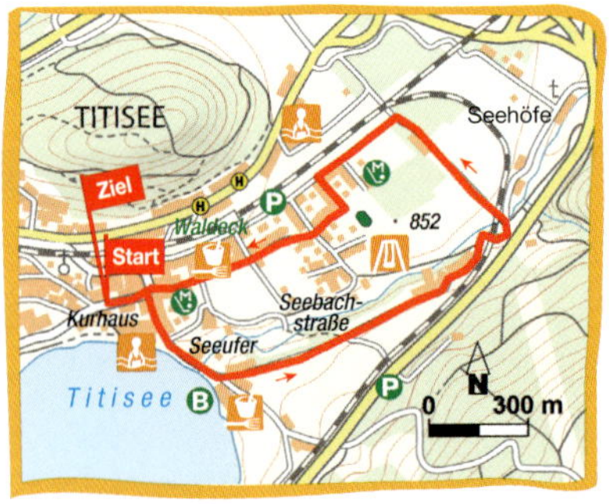


Nun können wir auf unserer linken Seite den Fluss Gutach wahrnehmen. Weiter auf der Seebachstraße erreichen wir die Bahnunterführung. An dieser Stelle haben wir eine wunderbare Sicht auf das Flüsschen. Links folgen wir dem Weg an einer großen Wiese vorbei. Die eine oder andere Schwarzwälder Kuh beobachtet uns dabei neugierig.

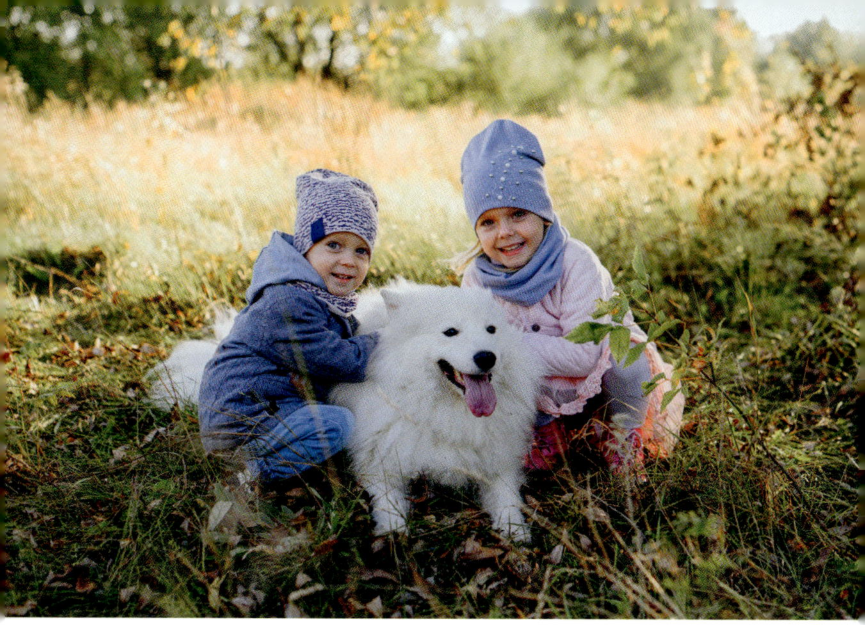

**Nicht ohne unseren Zwergspitz!**

Anschließend folgen wir der Straße und erreichen eine weitere Unterführung der Bahn.

Hier nehmen wir die linke Abbiegung in die Parkstraße. Nach nur kurzer Zeit können wir links in den Fürstenbergweg abbiegen. Auf ihm gelangen wir in ein Wohngebiet, von dem wir eine schöne Sicht zum Feldbergmassiv haben. In wenigen Minuten haben wir unseren Ausgangspunkt im Zentrum von Titisee erreicht.

Zum Abschluss ist es lohnenswert, das Eiscafé Dolomiti in der Seestraße aufzusuchen. Über 40 verschiedene Eissorten werden täglich in der langen Eisvitrine angeboten. Das Milch- und Fruchteis stammt aus eigener Produktion und ist bei Einwohnern wie auch Touristen sehr beliebt.

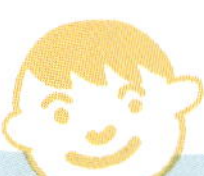

### Dem Läuten hinterher

**Im Schwarzwald tragen viele Kühe noch eine Glocke. Das liegt daran, dass der Schwarzwald hügelig ist und der Bauer bei schlechtem Wetter damit seine Kuh besser findet. Probiere es selber mal mit deinen Eltern aus. Aus welcher Entfernung kannst du die Glocke noch hören, wenn sie geläutet wird?**

# 21 Auf und ab in der Schlucht

HASLACHSCHLUCHT

**Die Haslachschlucht beeindruckt durch ihr wildromantisches Aussehen. Von Lenzkirch führt die Strecke direkt durch die Schlucht. Wilde auf- und absteigende Pfade führen bis zur Haslachmündung. Von dort geht es entspannt auf bequemen Wegen zurück.**

## Achtung!

**Die Wanderung durch die Haslachschlucht ist sehr abenteuerlich. Aber Vorsicht! Häufig wird es hier auf den schmalen Pfaden auch rutschig!**

Abenteuerlustige Familien kommen bei diesem Rundweg durch die Haslachschlucht voll auf ihre Kosten. Die Haslachschlucht wird auch gern als kleinere Ausgabe der Wutachschlucht

mittel | 11,5 km | 3.30 h | 400 Hm

**Tourencharakter** Mittelschwere, aber spannende Tour durch die wilde Haslachschlucht **Ausgangs-/Endpunkt** Kurhaus, Am Kurpark 2, 79853 Lenzkirch **Altersempfehlung** Ab 5 Jahren **Anfahrt** B31 Richtung Neustadt, Ausfahrt B317/B500 in Richtung Basel/Feldberg/Waldshut-Tiengen/Schluchsee/Lenzkirch, auf der B315 nach Lenzkirch. Mit öffentlichen Verkehrsmitteln: mit der Bahn 727 von Freiburg nach Neustadt (Schwarzwald), Bus 7258 Neustadt Richtung Bonndorf, Ausstieg Lenzkirch Kurpark **Karte** KOMPASS Wanderkarte Schwarzwald gesamt, Wanderkarten-Set in der Schutzhülle, 1:50 000, Band 888, ISBN 978-3850267489 **Einkehr** Löffelschmiede, Löffelschmiede 1, 79853 Lenzkirch, sbo.de/loeffelschmiede **Übernachtung** Adler Post, Grabenstr. 1, 79853 Lenzkirch, Tel. 07653/96 06 90, www.adlerpost.com **Preise** Frei zugänglich **Tourist-Info** Tourist-Information, Am Kurpark 2, 79853 Lenzkirch, Tel. 07652/120 60, www.hochschwarzwald.de

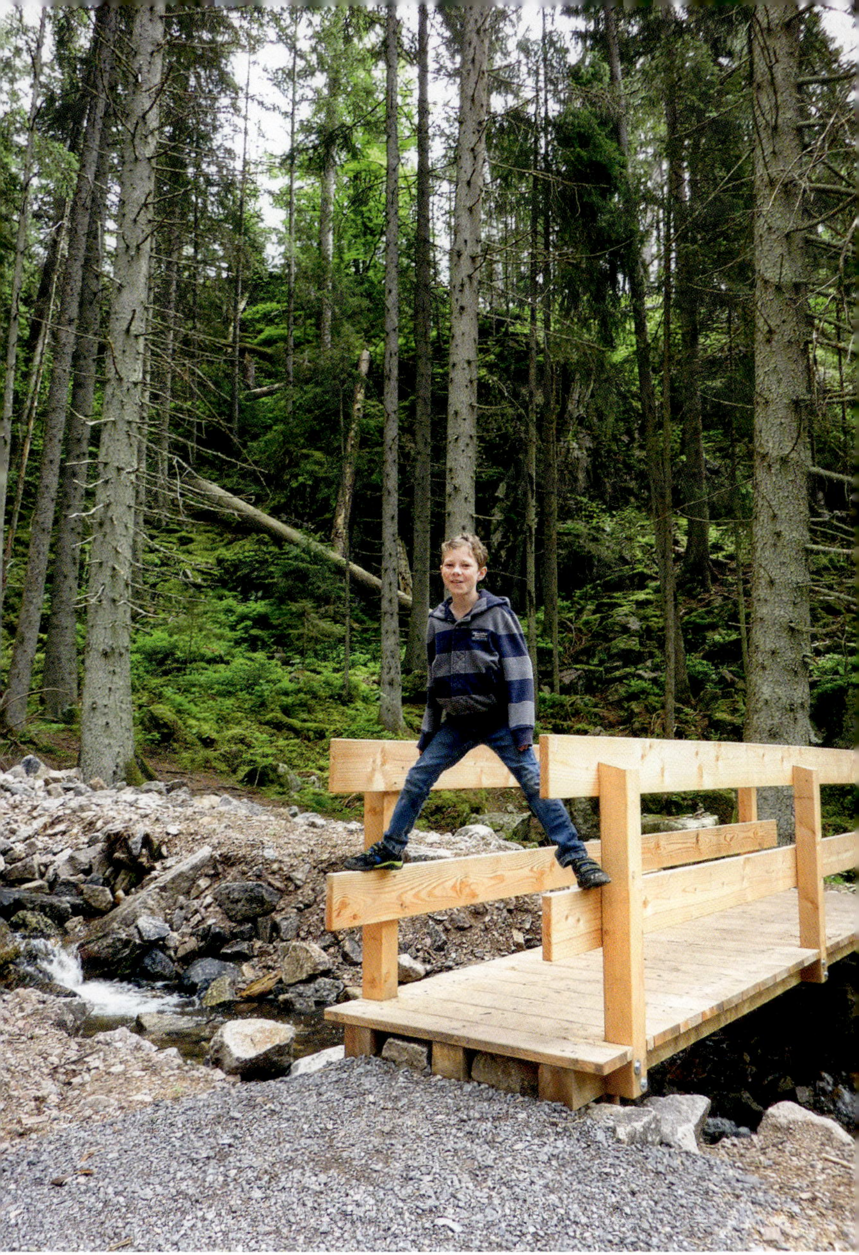

**Ein bisschen Akrobatik kann nicht schaden.**

bezeichnet. Ein gut ausgebauter Steig führt die Wanderer durch die enge Klamm. Immer wieder geht es hoch und runter, wobei auch einige Wurzelwege begangen werden.

Vom Kurhaus in Lenzkirch führt die Wanderung zum Schluchtensteig, zunächst wenige Meter auf dem Bähnle-Radweg. Bei der Fischzucht Kaiser wird es richtig abenteuerlich. Schmale Wege bringen uns durch die Haslachschlucht, wo die Haslach sich beeindruckend durch das Gestein drängt. Häufig zeigt sich der Fluss Haslach tosend und sprudelnd. Kleinere Wasserfälle und auch Stromschnellen können ebenfalls entdeckt werden. Beim Durchwandern der Haslachschlucht müssen wechselnde Auf- und Abstiege in Kauf genommen werden. Immer wieder gelangen wir zu wunderbaren Orten, an denen wir fantastische Ausblicke auf die Schlucht haben. Besonders beliebt sind der Aussichtspunkt Höllloch- oder Rechenfelsen. Hier sieht man gut, wie der Fluss sich durch das Tal drängt.

**Nach einigen Tagen Regenwetter ist die Haslachschlucht sehr beeindruckend. Der Fluss hat dann besonders viel Wasser und bietet somit ein fantastisches Spektakel. Festes Schuhwerk ist allerdings bei der Wanderung immer empfehlenswert.**

Das wilde Wasser ist für Kinder wie auch für die Eltern beeindruckend. Als Nächstes erreichen wir die Haslachmündung, an der sich die Flüsse Haslach und Gutach treffen. Als Wutach setzt der Fluss seinen Weg fort. An diesem idyllischen Fleck lohnt es sich, zu picknicken. Einige Bänke stehen für diesen Zweck zur Verfügung. Auf bequemen Wegen geht es dann alsbald zurück. Auf dem Forstweg streifen wir die alte Eisenbahnbrücke, bevor wir wieder in Lenzkirch eintreffen. Es ist durchaus empfehlenswert, den Tag mit einem leckeren Essen in der

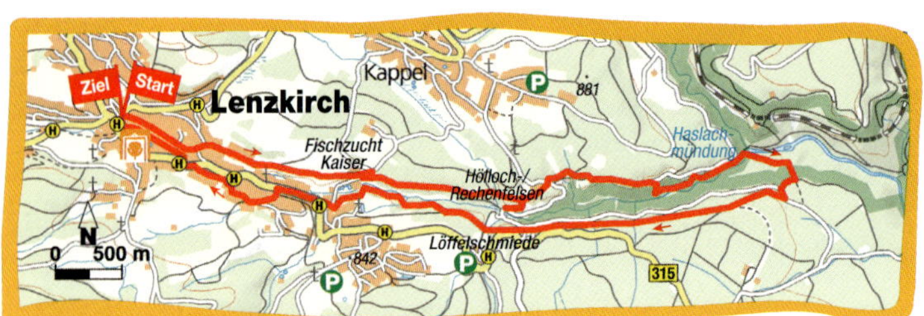

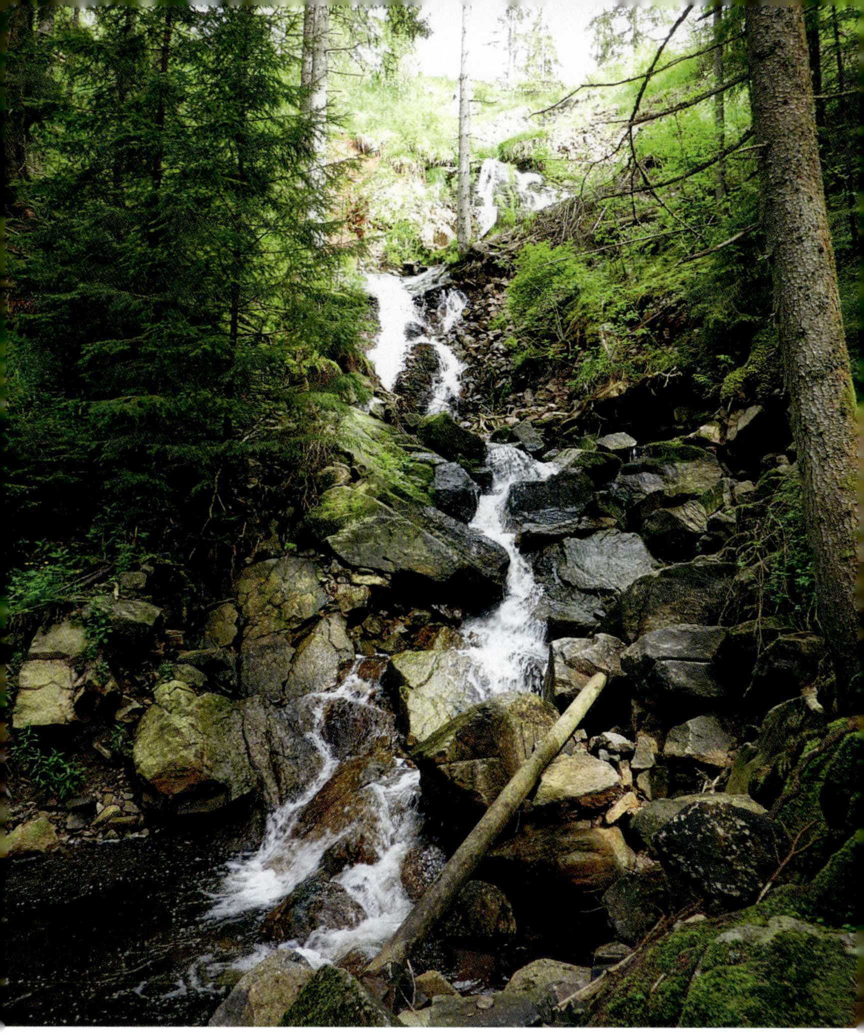

**Was für ein tolles Gebiet zum Spielen!**

Löffelschmiede gemütlich ausklingen zu lassen. Die Löffelschmiede pflegt eine lange Tradition. Seit mehr als 100 Jahren ist sie in Familienbesitz. Hier können sich die Eltern und Kinder mit traditionellen, aber auch saisonalen Gerichten im gemütlichen Gastraum oder im Biergarten stärken. Zudem gibt es für die kleineren Kinder einen eigenen Hausspielplatz, auf dem sie rutschen und schaukeln können.

# 22 Zu den kleinen Geißen

INS SCHWARZBACHTAL

**Die Wanderung an den Rand des Sommerberges ist kinderwagengerecht und auch für jüngere Kinder geeignet. Ein besonderer Höhepunkt ist der Geißenstall, wo die Kinder gern die kleinen Geißen bei ihrem Spiel beobachten. Zudem lädt die Grillstelle zu einer Pause ein.**

Am Fuße des Feldberges befindet sich der Ortsteil Altglashütten. Die Feldberggemeinde ist vor allem für ihre familienfreundlichen Wintersportaktivitäten bekannt. Ohne Schnee lässt es sich rund um die idyllisch gelegene Gemeinde herrlich wandern.

In der Ortsmitte von Altglashütten starten wir unsere kinderwagentaugliche Tour. Auf der Windgfällstraße gelangen wir bald zur Sparkasse, an der wir

leicht | 1,8 km | 1.00 h | 53 Hm

**Tourencharakter** Einfache Wanderung zum Schwarzbachtal, auch für kleine Kinder geeignet **Ausgangs- und Endpunkt** Ortszentrum, Windgfällstraße, 79868 Feldberg-Altglashütten **Altersempfehlung** Ab 3 Jahren **Anfahrt** Über die B31 Richtung Neustadt, Ausfahrt B317/B500 Richtung Basel. Dann die Ausfahrt B500 Richtung Schluchsee/Altglashütten nehmen. Mit öffentlichen Verkehrsmitteln: mit der Bahn 728 nach Altglashütten **Karte** KOMPASS Wanderkarte Schwarzwald gesamt, Wanderkarten-Set in der Schutzhülle, 1:50 000, Band 888, ISBN 978-3850267489 **Einkehr** Gashaus zum Dorfkrug, Bergweg 1, 79868 Feldberg-Altglashütten, Tel. 07655/93 36 14, www.dorfkrug-feldberg.de **Übernachtung** Freizeit- und Bildungszentrum, Am Sommerberg 26, 79868 Feldberg-Altglashütten, Tel. 0173/214 61 16, www.altglashuetten.de **Preise** Frei zugänglich **Tourist-Info** Tourist-Information Altglashütten, Kirchgasse 1, 79868 Feldberg, Tel. 07652/120 60, www.schwarzwald-tourismus.de

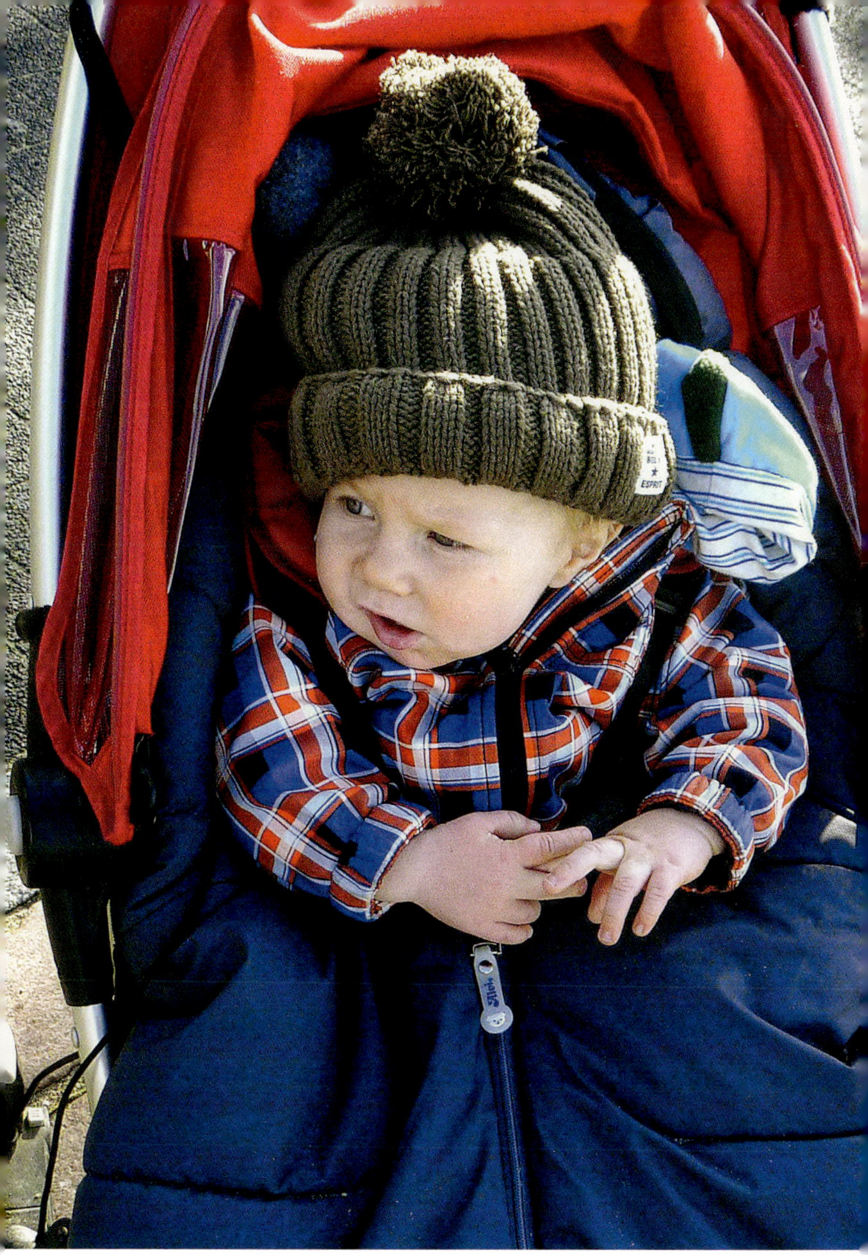


**Wo sind die anderen? Ich will auch mit!**

**Über den Schwarzenbachweg kann die Tour ab dem Grillplatz verlängert werden. Links am Waldrand entlang kommt man zum Schwarzenbachweg. Dieser führt in einem größeren Bogen um die Lange Höh zum Weg Am Sommerberg.**

uns rechts halten. In Kürze erreichen wir den kleinen Schwarzenbach, der uns lange Zeit begleitet. Bald kommen wir durch eine Unterführung und können nachfolgend die Vesperstube Geißenstall sehen. In der Vesperstube können wir gemütlich einkehren und die frisch zubereitete Hausmannskost genießen. So gilt beispielsweise das Schweizer Rösti als eine besondere Spezialität des Hauses, die sich auszuprobieren lohnt. Für die Kinder gibt es einen Kinderspielplatz, auf dem sie munter ihrem Bewegungsdrang nachgehen können. Und im Sommer toben hier die kleinen Geißen auf der Wiese. Während der kalten Jahreszeit kann man sie im Warmen hinter einer Scheibe bestaunen. Zudem gibt es im Winter neben dem Geißenstall einen ansprechenden Rodelhang, der auch gern von den Familien genutzt wird.

Der Edwin-Vogt-Weg geleitet uns Richtung Sommerberg zum Grillplatz Sportplatz Schwarzbachtal. Im Winter verwandelt sich der Sommerberg

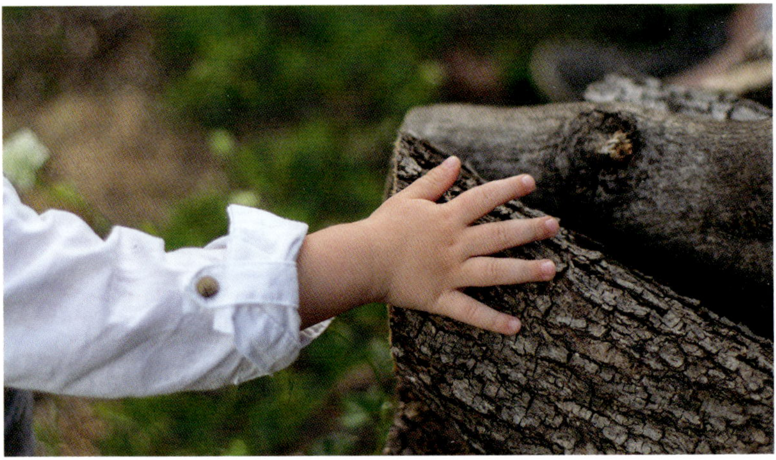

**Auf Tuchfühlung mit der Natur**

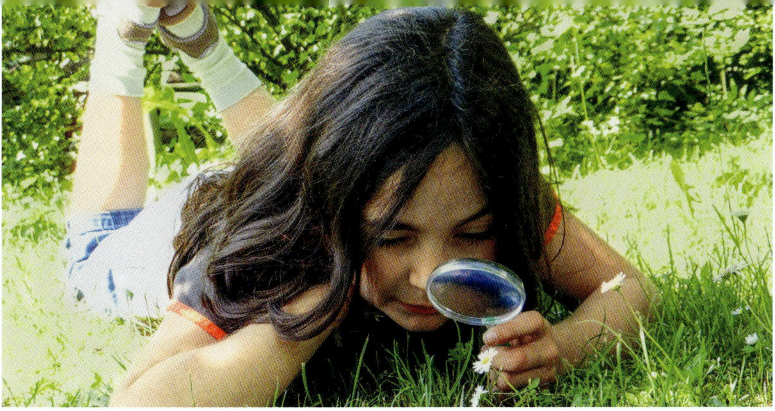

**Mit der Lupe kleine Dinge ganz groß sehen**

in ein großes Skigebiet. Mehrere Pisten und Loipen laden zu winterlichen Sportaktivitäten ein.

Dieser Grillplatz ist aufgrund seiner bezaubernden Lage sehr beliebt. Mehrere Bänke laden hier zum Innehalten ein. Bei plötzlich einsetzendem Regen bietet ein kleiner Unterstand Schutz. Außerdem befindet sich in direkter Nähe eine Wassertretstelle, wo müde Füße in Kürze wieder frisch und munter werden.

Von dem Grillplatz wandern wir weiter auf dem Weg Am Sommerberg auf der anderen Talseite zurück. Der Weg bietet herrliche Aussichten und lädt zum Fotografieren ein. Wir streifen die Black Forest Lodge sowie das Freizeit- und Bildungszentrum und stoßen auf die Bundesstraße, die wir überqueren. An der Pfarrkirche vorbei gelangen wir über die Kirchgasse wieder in die Windgfällstraße. Unsere Rundtour endet in der Ortsmitte.

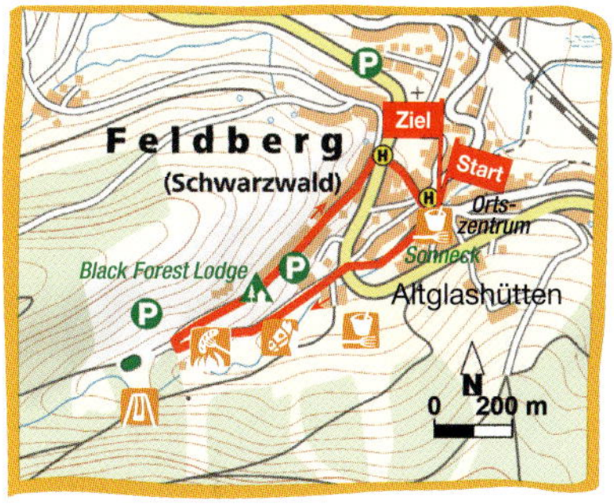


### Grillspaß

**Falls du beschlossen hast, auf dem Grillplatz eine Kleinigkeit zu grillen, erinnere deine Eltern an das nötige Brennholz. Dieses solltet ihr mitnehmen!**

# 23 Nacktfuß-Indianer unterwegs!

## BARFUSSPFAD MUGGENBRUNN

**Eine kostenlose Fußmassage gibt es für die Eltern und Kinder auf dem Barfußpfad in Muggenbrunn. Die bloßen Füße kommen in Kontakt mit den unterschiedlichsten Materialien auf der rund 600 Meter langen Strecke.**

Keine Wanderung im ursprünglichen Sinne, aber einen schönen kleinen Spaziergang unternimmt man auf dem Barfußpfad in Muggenbrunn. Dieser gehört zu den schönsten Barfußpfaden der Region. Etwa eine Stunde sollten

leicht | 0,5 km | 1.00 h | 22 Hm

**Tourencharakter** Abwechslungsreicher Spaziergang mit Wohlfühlcharakter **Ausgangs-/Endpunkt** Campingplatz, Oberhäuserstr. 6, 79674 Todtnau **Altersempfehlung** Ab 1 Jahr **Anfahrt** Über die A5 Karlsruhe–Basel bis Ausfahrt Freiburg-Mitte. Weiter auf der B31 in Richtung Kirchzarten und L126 Richtung Oberried, über Notschrei. Dann noch 0,5 km bis zum Campingplatz Muggenbrunn. Mit öffentlichen Verkehrsmitteln: mit der Höllentalbahn Richtung Neustadt (Schwarzwald) bis Kirchzarten (Schwarzwald). Dann weiter mit dem Bus 7215 Richtung Todtnau bis Muggenbrunnsäge **Karte** KOMPASS Wanderkarte Schwarzwald gesamt, Wanderkarten-Set in der Schutzhülle, 1:50 000, Band 888, ISBN 978-3850267489 **Einkehr** Vitalhotel Grüner Baum, Schauinslandstr. 3, 79674 Todtnau, Tel. 07671/91 84 40, https://schwarzwald-vitalhotel.de **Übernachtung** Vitalhotel Grüner Baum, Schauinslandstr. 3, 79674 Todtnau, Tel. 07671/91 84 40, schwarzwald-vitalhotel.de **Preise** Frei zugänglich **Tourist-Info** Tourist-Information Todtnau, Meinrad-Thoma-Str. 21, 79674 Todtnau, Tel. 07652/120 60, www.schwarzwald-tourismus.de

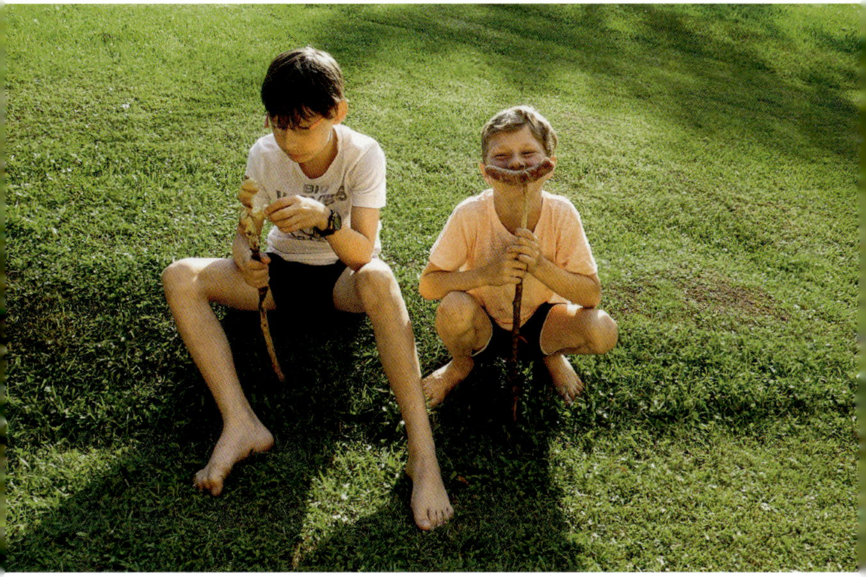

**Stockbrot und Bratwurst zur Belohnung**

die Familien für die Erkundung des Barfußpfades einplanen. Der Pfad startet in direkter Nähe des Campingplatzes in Muggenbrunn. Am Parkplatz des Campingplatzes folgen wir der Beschilderung zum Barfußpfad. Der Startpunkt ist dann das Grillhäuschen. Hier gönnen wir unseren Füßen erst mal ein wenig Frischluft und entledigen uns der Socken und Schuhe. Die Schuhe können im Grillhäuschen im Schuhregal abgestellt werden. Was für eine Wohltat für unsere Füße! Nun folgen wir dem angelegten Rundweg mit Wiesenweg und auch über weichen Waldboden. Der Barfußpfad besteht aus unterschiedlichen Materialien. Zuerst erwartet uns Rindenmulch. Was für

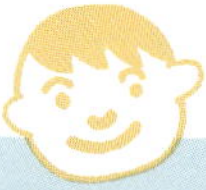

### Augen zu

**Probiere doch einfach mal aus, mit verbundenen Augen auf dem Barfußpfad zu gehen. Mama oder Papa stehen dir hilfreich bei diesem Test zur Seite und führen dich. Dann spüre genau hin!**

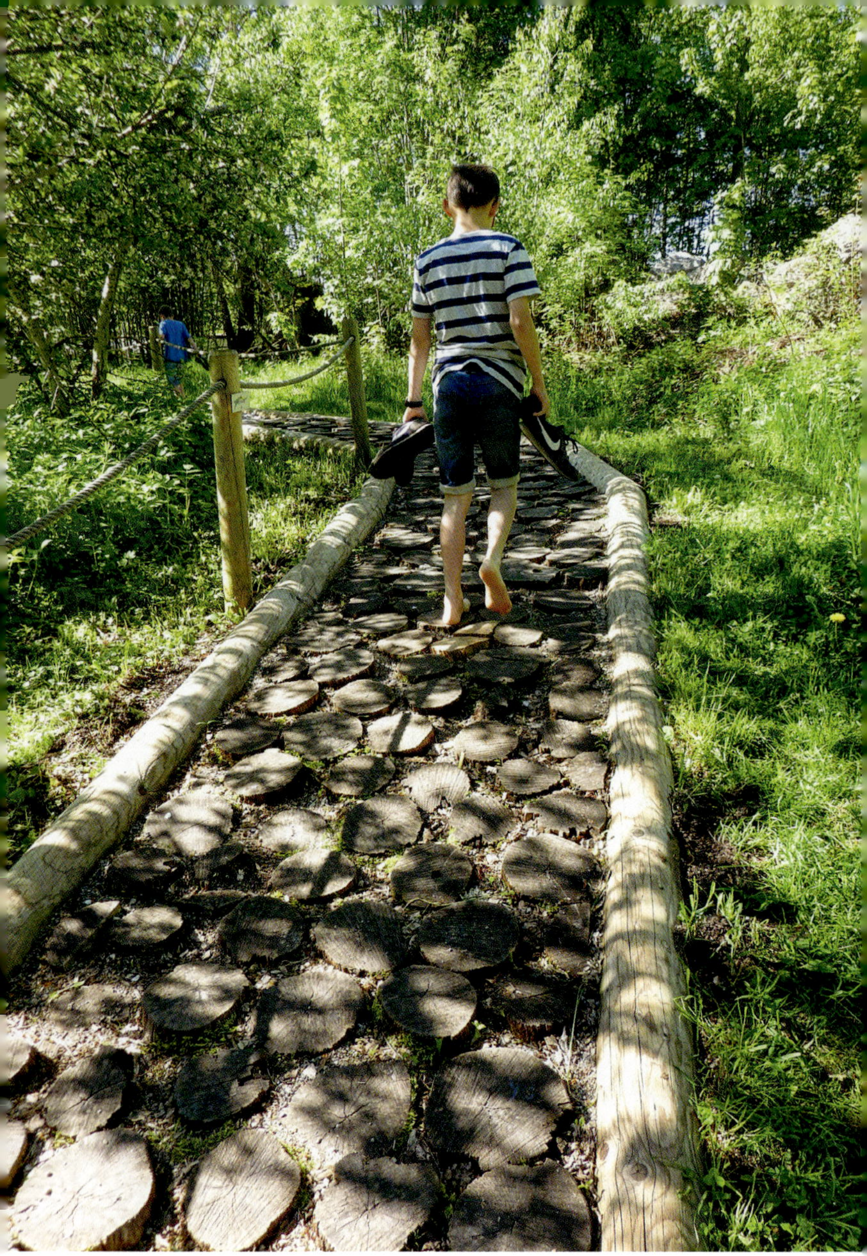

**Mutig über den Barfußpfad**

eine angenehme Fußmassage! Danach geht es über Laub und Schlamm zu den Fichtenzapfen. Zaghaft laufen wir über die Zapfen, bis wir die Fichtenhäcksel erreichen. Über einen kleinen Bogen erreichen wir den Wachtkies. Ein bisschen ungewohnt ist das Laufen auf dem Kies. Aber schon nach kurzer Zeit haben sich die kleinen und großen Füße daran gewöhnt. Anschließend tauchen wir unsere Zehen tief in den weichen Sand. Danach erwarten uns auf dem Barfußpfad Hobelspäne und Rollkies. Zwischendurch gibt es noch die Möglichkeit, auf dem Balancierstamm, der wie eine Wippe funktioniert, seinen Gleichgewichtssinn herauszufordern. Am Ende des Barfußpfades angekommen, können wir uns die Füße am Brunnen mit Gebirgswasser abwaschen, bevor wir uns die Socken und Schuhe wieder anziehen. Die Kleineren unter den Kindern haben die Möglichkeit, den kleinen Spielplatz zu erkunden. In der Sandkiste können sie sich als große Architekten ausprobieren, während das Wipptier zu wilden Reiterspielen einlädt. Für die Größeren gibt es zudem einen geeigneten Platz, um Fußball zu spielen. Ein krönender Abschluss ist das Picknicken oder Grillen am Grillhäuschen.

**Es macht viel Spaß, mit den Kindern einen eigenen Barfußpfad zu Hause anzulegen. Neben großen und kleinen Steinen können Flaschenkorken, geschnittene Heckenzweige, Tannenzapfen oder auch dünne Stöcke verwendet werden. Ob kreisförmig oder gerade, es gibt viele Möglichkeiten, einen Barfußpfad zu gestalten.**

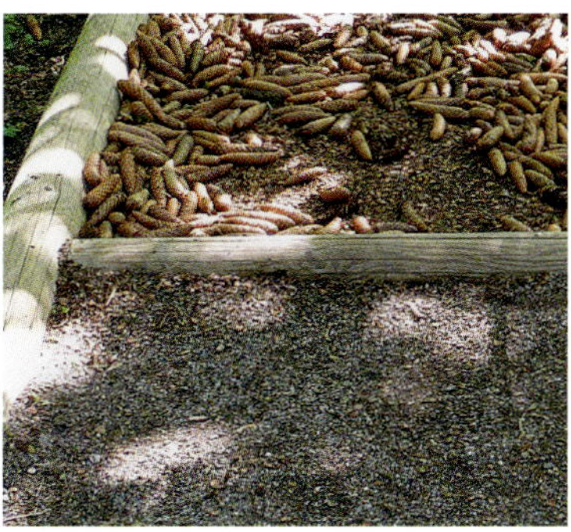

**Verschiedene Böden gibt es zu bezwingen.**

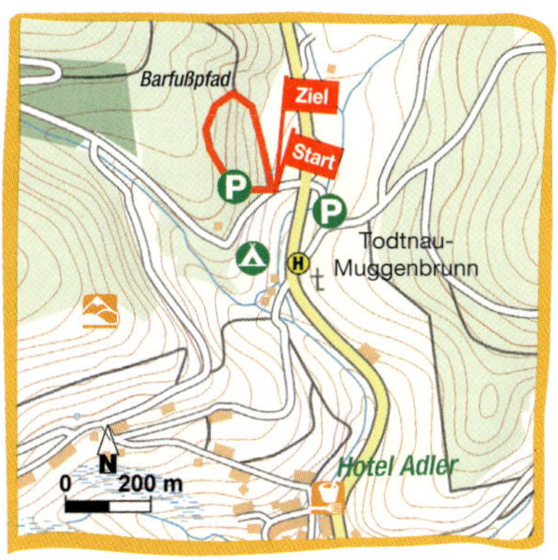

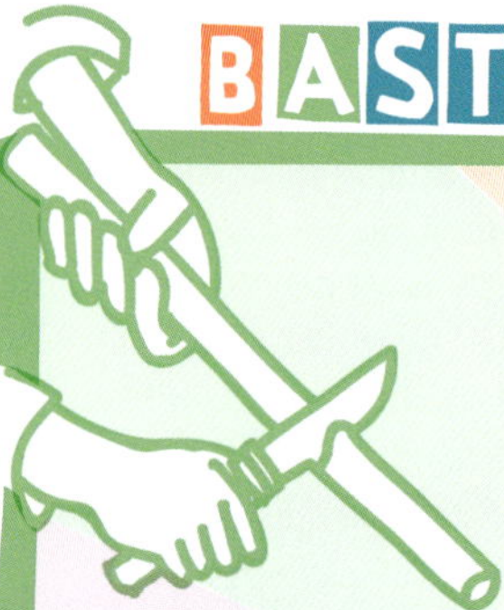

# Umwelt und Natur

Schon Kindergartenkinder haben Interesse an den Vorgängen in der Natur. Vielleicht klettert ein kleines Eichhörnchen den Baum empor, der Marienkäfer setzt sich gemütlich auf den Arm oder der Schmetterling zeigt seine prächtige Schönheit auf einem Blatt. Während einer Wanderung kann den Kindern ganz spielerisch der Wert der Natur und ihre Zusammenhänge aufgezeigt werden.

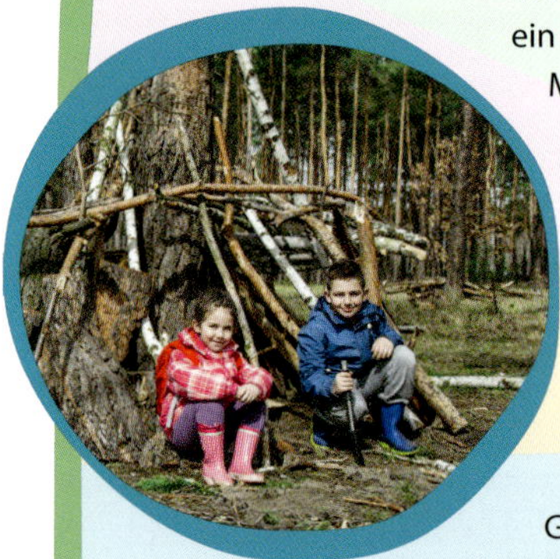

## Picknick machen

Das Picknicken bietet eine hervorragende Gelegenheit, Zusammenhänge zu erklären. Woher kommt das Brot? Wer macht den Honig? Was braucht der Baum, um so schöne Äpfel wachsen zu lassen? Am Getreidefeld lassen sich die Ähren genauer betrachten. Ebenso kann man Insekten auf den Blumenblüten bei ihrer Arbeit zusehen. Für mehr Liebe zur Natur und Umweltbewusstsein ist das Verhalten der Eltern wichtig, denn Kinder richten sich meistens nach ihren Eltern. Hier gilt es, die Kinder auf die Schönheit der Natur aufmerksam zu machen. Kleine Blumen am Weg, Ameisen, die große Lasten tragen, Wolken, die in verschiedenen Formen am Himmel ziehen, Vögel, die in Scharen kreisen, oder auch die Veränderung des Sonnenstandes. Es gibt viele Gelegenheiten, Kinder auf diese Details aufmerksam zu machen.

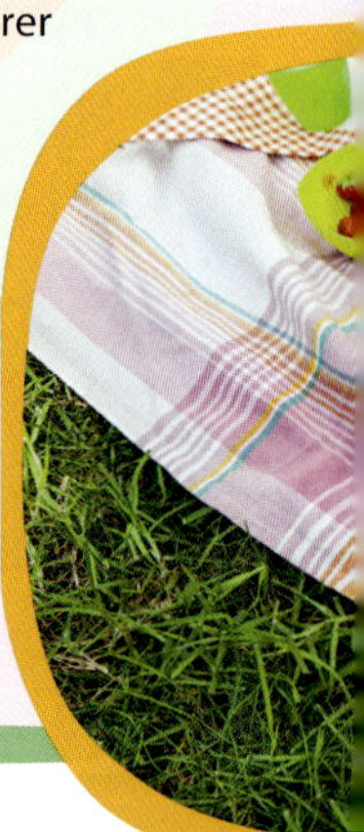

## Forscher-Rucksack

Praktisch und sehr beliebt auf Wanderungen ist ein Forscher-Rucksack. In ihm befinden sich sämtliche Utensilien, um kleine Tiere aufzuspüren. Eine Becherlupe, ein kleiner Kescher, ein Maßband, Bleistift und Block können hilfreich beim Sammeln, Beobachten und Dokumentieren sein. Mithilfe der Becherlupe werden Insekten ganz groß und können von allen Seiten genau betrachtet werden. Für das Fangen von kleinen Tieren im Wasser eignet sich der Kescher. Alle Tiere sollten dabei mit großer Sorgfalt behandelt werden und nach kurzer Zeit wieder in ihre Umgebung zurückgebracht werden.

Zum Sammeln von Kastanien oder Steinen eignet sich ein Stoffbeutel. Der Block dagegen kann zum Malen der Tiere dienen oder zum Dokumentieren der Größe und des Fundortes. Empfehlenswert ist auch ein kleines Bestimmungsbuch, mit dem die Kinder die entdeckten Pflanzen oder Tiere abgleichen können.

## Lehrreiche Bücher

Bücher sind ebenfalls sehr hilfreich, um bei Kindern das Interesse für die Natur zu entwickeln. Tier- und Pflanzenbücher gibt es für alle Altersgruppen. Bilderbücher sind schon für die Kleinsten geeignet. Es müssen nicht unbedingt neue Bücher aus der Buchhandlung sein. Viele schöne Naturbücher können kostenlos in der Bibliothek ausgeliehen werden. Beim gemeinsamen Lesen und Durchblättern wird nicht nur mit dem Kind Zeit verbracht, sondern es wird auch für den Umweltschutz sensibilisiert.

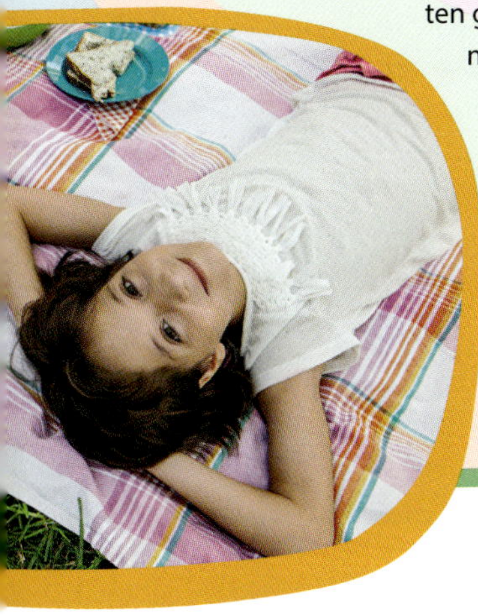

# 24 Fröhliches Wasserspiel

## TODTNAUER WASSERFALL

**Der Todtnauer Wasserfall ist einer der höchsten Naturwasserfälle in Baden-Württemberg. Die aussichtsreiche Rundwanderung zu dem Naturspektakel ist vor allem im Sommer ein echtes Highlight, wenn der Wasserfall sehr erfrischend ist.**

Der Startpunkt zu dem spektakulären Wasserfall ist die Tourist-Information in Todtnau. Von hier aus wandern wir über die Feldbergstraße Richtung Marktplatz. Links abbiegend kommen wir an mehreren Restaurants und Cafés vorbei, die zum Einkehren einladen. Anschließend erreichen wir die Kirche St. Johannes Baptist. Rechts an der Kirche vorbei wandern wir nun aufwärts direkt in den Wald hinein. Wir folgen der Markierung mit der

leicht 6,1 km 2.00 h 210 Hm

**Tourencharakter** Markierte Wanderung zum höchsten Naturwasserfall der Region **Ausgangs-/Endpunkt** Tourist-Information Todtnau, Meinrad-Thoma-Str. 21, 79674 Todtnau **Altersempfehlung** Ab 4 Jahren **Anfahrt** Über die B31 in Richtung Donaueschingen, bei Kirchzarten auf die L126 abbiegen. Über Oberried und Notschrei bis nach Todtnau. Mit öffentlichen Verkehrsmitteln: mit der Regionalbahn Richtung Seebrugg bis zum Bahnhof Kirchzarten. Dann weiter mit dem Bus 7215 bis zum Bahnhof Todtnau
**Karte** KOMPASS Wanderkarte Schwarzwald gesamt, Wanderkarten-Set in der Schutzhülle, 1:50 000, Band 888, ISBN 978-3850267489 **Einkehr** Alte Münz, Freiburger Str. 1, 79674 Todtnau, Tel. 07671/83 38, www.alte-muenz-todtnau.de **Übernachtung** Hotel Waldeck, Poche 6, 79674 Todtnau, Tel. 07671/99 99 30, www.waldeck-todtnau.de **Preise** Wasserfall: Eintritt 2 € und für Kinder ab 12 Jahren 1 €
**Tourist-Info** Tourist-Information Todtnau, Meinrad-Thoma-Str. 21, 79674 Todtnau, Tel. 07652/120 60, www.schwarzwald-tourismus.de

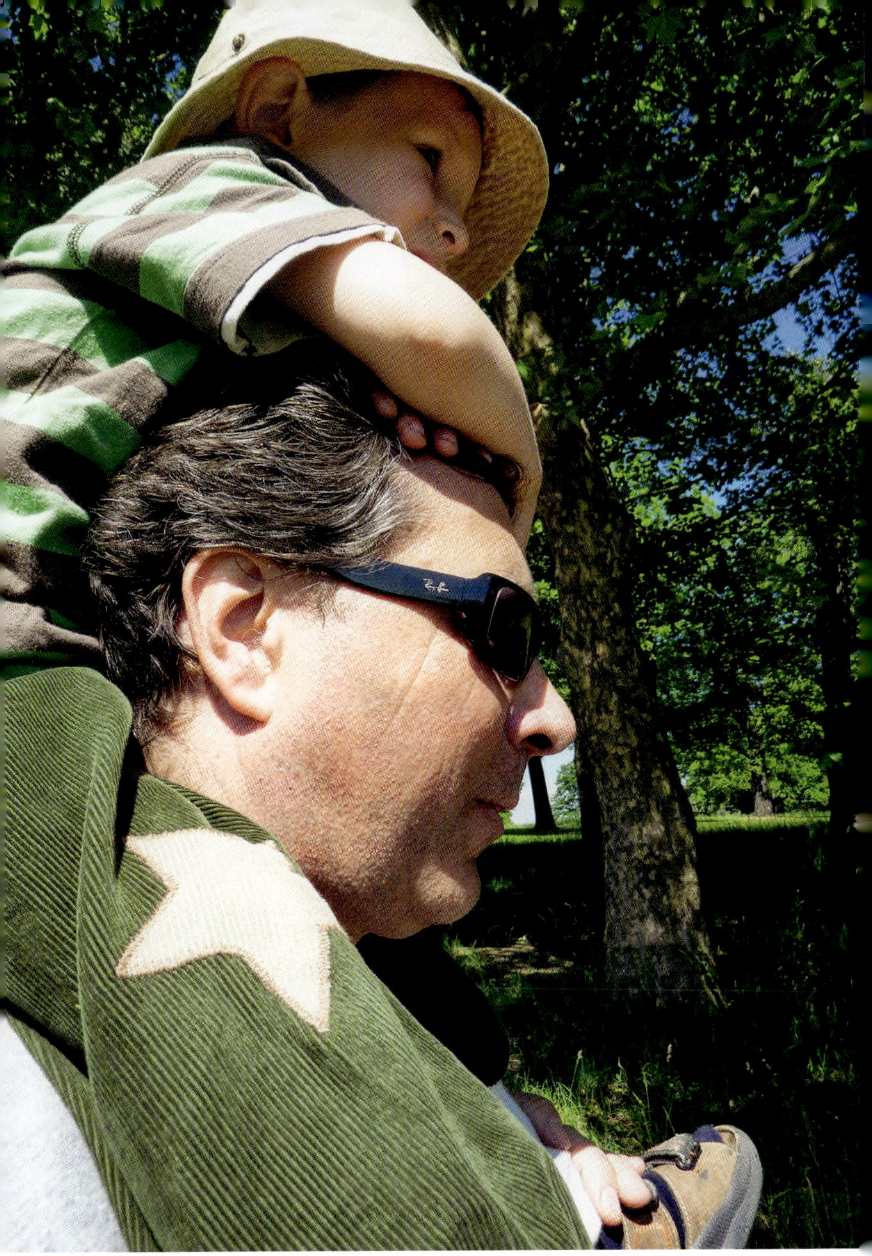

Ganz gemütlich auf Papas Schulter

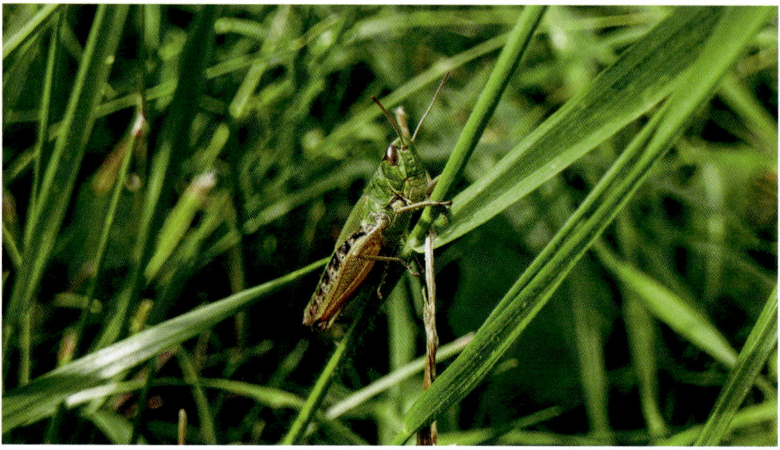

**»Hü-hüpf!«, sagte Flip, wenn er durch die Wiese sprang.**

blauen Raute bis auf die Todtnauer Hoh. Schon bald erreichen wir den Waldkindergarten. Ab hier wird es zunehmend steiler.

Nach einer Weile können wir, wenn wir ganz still sind, das leise Rauschen des Wasserfalls hören. Wir folgen dem Rauschen, bis wir vor dem Wasserfall stehen, der in der letzten Eiszeit durch Gletschererosion entstanden ist. Von der Brücke aus haben wir eine gute Sicht auf die Wassermassen, die über die Gesteine springen. Über fünf Stufen stürzen die Wassermassen insgesamt 97 Meter in die Tiefe. Die Lebendigkeit des Wassers wirkt inspirierend und sehr beeindruckend. Gerade nach der Schneeschmelze wälzen sich hier viele Wassermassen sprudelnd und fröhlich hinunter. Im Sommer bietet der Wasserfall dagegen Abkühlung. Der Todtnauer Wasserfall ist vollständig natürlich und eines der zehn schönsten Naturdenkmäler in Deutschland.

Wir setzen unsere Wanderung fort bis zum Wasserfall-Kiosk. Dann erreichen

### Versteckte Schätze

**In direkter Nähe des Wasserfalls kannst du noch etwas Spannendes aufspüren! Die 300 Jahre alte Weidbuche und der geheimnisvolle Monolith Schatzstein warten darauf, entdeckt zu werden.**

**Eine kürzere Wanderung zum Wasserfall ist von Aftersteg aus möglich. Vorbei am Wasserfall-Kiosk ist der Wasserfall in 500 Metern erreichbar. Eine andere Möglichkeit ist die einen Kilometer lange Tour von Todtnauberg über den Schwimmbadweg.**

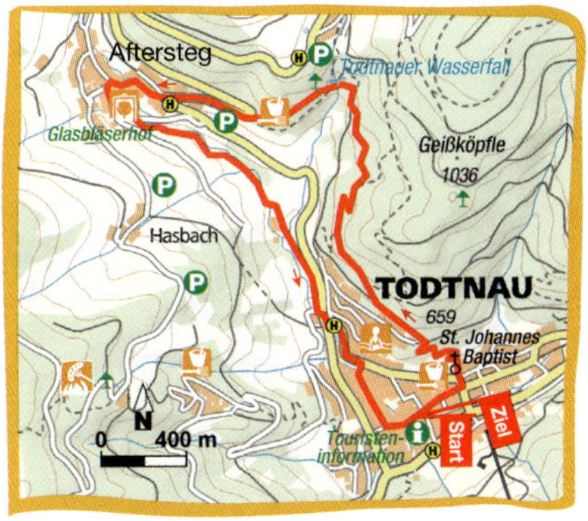


wir die L126 und folgen ihr Richtung Aftersteg. Wir nehmen nun die Talstraße, biegen etwas später in die Straße Am Hang ein und kurz darauf links in die Langenbachstraße. Nach wenigen Minuten folgen wir dem kleinen Weg, der rechts von der Straße abgeht. Nach etwa einem Kilometer endet der Weg und wir gehen rechts weiter. Nach einer kleinen Bachüberquerung wandern wir rund 100 Meter auf der Hanna-Brauweiler-Straße weiter. Links geht es anschließend abwärts zur Schönenstraße. Auf ihr spazieren wir bis zum Busbahnhof. Links über die Meinrad-Thoma-Straße erreichen wir schließlich die Tourist-Information.

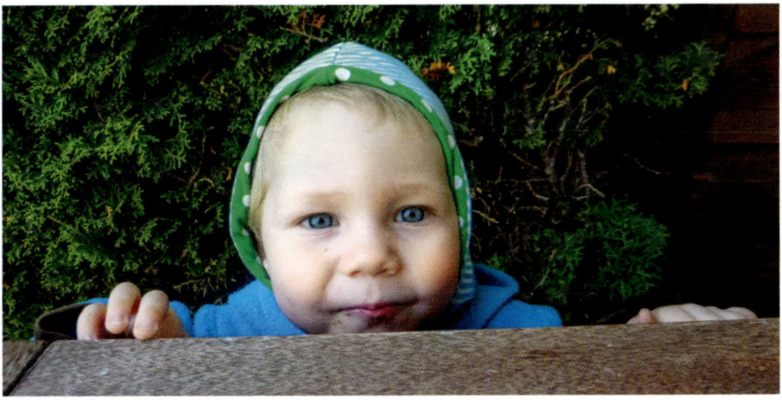

**Wer guckt denn da?**

# 25 Gemütliche Waldrunde

## ÜBER DEN BERG NACH TODTNAU

**Von der Jugendherberge Hebelhof führt die familientaugliche und aussichtsreiche Tour auf das Hasenhorn. Neben der Berggaststätte lädt auch der Hasenhornturm zum Verweilen ein. Hinab geht es abenteuerlich mit dem Hasenhorn-Coaster.**

### Eine zünftige Fahrt

**Ab einer Größe von 95 Zentimetern und einem Alter von drei Jahren darfst du mit Mama oder Papa auf dem Brocken-Coaster mitfahren. Falls du schon acht Jahre alt und 1,40 Meter groß bist, darfst du auch allein fahren.**

Unsere Bergwanderung startet von der Jugendherberge Hebelhof. Links an der Haltestelle überqueren wir an der Wendeschleife die Straße. Auf der anderen Straßenseite wandern wir

mittel | 9,5 km | 2.30 h | 458 Hm

**Tourencharakter** Aussichtsreiche Streckentour zum Gipfel und Aussichtsturm **Ausgangspunkt** DJH Jugendherberge Hebelhof Feldberg, Passhöhe 14, 79868 Feldberg **Endpunkt** Berggasthof Hasenhorn **Altersempfehlung** Ab 5 Jahren **Anfahrt** Über die B317 nach Feldberg. Mit öffentlichen Verkehrsmitteln: mit der Höllentalbahn bis zum Bahnhof Titisee. Weiter mit dem Bus 7300 bis zur Haltestelle Hebelhof **Karte** KOMPASS Wanderkarte Schwarzwald gesamt, Wanderkarten-Set in der Schutzhülle, 1:50 000, Band 888, ISBN 978-3850267489 **Einkehr** Berggasthof Hasenhorn, 79674 Todtnau, www.hasenhorn-rodelbahn.de **Übernachtung** Hotel Waldeck, Poche 6, 79674 Todtnau, Tel. 07671/99 99 30, www.waldeck-todtnau.de **Preise** Hasenhorn-Coaster: siehe www.hasenhorn-rodelbahn.de **Tourist-Info** Tourist-Information Todtnau, Meinrad-Thoma-Str. 21, 79674 Todtnau, Tel. 07652/120 60, www.schwarzwald-tourismus.de

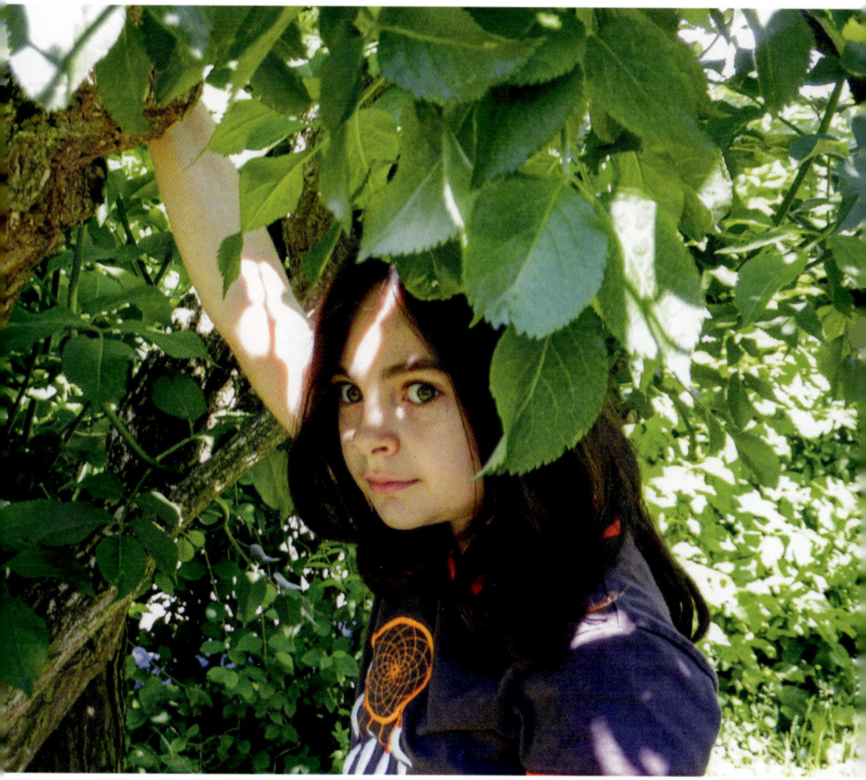

**Unter dem Blätterdach den Vögeln zuhören**

links weiter bis zum Bistro und zur Skischule. Hier biegen wir rechts an der Kasse des Liftes ab und gehen den Weg aufwärts weiter. Links können wir die Talstation der Grafenmattlifte sehen. Anschließend folgen wir rechts der Beschilderung »Grafenmattweg« und den Wanderschildern »Herzogenhorn«. Der Markierung mit der roten Raute folgend wandern wir über eine Weide und erreichen die Emmendinger Hütte. Kurz vor der Hütte geht es rechts auf dem Schotterpfad weiter.
Unserer Wegbezeichnung »Herzogenhorn« weiter folgend erreichen wir den Grafenmatthöchst mit den Bergstationen der Lifte. Weiter auf unserer

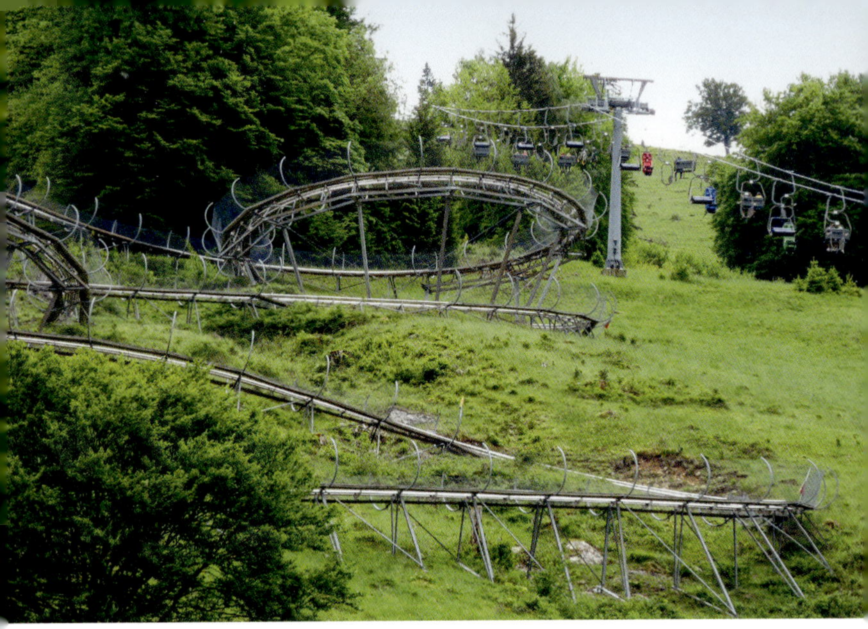

**Zünftige Fahrten in das Tal**

Wanderung kommen wir an eine Weggabelung, an der wir uns für den vorderen rechten Weg durch den Wald entscheiden. Als Nächstes erreichen wir einen kleinen Abzweig und biegen rechts Richtung Berggasthaus Gisiboden in einen kleinen Pfad ab. Der Pfad wird zunehmend breiter und wir erreichen das Bernauer Kreuz. Jetzt sind die Markierungen »Gisiboden« und »Hasenhorn« hinweisgebend und wir biegen links in den zweiten Weg ab. An der nächsten Wegkreuzung halten wir uns rechts und erreichen schließlich das Waldende und die Gisiboden-Alm, die zu einer Pause einlädt.

Auf der Fahrstraße führt die Route jetzt abwärts. Nach kurzer Zeit verlassen wir sie und biegen rechts in den Schotterweg ab. Bald erreichen wir wieder den Wald und biegen rechts in den Weg ab, welcher uns durch die Weideflächen führt. Dem Schotterweg folgen wir durch die Weidenlandschaft, bis wieder langsam der Wald beginnt. Bald biegen wir rechts ab und erreichen auf unserem Weg den Hasenhornturm. Auch hier ist ein kleiner Halt empfehlenswert. Die Spitze des hölzernen Aussichtsturms ist über 81 Treppenstufen erreichbar. Von der Aussichtsplattform aus hat man einen fantastischen Rundumblick auf die umliegenden Berge wie den Feldberg oder auch den Belchen.

Dann geht es weiter, bis der Berggasthof Hasenhorn zu sehen ist. In diesem lohnt es sich, einzukehren und eine Rast zu machen. Neben erfrischenden Getränken stehen leckere Gerichte auf der Speisekarte.

Nun haben wir die Möglichkeit, auf einem der Wege bis zur Talstation Hasenhorn zu wandern oder alternativ mit dem Sessellift zu fahren. Sonst bringt der Hasenhorn-Coaster die Familien wieder sicher hinunter. Mit seiner Streckenlänge von 1158 Metern zwischen Hasenhorn und Todtnau ist er eine der längsten Rodelbahnen in Deutschland. Die großartige Rodelpartie erfreut vor allem die Kids. Sanfte Kurven wechseln sich mit rasanten, steilen Fahrstrecken ab.

Von der Talstation sind es nur ein paar Minuten über die Lindenstraße und Friedrichstraße zum Zielort. Wenige Meter von der St.-Johannes-Kirche entfernt befindet sich das Gasthaus Alte Münz, welches zur Einkehr einlädt.

**Bei der Planung der Wanderung ist zu berücksichtigen, dass die Sesselliftbahn witterungsabhängig geöffnet hat. Wenn ausreichend Schnee liegt, gibt es hier Rodelvergnügen pur. Schlitten können für diesen Zweck an der Talstation ausgeliehen werden.**

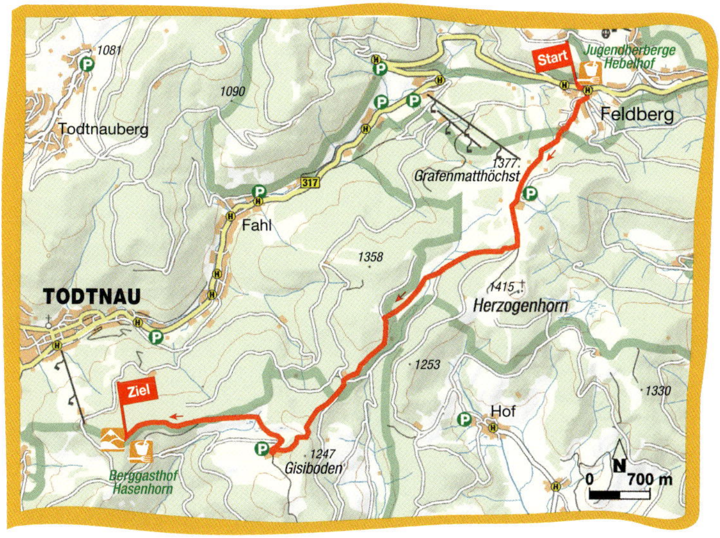

# 26 Auf der Suche nach dem Zauberstein

AUF DEM ZAUBERWEG

**Der Zauberweg ist ein Kinderwanderweg mit interessanten Stationen zum Ausprobieren und Spielen. Zudem gibt es eine Fledermaushöhle wie auch eine Grillstelle. Der Zauberweg erzählt die Geschichte der Wichtel Ilex und Farfara und deren Zauberstein.**

Der aussichts- und erlebnisreiche Zauberweg ist ein schöner Kinderwanderweg mit spannenden Attraktionen. Mit dem Sessellift geht es von der Talstation Hasenhorn bequem hoch zur Bergstation. In zehn Minuten sind die 400 Höhenmeter schnell überwunden. An der Bergstation können die

mittel | 4,2 km | 3.00 h | 26 Hm

**Tourencharakter** Reizvolle Wanderung auf einem beliebten Kinderwanderweg mit vielen Mitmach-Stationen **Ausgangs-/Endpunkt** Bergstation Hasenhorn **Altersempfehlung** Ab 4 Jahren **Anfahrt** Über die B31 in Richtung Donaueschingen, bei Kirchzarten auf die L126 abbiegen. Über Oberried und Notschrei bis nach Todtnau. Mit öffentlichen Verkehrsmitteln: mit der Regionalbahn Richtung Seebrugg bis zum Bahnhof Kirchzarten. Dann weiter mit dem Bus 7215 bis zum Bahnhof Todtnau **Karte** KOMPASS Wanderkarte Schwarzwald gesamt, Wanderkarten-Set in der Schutzhülle, 1:50 000, Band 888, ISBN 978-3850267489 **Einkehr** Berggasthof Hasenhorn, 79674 Todtnau, www.hasenhorn-rodelbahn.de **Übernachtung** Panoramahotel Sonnenalm Hochschwarzwald, Hornweg 21, 79674 Todtnau, Tel. 07671/18 00, www.panoramahotel-sonnenalm.de **Preise** Fahrt Sessellift: siehe www.hasenhorn-rodelbahn.de **Tourist-Info** Tourist-Information Todtnau, Meinrad-Thoma-Str. 21, 79674 Todtnau, Tel. 07652/120 60, www.schwarzwald-tourismus.de

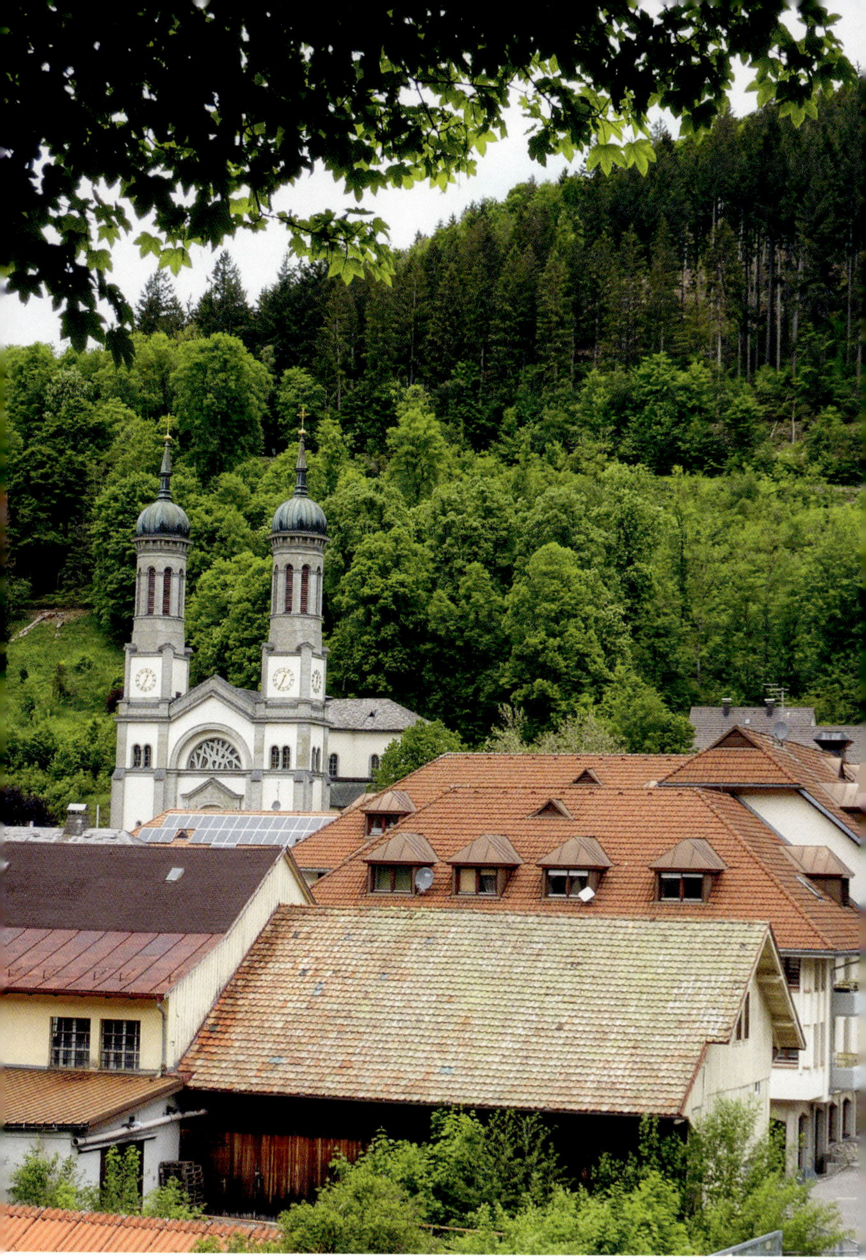

**Die St.-Johannes-Kirche mit ihren zwei Türmen**

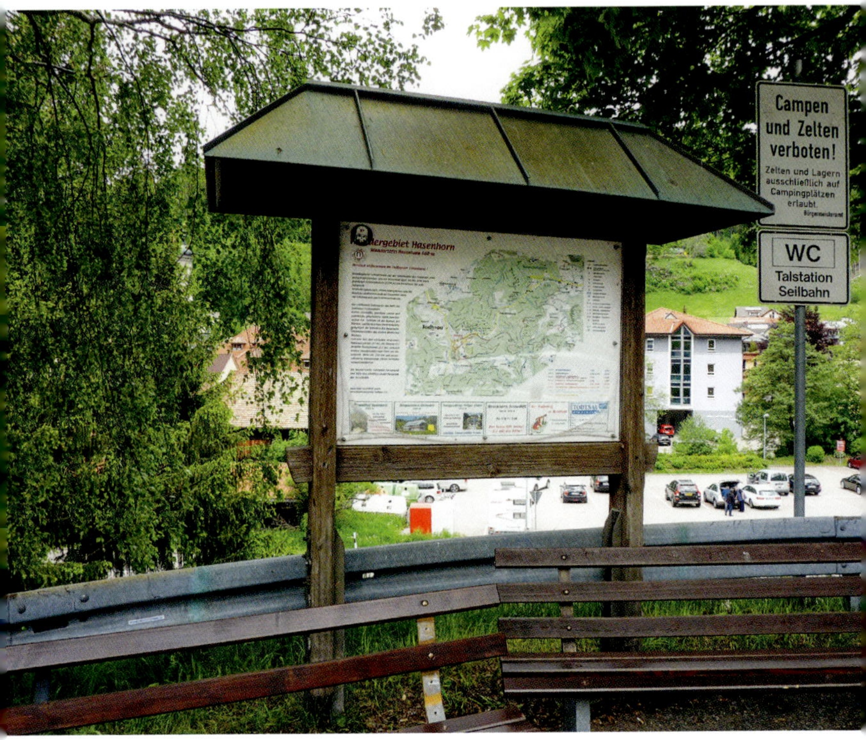


**Eine hilfreiche Übersichtskarte am Hasenhorn**

Familien erst mal in Ruhe die Sicht auf Todtnau genießen. Aftersteg, Muggenbrunn wie auch der Feldberg können ebenfalls gesichtet werden.

Am Berggasthof Hasenhorn können wir die erste Markierung des Zauberweges entdecken. Eine Infotafel erzählt die Geschichte der Wichtel Ilex und Farfara, den Hütern des Zaubersteins. Nun ist der Zauberstein verschollen, denn Ilex,

**Für den Kinderwagen ist der Zauberweg nicht geeignet. Entsprechende Rückentragen können bei der Tourist-Information ausgeliehen werden.**

der noch Pilze für die Suppe sammeln wollte, hat ihn verloren. Wenn der Stein nicht gefunden wird, verliert der Zauberwald seine Farbe. Auf ihrer Suche entdecken die zwei Wichtel das Nest des Raben Ratzfatz, der allerdings nicht zu Hause ist. Auch treffen sie schon bald auf den Hasenkönig Rubus Henry, der ihnen hilft.

Auf dem Kinderwanderweg entdecken wir nachfolgend viele Spielstationen, die zum Ausprobieren einladen. Die Kinder können eingehend das Innere der Wichtelhöhle erkunden. Dazu säumen interessante Figuren und Skulpturen, die von Künstlern aus der Gegend hergestellt worden sind, den Weg.

Auch eine Fledermaushöhle mit Zauberstein und Grillstelle kann entdeckt werden. Verteilt auf dem Zauberweg wird die Geschichte in Art eines Comics erzählt. Kleine Schlaufüchse können am Ende des Zauberweges vielleicht den Zauberstein entdecken. Wer dann noch Lust hat, kann einen Abstecher zum Aussichtsturm Hasenhorn machen, um die spektakuläre und weitläufige Aussicht zu genießen. Der Aussichtsturm hat 81 Stufen, die es zu erklimmen gilt. Auf der überdachten Aussichtsplattform befinden sich Tafeln, die die wichtigsten Berge in der Nähe zeigen.

Im urigen Berggasthof können die Eltern und die Kinder den Tag gemütlich ausklingen lassen. Mit leckeren saisonalen Tagesgerichten und selbstgebackenem Kuchen stärken sie sich in dem großzügigen Gastgarten oder im warmen Innenraum.

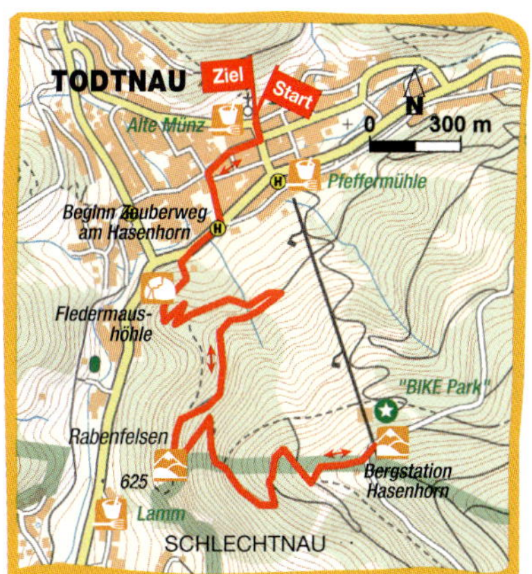

## Das Buch zum Zauberweg

**Wenn du die Geschichte des Zauberweges nachlesen möchtest: Das Buch zum Weg wurde von Sabine Steinebrunner geschrieben und ist bei der Tourist-Information Todtnau erhältlich.**

# 27 Zum Gipfelkreuz

## PANORAMA AUF DEM BELCHEN

**Von Aitern führt die Strecke bergauf zum höchstgelegenen Gasthaus des Schwarzwaldes und zum Gipfel des Belchen. Über bequeme Wege durch das Naturschutzgebiet geht es dann wieder abwärts, bis die Talstation der Belchenbahn sichtbar ist.**

In dem kleinen ruhigen Schwarzwalddorf Aitern startet die nachfolgende Wanderung. Aitern ist aufgrund seiner Lage sehr sonnenreich. Im Sommer können die Familien mehrere Themenpfade erkunden oder auch die Kneippanlage und Mountainbike-Strecken aufsuchen. Im Winter sind dagegen Rodel- und Skimöglichkeiten ausreichend vorhanden.

Der autofreie Belchen mit seiner Höhe von 1414 Metern ist die fünfthöchste Erhebung im Schwarzwald und ein beliebtes, aussichtsreiches Ausflugsziel. Von der Talstation folgen wir der Beschilderung zum Belchenhaus. Es geht

mittel | 11,3 km | 3.30 h | 485 Hm

**Tourencharakter** Markierte aussichtsreiche Strecke auf den Belchen mit Einkehrmöglichkeit **Ausgangs-/Endpunkt** Talstation Belchenbahn, Obermulten 5, 79677 Aitern **Altersempfehlung** Ab 7 Jahren **Anfahrt** Über B3 und L123 oder B317 auf die L142 zwischen Aitern und Wieden. Mit öffentlichen Verkehrsmitteln: mit der Bahn bis Münstertal, weiter mit Bus 291. Oder von Aitern mit Bus 7306 bis zur Talstation Belchenbahn **Karte** KOMPASS Wanderkarte Schwarzwald gesamt, Wanderkarten-Set in der Schutzhülle, 1:50 000, Band 888, ISBN 978-3850267489 **Einkehr** Belchenhaus, Belchen 1, 79677 Schönenberg, www.belchen-seilbahn.de **Übernachtung** Hotel Belchen-Multen, Untermulten 3 , 79677 Aitern, Tel. 07673/209, www.belchen-multen.de **Preise** Frei zugänglich **Tourist-Info** Tourist-Information, Neustadtstr. 1, Tel. 07673/91 81 30, 79677 Schönau, www.schwarzwaldregion-belchen.de

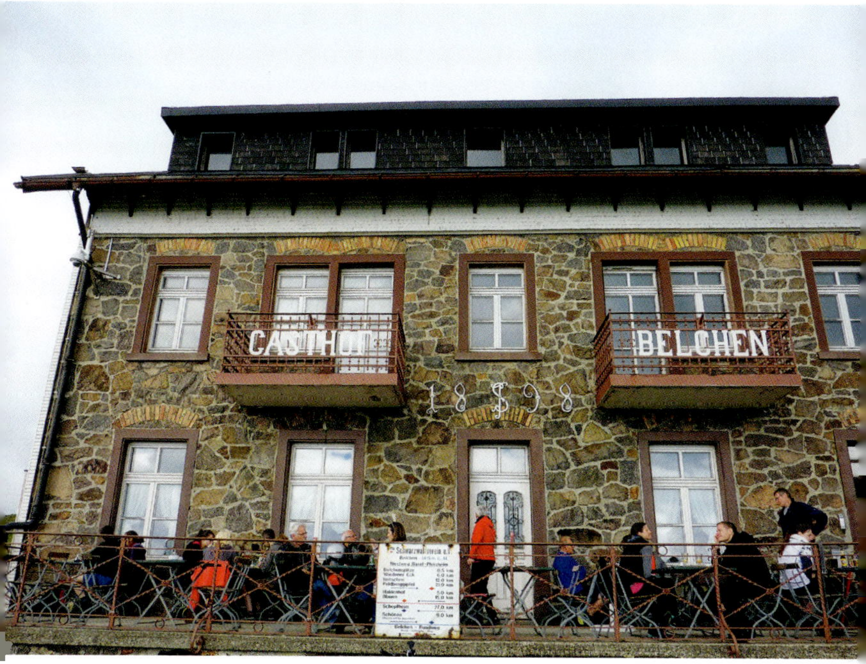


**Müde Wanderer können hier wieder Kraft tanken.**

immer bergauf, bis wir auf die Gipfelstraße stoßen, der wir kurze Zeit folgen, bevor wir wieder rechts im Zickzackkurs weiter zum Belchenhaus (1360 m) gehen. Am Belchenhaus angekommen lohnt sich eine Pause, um die Aussicht zu genießen. Zudem kann man sich hier für die weitere Wanderung stärken. Wer nun schon müde ist, hat die Möglichkeit, mit der Belchenbahn, die sich direkt neben dem Belchenhaus befindet, wieder zur Talstation zu fahren.

**Für jüngere Kinder ist es empfehlenswert, mit der Belchenbahn auf den Berg zu fahren. Nach einer kurzen Erkundungstour des Gipfels mit seinem Gipfelkreuz geht es mit derselben auch schnell und bequem wieder hinunter.**

Vom Belchenhaus führt die Tour über den oberen Rundweg weiter. Schon bald haben wir den Gipfel erreicht. Immer gibt es schöne Ausblicke auf die Berge im Schwarzwald. Bei sehr klarem Wetter sind sogar die schneebedeckten Alpen zu sehen. Wie Sahnehäubchen decken die Schneereste den Berg zu. Mit ein bisschen Glück lassen sich seltene Schmetterlinge oder

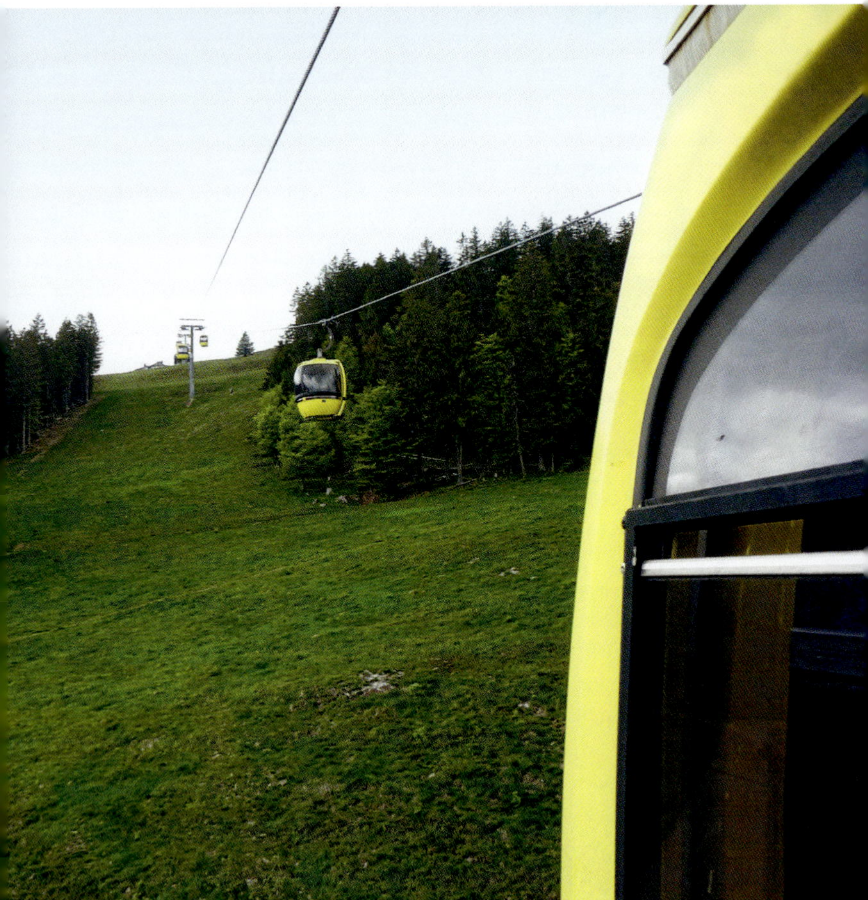

**Mit der Belchenbahn gemütlich nach oben schweben**

auch Vogelarten entdecken. Neben der Singdrossel können Wanderfalken, aber auch Auerhühner erblickt werden. Gebirgsrosen wie auch Glockenblumen sind ebenfalls angesiedelt. Aufgrund der seltenen Tier- und Pflanzenwelt wurde der Belchen unter Naturschutz gestellt.

Über den unteren Rundweg gelangen wir zu einer scharfen Kurve, die uns Richtung Stangenbodenhütte bringt. Wir folgen dem Weg zum Sattel Hohe Kelch. Hier ist die Markierung beendet. Nach weiteren 100 Metern gehen wir links auf einem Wirtschaftsweg weiter. An der nächsten Kreuzung nehmen wir links den Weg Richtung Belchenhöfe. An der nächsten Kurve folgen wir dem Höhenweg. Erst leicht abwärts, dann wieder aufwärts umrunden wir den Belchen. Schließlich geht unser Weg in einen Forstweg über. Links haltend führt uns der Weg zum Parkplatz der Belchenbahn-Talstation.

## Regenwurm-Erlebnisweg

**An der Talstation der Belchenbahn findest du den Regenwurm-Erlebnisweg. Auf ihm kannst du mehrere Stationen erkunden und erhältst dabei viele Informationen zum Badischen Riesenregenwurm. Der Pfad verläuft zwischen dem Wanderparkplatz Hohtann und der Talstation.**

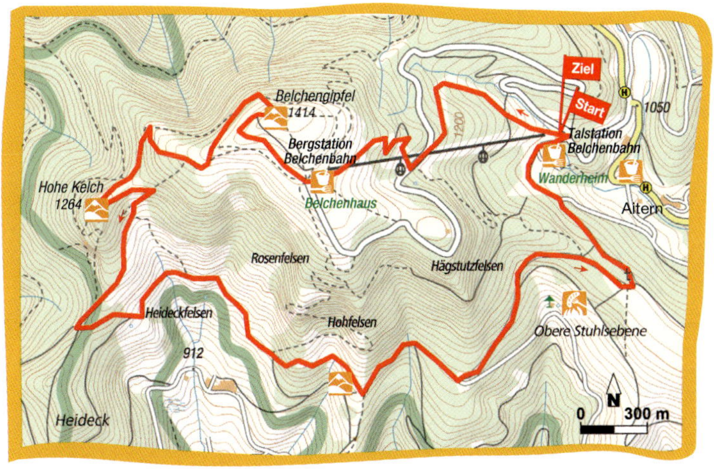

# 28 Mit dem Stempel zur Überraschung

MENZENSCHWANDER GEISSENPFAD

**Der Menzenschwander Geißenpfad gehört zu den Genusspfaden des Schwarzwaldes. Mit ein bisschen Glück kann man während der Wanderung die Glocken der in direkter Nähe grasenden Ziegen hören. Ein weiteres Highlight sind die Menzenschwander Wasserfälle, die gerade im Sommer für kühlere Luft sorgen.**

Der Menzenschwander Geißenpfad beginnt am Wanderparkplatz Mösle Hinterdorf. Hier können wir die ersten schönen Aussichten genießen, bevor wir aufbrechen. Zu Beginn führt uns der Pfad vom Parkplatz über die Hin-

mittel | 10,4 km | 4.00 h | 295 Hm

**Tourencharakter** Abwechslungsreiche, aussichtsreiche Tour auf markierten Wegen zu den Menzenschwander Wasserfällen **Ausgangs-/Endpunkt** Wanderparkplatz Menzenschwand, Hinterdorfstr. 57, 79837 St. Blasien **Altersempfehlung** Ab 8 Jahren **Anfahrt** Über die B31 über Titisee und die B317 bis Feldberg-Bärental. Dann weiter auf der B500 Richtung Waldshut bis Schluchsee-Aha und nach Menzenschwand. Anfahrt mit den öffentlichen Verkehrsmitteln: mit dem Zug 728 nach Seebrugg und mit dem Bus 7319 ab Seebrugg nach St. Blasien, dann von St. Blasien in den Bus 7321 nach Menzenschwand **Karte** KOMPASS Wanderkarte Schwarzwald gesamt, Wanderkarten-Set in der Schutzhülle, 1:50 000, Band 888, ISBN 978-3850267489 **Einkehr** Café & Berg-Beizle Zum Kuckuck, Hinterdorfstr. 58, 79837 Menzenschwand, Tel. 07675/929 79 75, www.kuckuck-schwarzwald.de **Übernachtung** Hotel Hirschen, Hinterdorfstr. 18, 79837 Menzenschwand, Tel. 07675/8 84, www.hirschen-menzenschwand.de **Preise** Frei zugänglich **Tourist-Info** Tourist-Information, Winterhalterweg 4, 79837 Sankt Blasien, Tel. 07675/92 38 11, www.stblasien.de

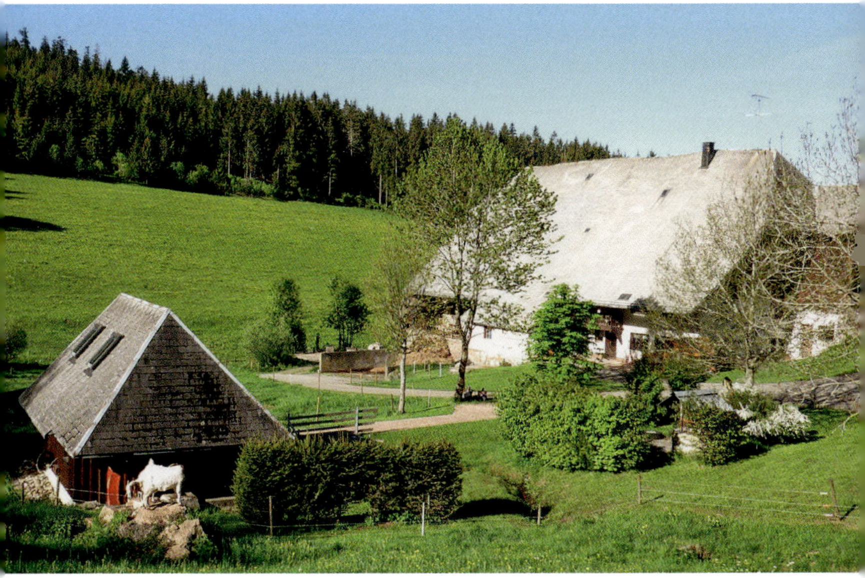

**Ein typischer Bauernhof im Schwarzwald**

terdorfstraße, bis wir links in den Schwarzbergweg scharf abbiegen können. Auf diesem wandern wir weiter und kommen zum Farnwittebach und später zum Geschweihbach. Hinter dem Wannenbach treffen wir in einer Kurve auf den Albweg. Hier halten wir uns rechts und folgen ihm. An der »Flößers Rast« machen wir eine kurze Pause und können den Ausblick genießen. Nach einer großen Kurve geht es wieder lange geradeaus. Als Nächstes

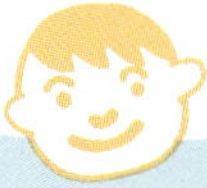

## Stempeln und überraschen lassen!

**Auf diesem Premium-Wanderweg findest du eine Stempelstelle, die aussieht wie eine Kuckucksuhr. Wer drei Stempel von unterschiedlichen Stempelstellen an Premium-Wanderwegen gesammelt hat, darf sich über eine Überraschung freuen, die die Tourist-Information gern vergibt. Den passenden Hochschwarzwälder Wanderpass erhältst du online bei der Hochschwarzwald Tourismus GmbH.**

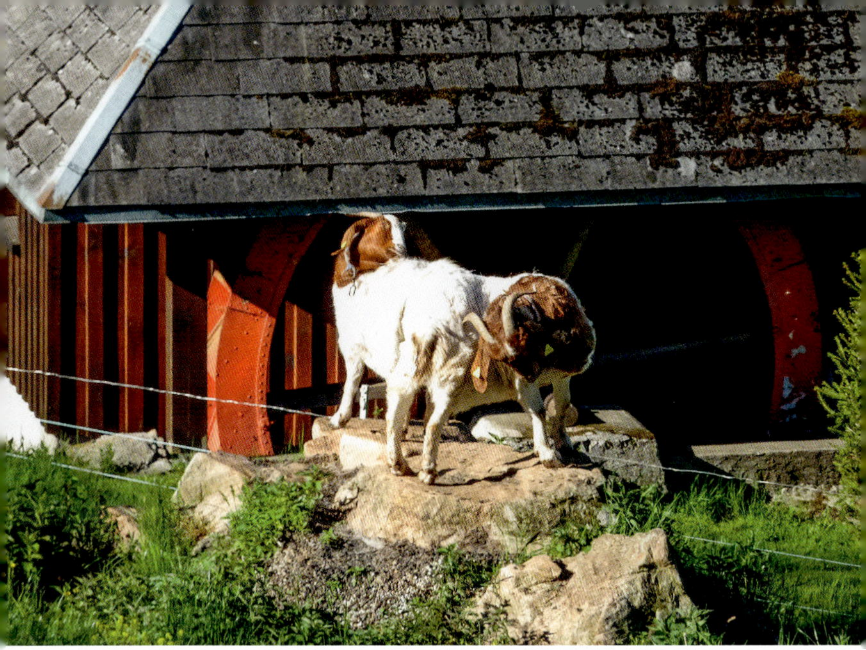

**Das Geißenpaar bleibt immer zusammen.**

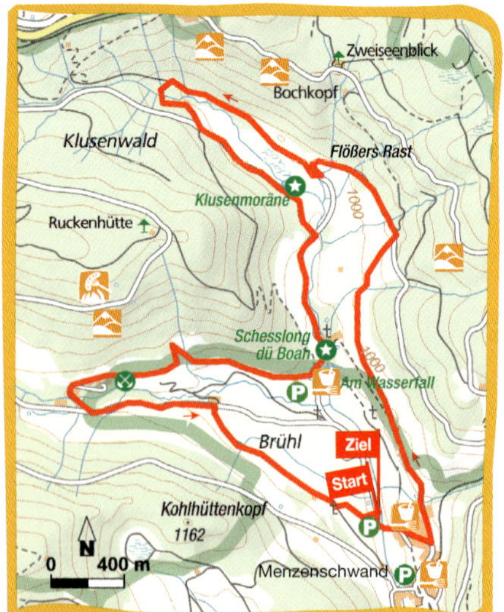


passieren wir einen Holzsteg, mit Blick in das Klusenbachtal und die Menzenschwander Alb, die unter uns fließt.

Weiter geht es auf unserem Weg talwärts. Als Nächstes passieren wir auf dem Menzenschwander Geißenpfad die Schesslong dü Boah, einen kleinen Rastplatz, der zum Füßeausstrecken einlädt. Von hier aus ist es nicht mehr weit zu den Menzenschwander Wasserfällen. Die kleine, aber durchaus spannende Naturidylle bietet an warmen Tagen ein wenig Abkühlung. Später erreichen wir das Café & Berg-Beizle Zum Kuckuck,

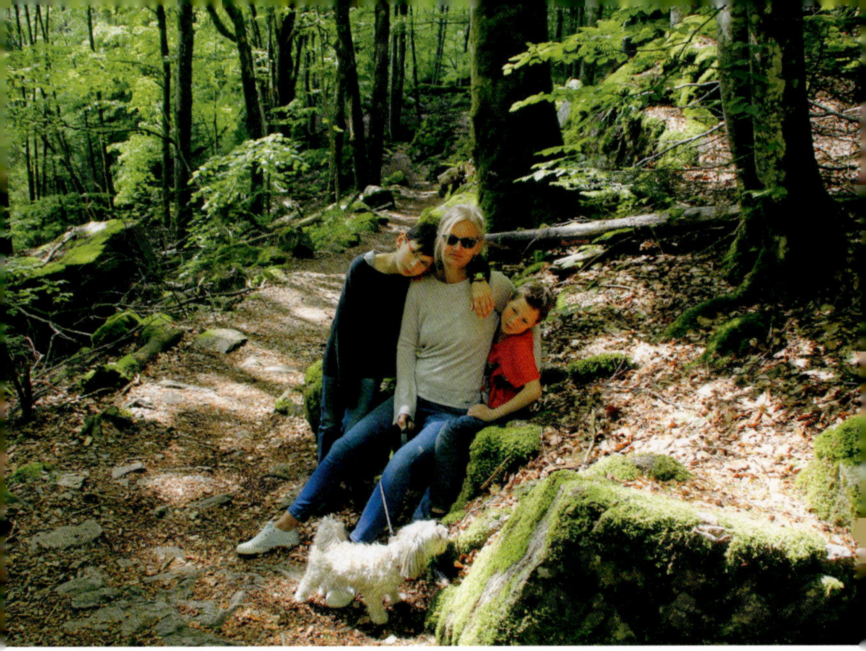

**Alle haben eine Pause nötig.**

in dem wir einkehren können. Draußen in der Nähe des Gartenteiches wie auch innen im urigen Gastraum kann man sich verwöhnen lassen. Neben rustikalen Gerichten stehen Kuchen und Torten, aber auch Erfrischungen auf der Karte. Für die Kleinsten gibt es auch Kinderhochstühle zum Sitzen.

Über einen Weg geradeaus bergauf erreichen wir eine Informationstafel. Nun führt uns der Menzo-Weg zu dem Kohlbrunnen. Anschließend erreichen wir ein kleines Wäldchen, welches hauptsächlich aus Erlenbäumen besteht. Nachgehend entdecken wir zwei Quellen und die Krunkelbach-Brücke am Talende, welche uns direkt zum Brandweg führt. Nach dessen Querung geht die Tour weiter auf dem Pfad über der Lesestein-Mauer. Nach wenigen Minuten wandern wir dem Brandweg entlang bis zur Sägehütte. Über Ellerwegle an Wald und Wiesen vorbei haben wir bald unseren Wanderparkplatz wieder erreicht.

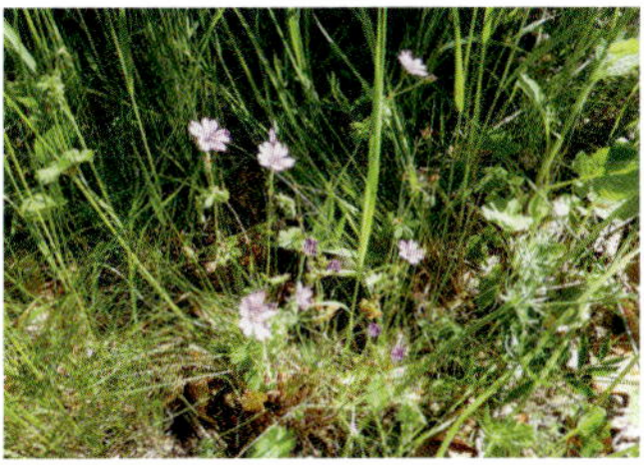

**Zarte Blümchen am Wegesrand**

# 29 Die Naturschönheit genießen

## SEERUNDWEG SCHLUCHSEE

**Der Schluchsee ist ein Stausee und der größte See im Schwarzwald. Während der Wanderung auf dem Seerundweg findet man viele idyllische Plätze zum Verweilen. Aufgrund des flachen Ufers gibt es am Schluchsee viele Badestellen.**

Am Bahnhof von Schluchsee, der sich direkt am See befindet, beginnt unsere Wanderung rund um den See. Nach dem Queren der Eisenbahngleise wandern wir am Schluchsee entlang in Richtung der Gemeinde Aha. Bald stoßen wir auf die große Brücke, welche den Schluchsee teilt. Auf der anderen Seite folgen wir einem Stück dem Seeweg und kurze Zeit später dem Naturpfad in

schwer | 18 km | 5.30 h | 57 Hm

**Tourencharakter** Längere Rundwanderung mit Möglichkeiten zur Abkürzung an der Staumauer **Ausgangs-/Endpunkt** Bahnhof Schluchsee, Bahnhofstr. 1, 79859 Schluchsee **Altersempfehlung** Ab 8 Jahren **Anfahrt** Über die B31 Richtung Donaueschingen bis zur Ausfahrt B317/B500 Abfahrt Basel/Feldberg/Schluchsee. Mit öffentlichen Verkehrsmitteln: von Freiburg mit der Bahn 728 Richtung Seebrugg, Ausstieg Schluchsee Bahnhof **Karte** KOMPASS Wanderkarte Schwarzwald gesamt, Wanderkarten-Set in der Schutzhülle, 1:50 000, Band 888, ISBN 978-3850267489 **Einkehr** Vesperstube Unterkrummenhof, Unterkrummen 3, 79859 Schluchsee, www.unterkrummenhof.info **Übernachtung** Hotel-Gasthof Hirschen, Schluchseestr. 9, 79859 Schluchsee, Tel. 04976/569 89 40, www.hirschen-fischbach.de **Preise** Frei zugänglich **Tourist-Info** Tourist-Information, Fischbacher Str. 7, 79859 Schluchsee, Tel. 07652/120 60, www.schluchsee.de

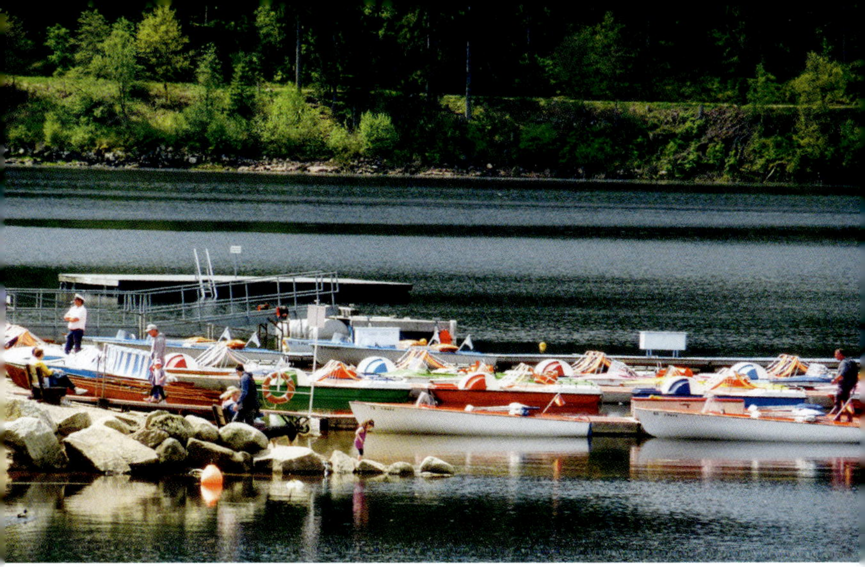

**Vieles gibt es am Schluchsee zu entdecken.**

Richtung Amalienruhe. Die Amalienruhe ist ein wunderbarer Platz, um die Aussicht auf den Schluchsee zu genießen. Der romantische kleine Bellevue-Pavillon wurde auf einem Felsvorsprung auf der Halbinsel errichtet.
Weiter auf unserem Seerundweg streifen wir den Campingplatz Schluchsee und immer wieder lauschige kleine Strände, die zur Rast einladen. Schon bald erreichen wir Unteraha und Aha selbst.
Der Seerundweg führt uns nun über einen Damm, der den Schluchsee teilt. Am See und durch den Wald geht es nun bis zum Unterkrummenhof. In der Vesperstube wie auch auf der aussichtsreichen Terrasse kann man Erfrischungen und Kuchen genießen.
Für ein idyllisches Picknick gibt es ebenfalls die Möglichkeit, auf der Liegewiese beziehungsweise am Seeufer zu verweilen.
Anschließend führt uns unser Seerundweg weiter am See entlang, wobei wir immer wieder die wunderbare Aussicht auf den See genießen können. Wir kommen am Anglerverein vorbei und am Wald-

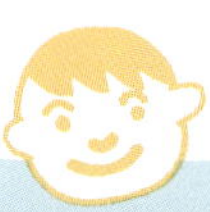

**Badespaß**

**Am Schluchsee findest du viele schöne Stellen, an denen du bei schönem Sommerwetter baden kannst. Also vergiss die Badesachen nicht!**

An der Staumauer gibt es die Möglichkeit, diese Tour abzukürzen und mit der MS Schluchsee zum Ort Schluchsee zurückzufahren. Die MS Schluchsee fährt von Mai bis Oktober. Informationen zu den Fahrzeiten gibt es auf der Webseite www.seerundfahrten.de

rastplatz, bevor wir die Staumauer erreichen. Die Staumauer gehört zu den ältesten Beton-Staumauern Deutschlands und hat eine Höhe von 35 Metern. Hier befinden sich auch der Anleger der MS Schluchsee und ein Kiosk mit Biergarten sowie Boots- und Fahrradverleih. Der Kiosk hat in den Monaten April bis Oktober geöffnet. Links folgen wir weiter dem Seerundweg Richtung Strandbad Schluchsee-Seebrugg. Danach geht es eine Weile durch den Wald auf dem Kohlgrubenweg und wir erreichen schließlich den Ort Schluchsee. Wir stoßen auf die Faulenfürster Straße, der wir links folgen. Danach biegen wir rechts in die K4988 ab und halten uns auf der Bahnhofstraße links. In wenigen Minuten ist der Bahnhof Schluchsee wieder erreicht.

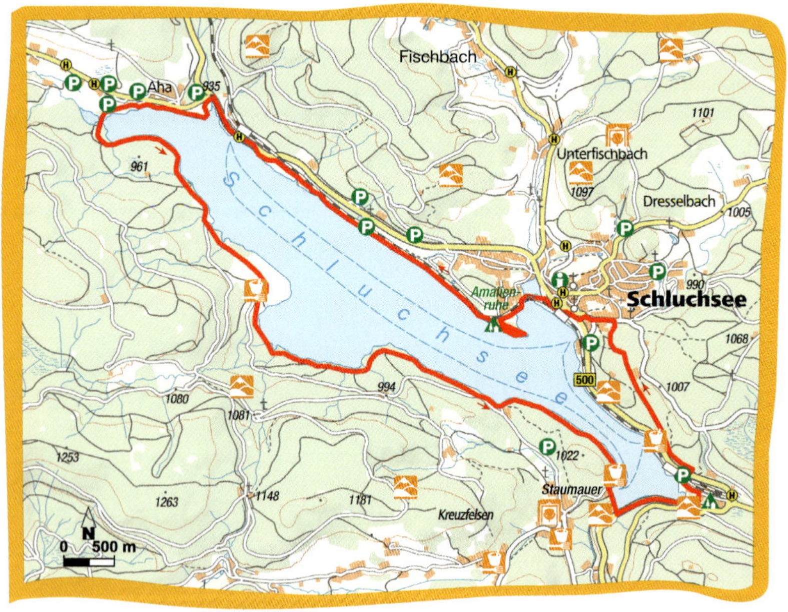

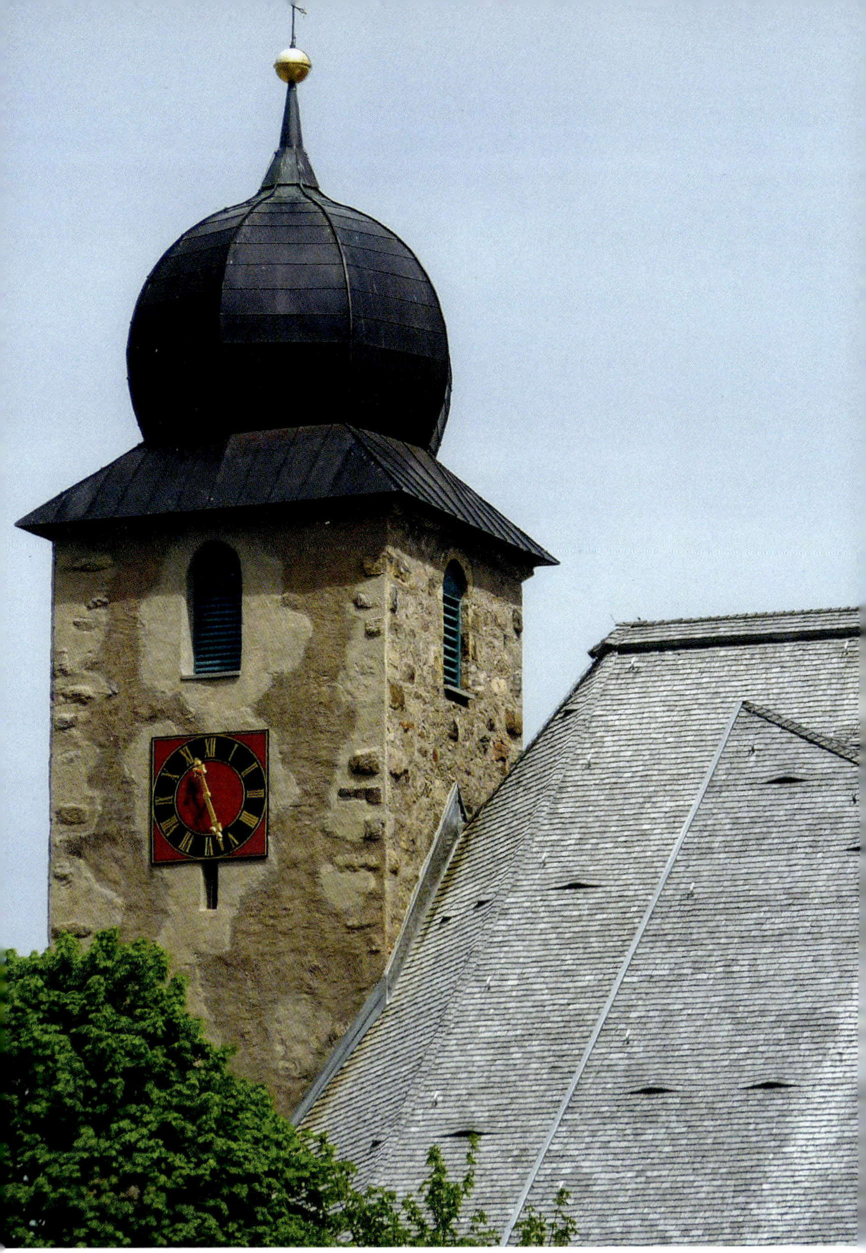

**Die St.-Nikolaus-Kirche von Schluchsee ist schon von Weitem zu sehen.**

# 30 Unterhaltsame Tour zum Schlüchtsee

## ERLEBNISPFAD AM SCHLÜHÜWANAPARK

**Springen, hüpfen, fühlen und lauschen – auf dem Erlebnispfad am Schlühüwanapfad werden die kleinen und großen Wanderer zum Mitmachen eingeladen. 13 Stationen stehen zum Entdecken, Lernen und Spielen bereit. Langeweile kommt hier nicht auf!**

Beim Heimatmuseum Hüsli und der Tourist-Information Rothauser Land in Grafenhausen können wir parken. Nur wenige Meter vom Parkplatz entfernt, ein Stück an der Straße entlang, befindet sich der bunte und

leicht | 3,8 km | 2.00 h | 111 Hm

**Tourencharakter** Unterhaltsame Tour mit vielen Möglichkeiten zum Staunen und Mitmachen **Ausgangs-/Endpunkt** Parkplatz Tourist-Information Rothaus, Hüsli 1a, 79865 Grafenhausen **Altersempfehlung** Ab 4 Jahren **Anfahrt** Über die B31 Richtung Donaueschingen bis zur Ausfahrt B317/B500, Abfahrt Basel/Feldberg/Schluchsee. Mit öffentlichen Verkehrsmitteln: mit der Höllentalbahn Richtung Seebrugg bis zum Bahnhof Schluchsee. Dann weiter mit dem Bus 7343/7342 bis zur Haltestelle Rothaus (Grafenhausen) **Karte** KOMPASS Wanderkarte Schwarzwald gesamt, Wanderkarten-Set in der Schutzhülle, 1:50 000, Band 888, ISBN 978-3850267489 **Einkehr** Schwarzwald Lodge Rothaus, Schlüchtseeweg 7 , 79865 Grafenhausen, Tel. 07748/929 785 20, www.rothaus-lodge.de **Übernachtung** Schwarzwaldgasthof Hotel Tannenmühle, Tannenmühleweg 5, 79865 Grafenhausen, Tel.07748/215, www.tannenmuehle.de **Preise** Frei zugänglich **Tourist-Info** Tourist-Information Rothaus, Hüsli 1a, 79865 Grafenhausen, Tel.07652/120 60, www.schwarzwald-tourismus.de

lustige Eingang des Naturlehrpfades. Gleich hinter dem Eingang startet der Barfußpfad. Mit den Socken und Schuhen in der Hand erkunden ganz eifrige Kinder die verschiedenen Untergründe mit bloßen Füßen. Mal geht es über Rindenmulch, mal über Kieselsteine oder auch über Tannenzapfen. Gleich nach

## Ein komplizierter Name

**Schlühüwanapark ist fast ein Zungenbrecher und nicht leicht auszusprechen. Aber woher kommt das Wort? Ganz einfach: Es setzt sich aus Schlüchtsee-Hüsli-Wald-Natur-Park zusammen.**

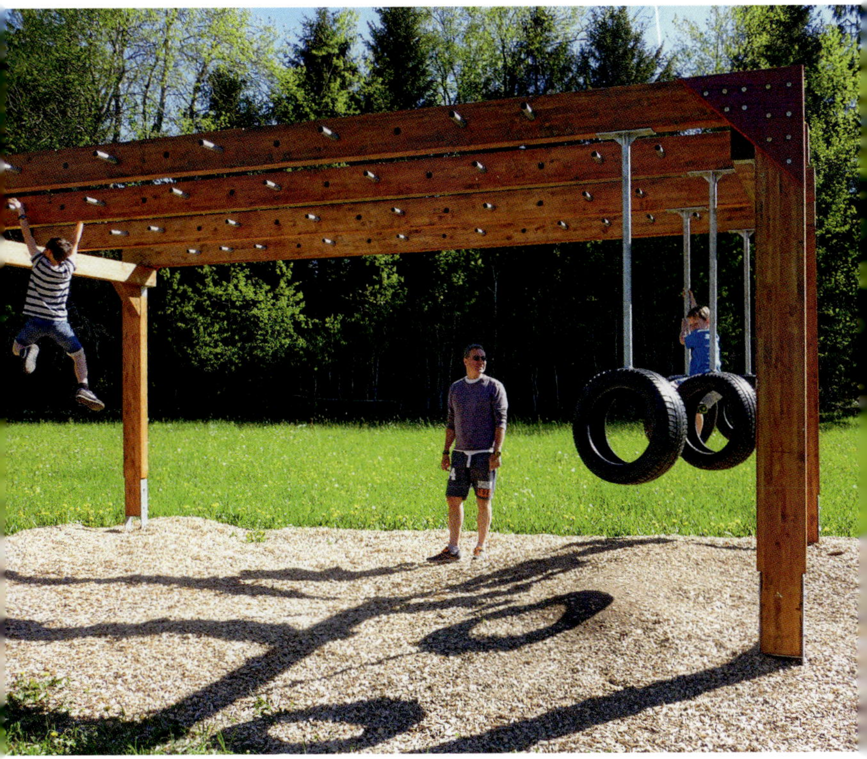

**Der Spielplatz an der Touristinformation**

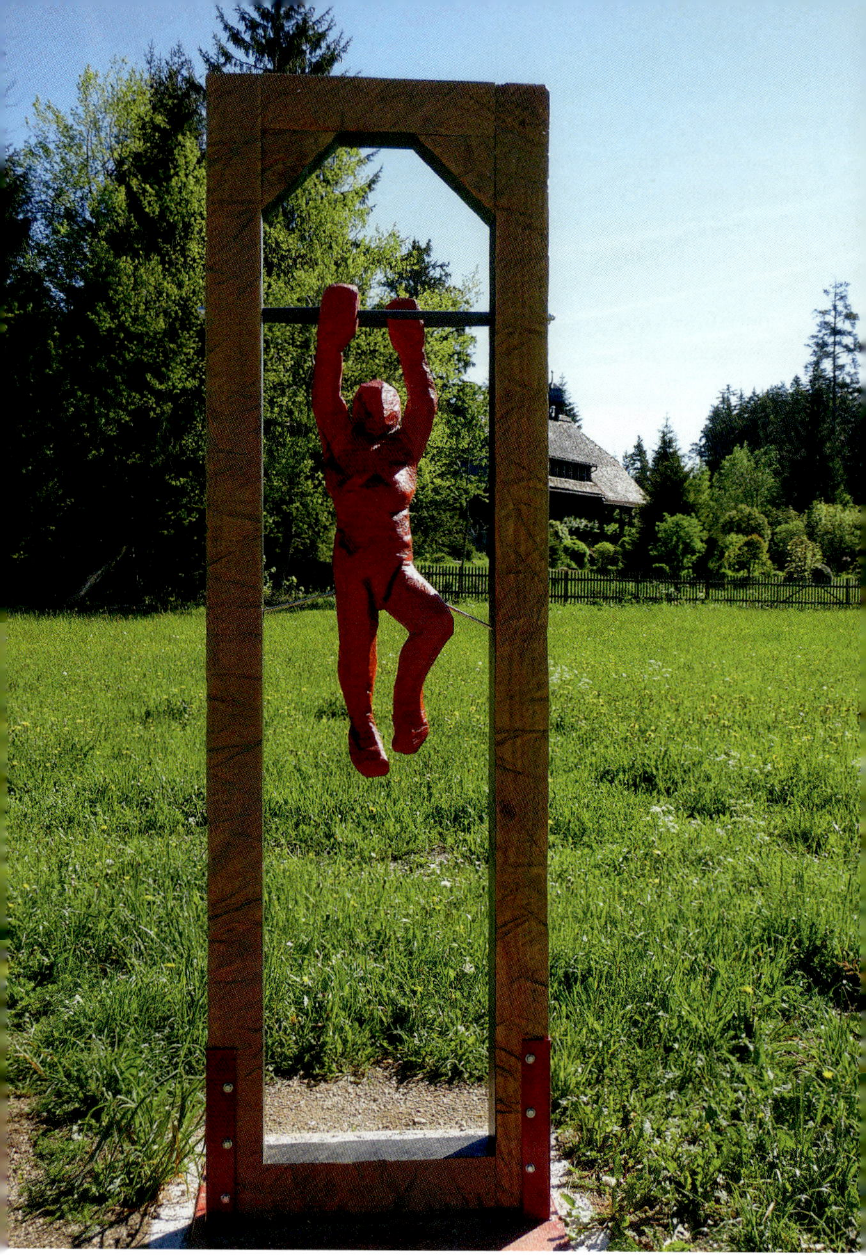

**Er zeigt, wie es geht …**

dem Barfußpfad kommt eine Wegkreuzung. Geradewegs geht es rechts zum Waldspielplatz. Hier sind Kinder nicht mehr zu halten und erkunden die Spielmöglichkeiten, während die Eltern sich eine Verschnaufpause gönnen. Sehr musikalisch geht es anschließend beim Waldxylofon zu. Erst vorsichtig langsam und dann schneller kreieren die Jungen und Mädchen ihre eigenen Kompositionen.

Nur ein paar Meter weiter gibt es schon die nächste Attraktion. Hier können sich die kleinen und großen Wanderer an der Tiersprunggrube beweisen.

Weiter auf dem ausgeschilderten Pfad kommen die Familien zum Höhlenbaum und zum Baumtelefon. Letzteres wird ausgiebig in verschiedenen Stimmlagen ausprobiert.

Als Nächstes folgt die Philosophenbank, welche die achte Station auf dem Erlebnispfad darstellt. Hier macht der Weg eine scharfe Kurve und führt zum Pirschpfad.

Jetzt ist etwas schauspielerisches Talent gefragt, wenn es gilt, sich wie ein wildes Tier heranzuschleichen. Als Nächstes geht es zur Station Wasser direkt am Schlüchtsee. Der sechs Hektar große See ist bis zu fünf Meter tief und bei vielen Familien als Badesee beliebt.

**Der Erlebnispfad ist für Sportbuggys geeignet. Für eine Umrundung des Schlüchtsees sollten nochmals ca. 30 bis 60 Minuten eingeplant werden.**

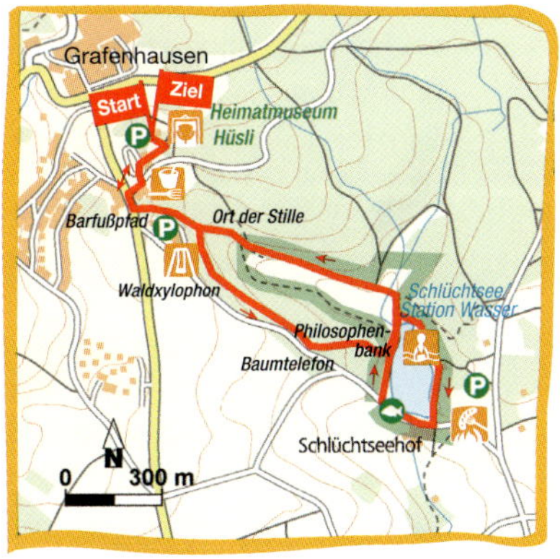


Neben einer Liegewiese gibt es vor Ort zur Stärkung einen Kiosk mit Sonnenterrasse. Alsbald können die Station Naturschutz und die Station Insektenhotel entdeckt werden, an der es summt und brummt.

Als Letztes wird der Ort der Stille erreicht. An dieser Station gilt es, ganz leise zu sein und den Geräuschen der Natur zu lauschen!

Zum Ausgangspunkt führt der Erlebnispfad schließlich wieder über den Barfußpfad.

# 31 Spiel und Kultur

## SKULPTURENPARK GRAFENHAUSEN

**Der barrierefreie Skulpturenpark integriert zeitgenössische Kunstwerke direkt in die Natur. Bequeme, abwechslungsreiche Wege führen durch den acht Hektar großen Park, den Skulpturen internationaler Künstlersymposien zieren.**

Gerade gegenüber dem Eingang vom Hallenbad Blubb befindet sich der Skulpturenpark Grafenhausen. Der drei Hektar große Park beinhaltet mehrere moderne Skulpturen von internationalen Künstlern. Abwechslungsreiche Wege führen durch den Park. Wir kommen an Feuchtwiesen vorbei, laufen über Holzstege und erreichen verschiedene Aussichtsplätze. Über Serpentinen passieren wir Bergkiefern und Wacholderbüsche. Vorerst geht es leicht abwärts, vorbei an der Freilichtbühne, auf der im Sommer regel-

mittel | 0,8 km | 1 h | 887 Hm

**Tourencharakter** Einfacher, aber interessanter Spaziergang für kleine und große Kunstinteressierte **Ausgangs-/Endpunkt** Speichergässle 2, 79865 Grafenhausen **Altersempfehlung** Ab 5 Jahren **Anfahrt** Über die B31 Richtung Donaueschingen bis zur Ausfahrt B317/B500. Weiter auf der B500 und L170 und über die Rathausstraße nach Grafenhausen. Mit öffentlichen Verkehrsmitteln: mit der Höllentalbahn Richtung Seebrugg bis zum Bahnhof Schluchsee. Dann weiter mit dem Bus 7343/7342 bis zur Haltestelle Rothaus (Grafenhausen) **Karte** KOMPASS Wanderkarte Schwarzwald gesamt, Wanderkarten-Set in der Schutzhülle, 1:50 000, Band 888, ISBN 978-3850267489 **Einkehr** Café Konditorei Müller, Kirchsteig 1, 79865 Grafenhausen, www.baeckerei-cafe-mueller.de/ **Übernachtung** Black Forest Rooms, Kirchsteig 10, 79865 Grafenhausen, Tel. 07748/929 68 43 **Preise** Frei zugänglich **Tourist-Info** Tourist-Information Rothaus, Hüsli 1a, 79865 Grafenhausen, Telefon 07652/120 60, www.schwarzwald-tourismus.de

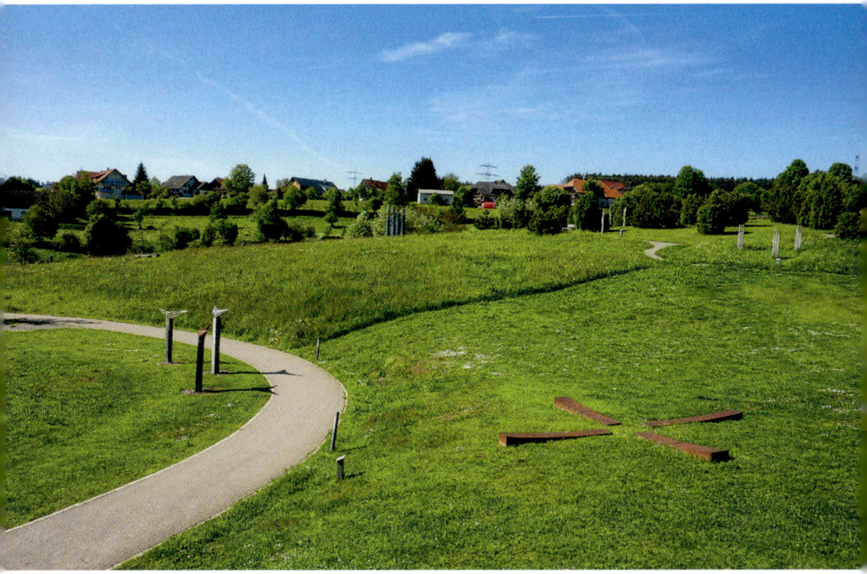

**Vielfältige Skulpturen befindet sich in dem weitläufigen Park.**

mäßig Konzerte oder auch Theateraufführungen stattfinden. Wir können Installationen aus Stahl, Stein und Holz in ihren unterschiedlichsten Formen betrachten. Darunter befinden sich die Sternensucher-Figuren, die auf einer Stehle verzückt in den Himmel sehen, oder auch die Wächter-Figuren. Eine Steinfigur in sportlicher, aber auch anmutiger Haltung mit dem Namen »Soziale Gymnastik« wie auch die fluoreszierenden Bäume laden zum Nachdenken ein. Bunt wird es dagegen bei Sapri, einer Skulptur, welche die Fantasie anregt. Neben der Skulptur Bachboot gibt es auch Skulpturen mit den Namen »Tor«, »Hülle« oder »Horniggs« zu sehen.

**Regelmäßig werden Führungen durch den Skulpturenpark Grafenhausen angeboten. Informationen dazu gibt es bei der Tourist-Information in Grafenhausen unter der Telefonnummer 07652/120 60.**

Eine kleine künstlerische Pause lockt die Kinder beim Holzspielplatz. Liebevoll wurde dieser in den Park integriert. Hier können die Jungen und Mädchen ausgiebig rutschen und klettern. Für die Erfrischung unterwegs gibt es im Skulpturenpark eine Wassertretstelle. Hier sind die Kinder die Ersten: Schnell die Socken aus und hinein in das kühle Nass! Zurück zum Ausgangspunkt geht es dann leicht aufwärts.

Es lohnt sich, im Anschluss das Schwarzwaldhaus der Sinne, geradewegs über die Straße, zu besuchen. Hier werden unsere gesamten Sinne wie Sehen, Hören, Riechen und Fühlen angesprochen. Wir werden mit optischen Illusionen konfrontiert, spüren Schallwellen im Bauch oder versuchen, im Dunkelgang den Weg zu finden. Zudem entdecken wir den ZeitRaum oder lernen, wie sich ein Bienenstock von Innen anfühlt. Im Schwarzwälder Blumengarten werden unsere Nasen auf die Probe gestellt. Hier riecht nichts so, wie es riechen sollte. In der Dunkelbar gibt es anschließend die größte Herausforderung. Ist das Apfel- oder Orangensaft, den wir gereicht bekommen? Informationen zu den Öffnungszeiten gibt es auf der Webseite www.schwarzwaldhausdersinne.de.

**Kinderkunst**

**Mit Pinsel, Schnitzmesser oder Schere kannst du selbst zu einem Künstler werden. Probiere es einfach aus, eine kleine Figur aus Holz zu schnitzen und sie farbenfroh anzumalen. Zum Schluss brauchst du nur noch einen passenden Namen und einen Ort, wo sie dann ihren festen Platz findet.**

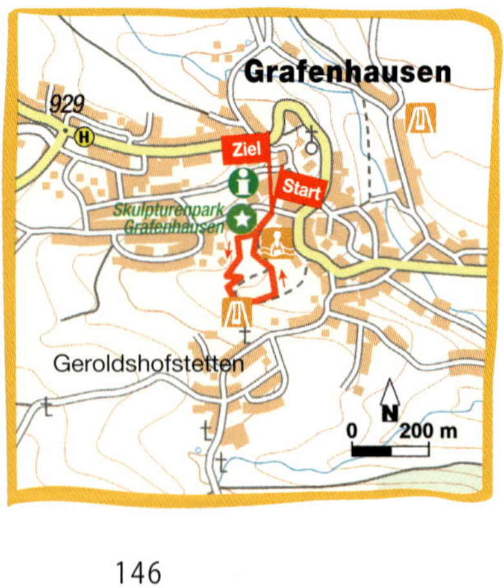


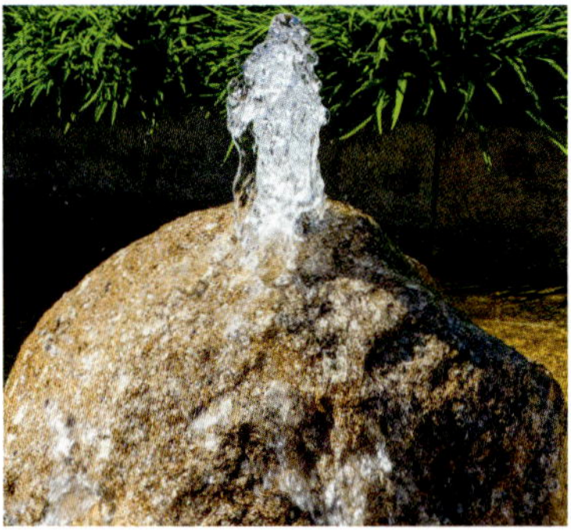

**Sprudelndes Kunstwerk**

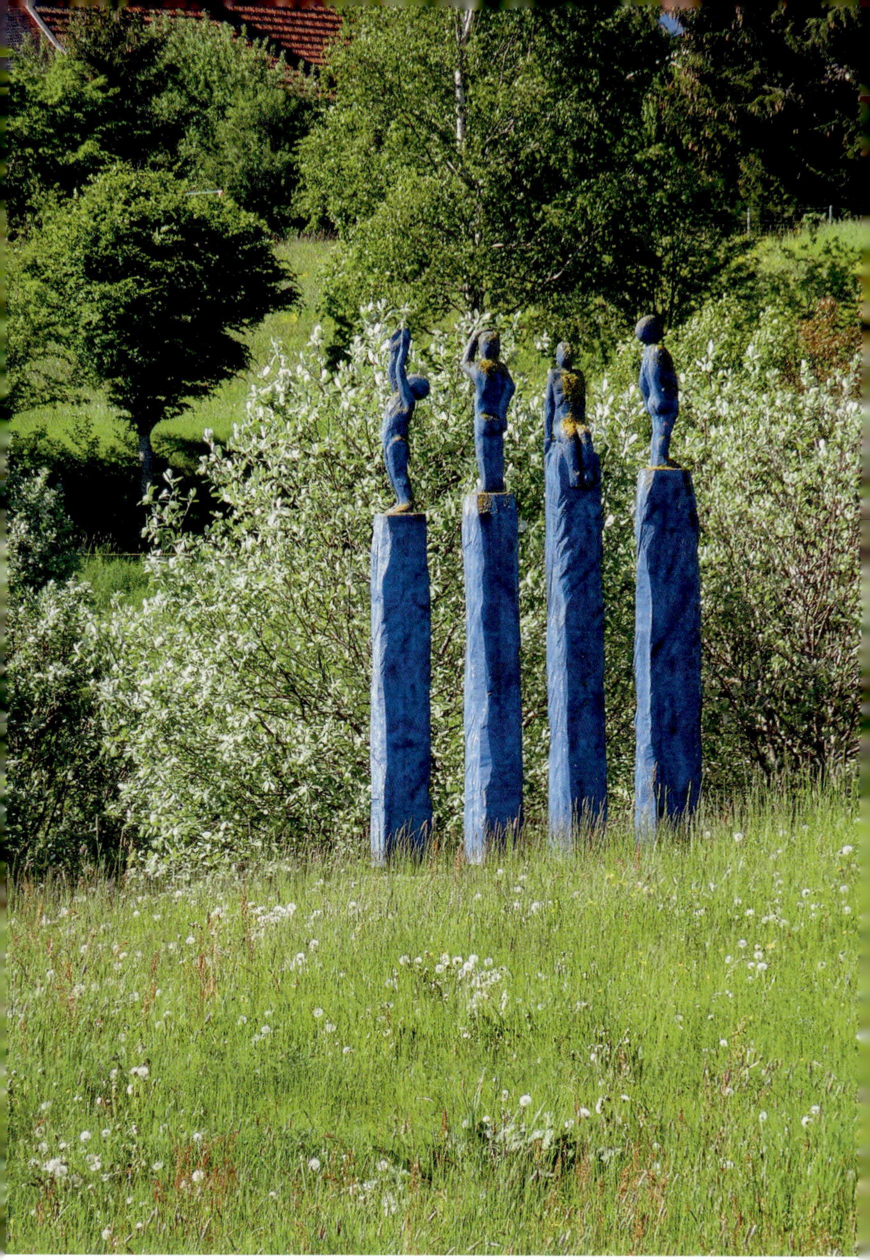

**Simon Stiegelers »Sternensucher«**

# SPIELE

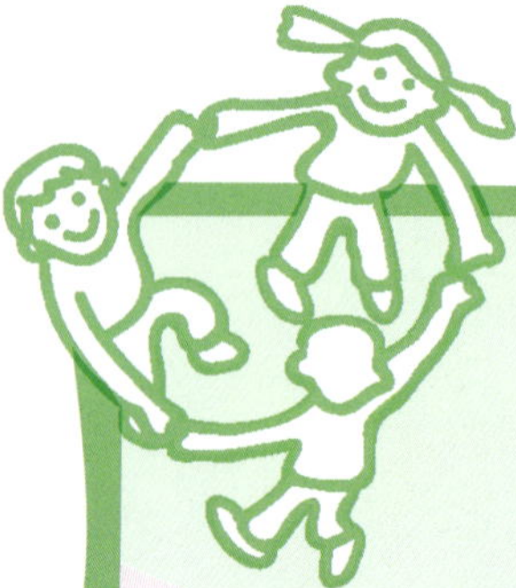

## Spiele beim Wandern

»Wie weit ist es denn noch?«, »Wann sind wir da???«, »Hier ist es sooo langweilig …!« Fast alle Eltern kennen solche Sprüche, wenn die Kinder keine Lust mehr haben. Da hilft es auch nichts, sich inmitten einer schönen Gegend oder im Wald zu befinden oder die Kinder mit »Wir sind gleich da« zu ermuntern. Früher oder später sträubt sich der Nachwuchs. Häufig ist es hilfreich, eine »Pause« einzulegen, sodass die Kinder an einem Bach spielen oder einfach nur auf großen Steinen klettern können. In dieser kleinen Spielzeit haben die Eltern die Möglichkeit, sich zu entspannen, bevor es weitergeht. Vielleicht helfen auch ein paar Übungen, um die Beine und Arme auszuschütteln oder das Suchen von geeigneten Wanderstöcken. Hilft das alles nichts, sind kleine Spielchen auf dem Weg empfehlenswert.

### Wetten

Wer sieht zuerst den nächsten Pilz oder Wanderer? Wer sieht zuerst den ersten Specht? Wer kann die Pflanzen am Rand des Weges bestimmen? Welcher Vogel singt gerade oder wie heißen die Berge?

### Wanderkarte

Auf einem Blatt Papier können die Kinder den Wanderweg zeichnen und die Besonderheiten wie Wegkreuzungen, Jägersitze und Bäche eintragen und so ihre eigene Karte erstellen.

### Versteckspiele

Während einer kurzen Pause versteckt sich ein Elternteil, das es dann zu finden gilt. Ein Familienmitglied geht voran und lässt kleine Gegenstände fallen. Kleine Steine eignen sich

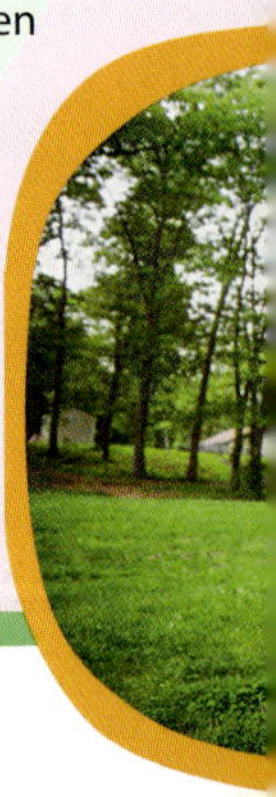

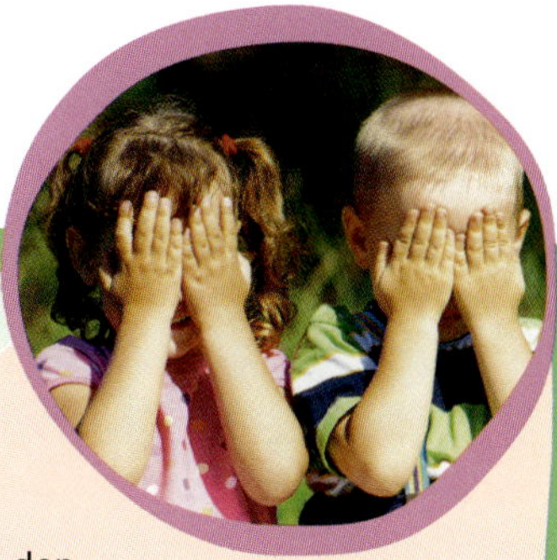

hervorragend, um eine Fährte zu legen. Welche Spürnase findet den richtigen Weg?

## Kleine Tourabweichungen

Wenn es die Strecke erlaubt, einfach mal den herkömmlichen Weg verlassen und parallel dazu im Wald oder auf der Wiese laufen.

## Ablenkungsmanöver

Vielen Eltern ist das Sprechlied »Ein Hut, ein Stock, ein Regenschirm und – vor, zurück, zur Seite, ran!« bekannt. Jeder zweite Schritt wird gezählt. Daraufhin folgt der Reim, bei dem die Bewegungen mit dem rechten oder linken Bein ausgeführt werden. Danach geht es wieder weiter mit dem Zählen bis zu einer beliebigen Zahl.

Sehr beliebt ist bei den kleinen Kindern das Spiel »Engelchen, flieg«. An die Hand genommen zwischen Mama und Papa fliegen die Kinder gleich mehrere Schritte der Eltern mit.

Was passiert, wenn ein Stock zwischen die Beine geklemmt wird? Wer kann damit am weitesten laufen?

Gute Laune beim Wandern kommt immer auf bei »Ich packe meinen Koffer« oder »Ich sehe was, was du nicht siehst«.

Großen Spaß gibt es auch bei ausgedachten Geschichten über mächtige Wurzeln, knorrige Bäume oder große Steine, die sich am Wegesrand befinden. Aber auch Märchen über Feen, Zwerge oder Kobolde sind bei den Kids sehr beliebt. Mit Augen zu ein paar Schritte zu gehen, ist ebenso spannend. Der Führer gibt dabei kleine Anweisungen in Sachen Richtung oder bei Hindernissen.

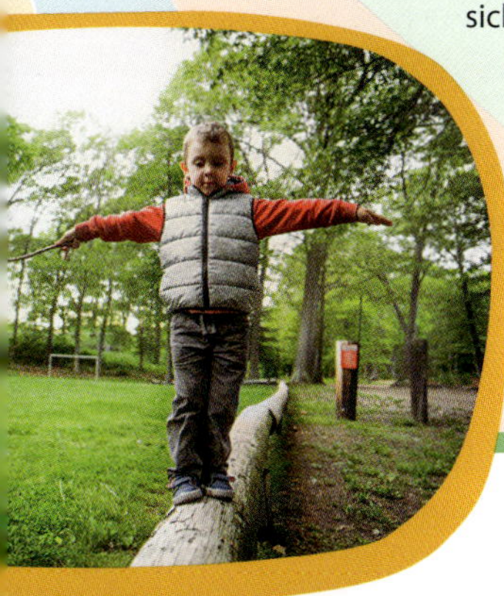

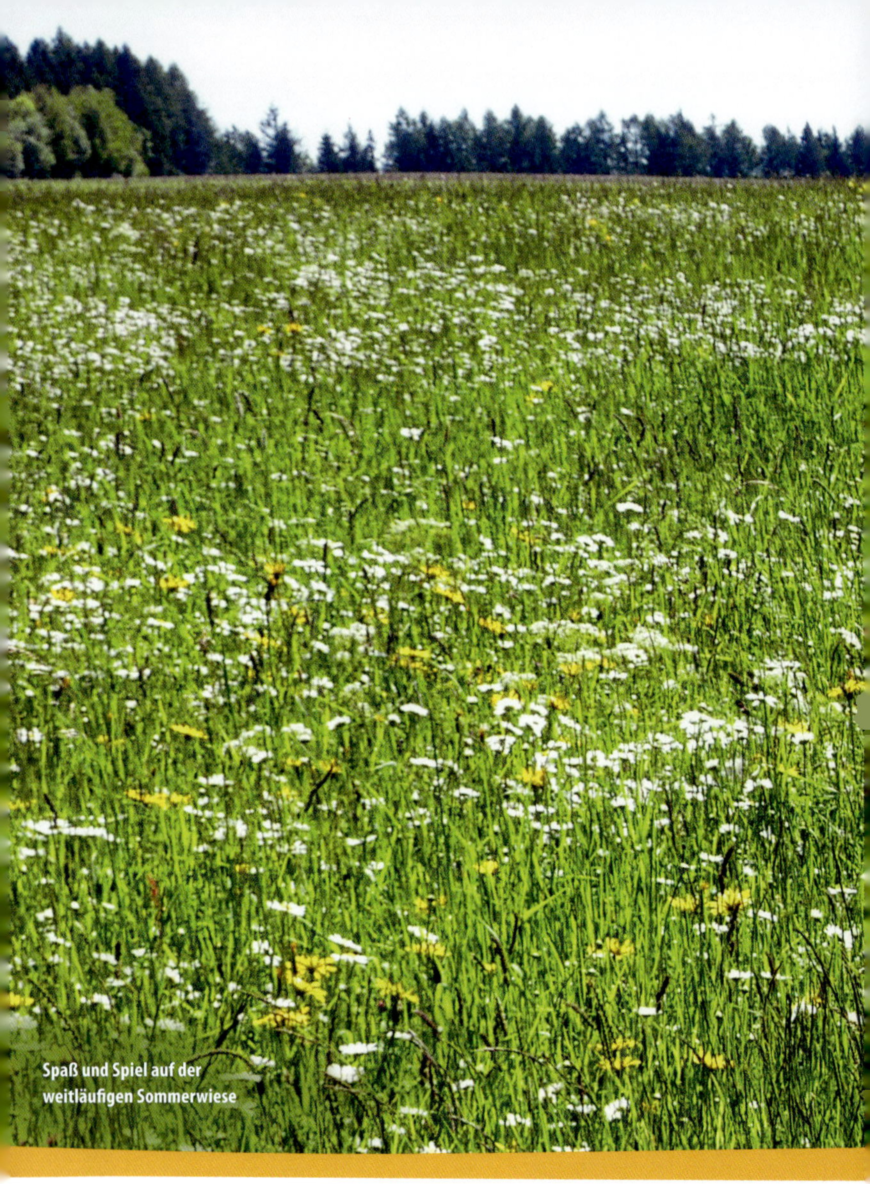

Spaß und Spiel auf der weitläufigen Sommerwiese

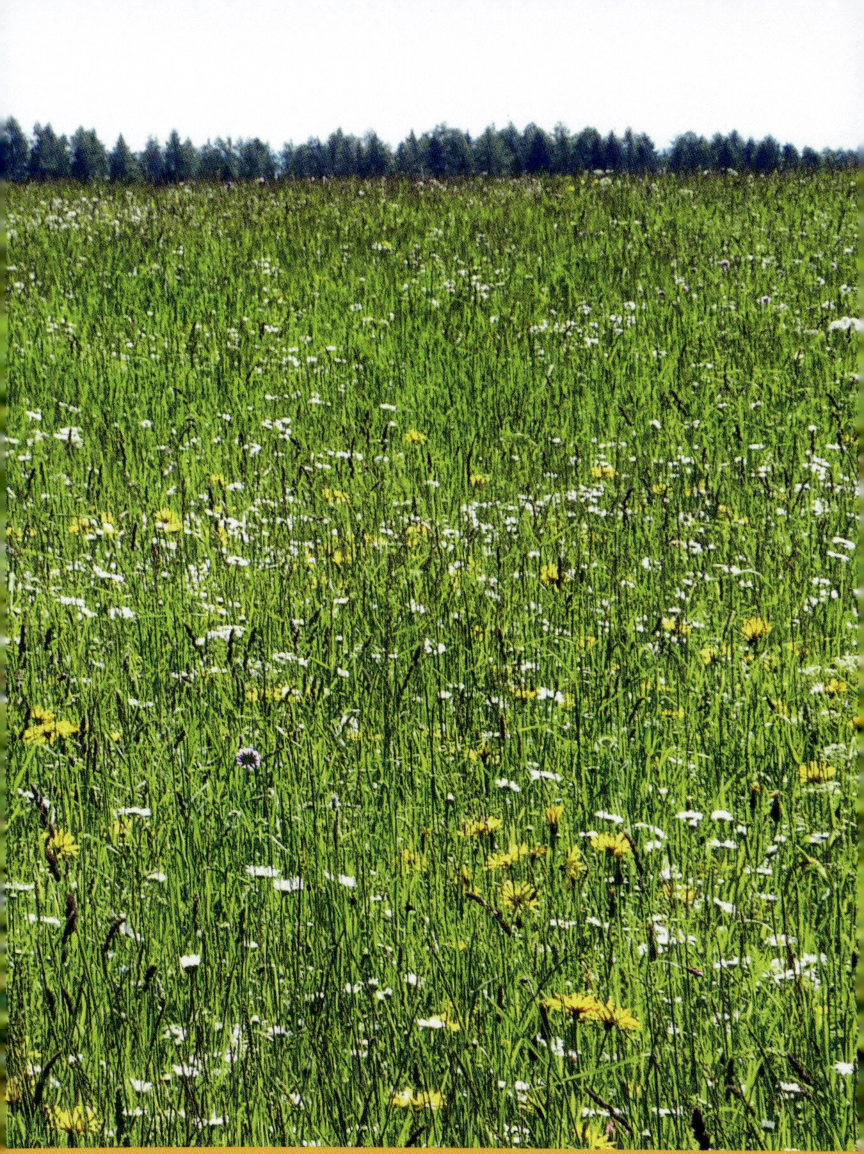

# Südschwarzwald

# 32 Wandern mit den Rittersleuten

## RITTERWANDERWEG UM WALDKIRCH

**Der Ritterwanderweg ist ein Kinderwanderweg, der im Jahr 2003 eingeweiht wurde. Insgesamt acht Ritter aus Holz und Metall säumen hier den Weg und zeigen den Wanderern den richtigen Weg zur Kastelburg, von der sich eine traumhafte Aussicht auf Waldkirch und Umgebung bietet.**

Vom Bahnhof Waldkirch gehen wir rechts den Heitereweg entlang. Wir queren die Schienen und wandern immer dem Schild »Fußweg zur Burg« nach. Kurz darauf können wir eine Hinweistafel mit Burgfräulein erkennen, die uns weiter den Weg zur Kastelburg weist. Rechts folgen wir dem Weg und kommen zum Wanderparkplatz. Danach beginnt der Ritterwanderweg durch den lauschigen Wald. Wir wandern auf dem Waldweg weiter und schon bald begegnet uns der erste Ritter. Ritter Martin Malterer steht am Wegrand und

mittel | 9,4 km | 2.00 h | 413 Hm

**Tourencharakter** Markierte Wanderung auf dem Ritterwanderweg zur Burg **Ausgangs-/Endpunkt** Bahnhof Waldkirch, 79183 Waldkirch **Altersempfehlung** Ab 6 Jahren **Anfahrt** Über die B294 nach Waldkirch. Mit öffentlichen Verkehrsmitteln: mit der Bahn von Freiburg nach Waldkirch **Karte** KOMPASS Wanderkarte Schwarzwald Süd: Wanderkarten-Set mit Radrouten. GPS-genau. 1:50 000, Band 887, ISBN 978-3850267472 **Einkehr** In der Innenstadt von Waldkirch gibt es viele Möglichkeiten zur Einkehr. **Übernachtung** Zum Storchen, Lange Str. 24, 79183 Waldkirch, Tel. 07681/474 95 90, www.zum-storchen-waldkirch.de **Preise** Frei zugänglich **Tourist-Info** Tourist-Information Waldkirch, Marktplatz 1–5, 79183 Waldkirch, Tel. 07681/194 33, www.zweitaelerland.de

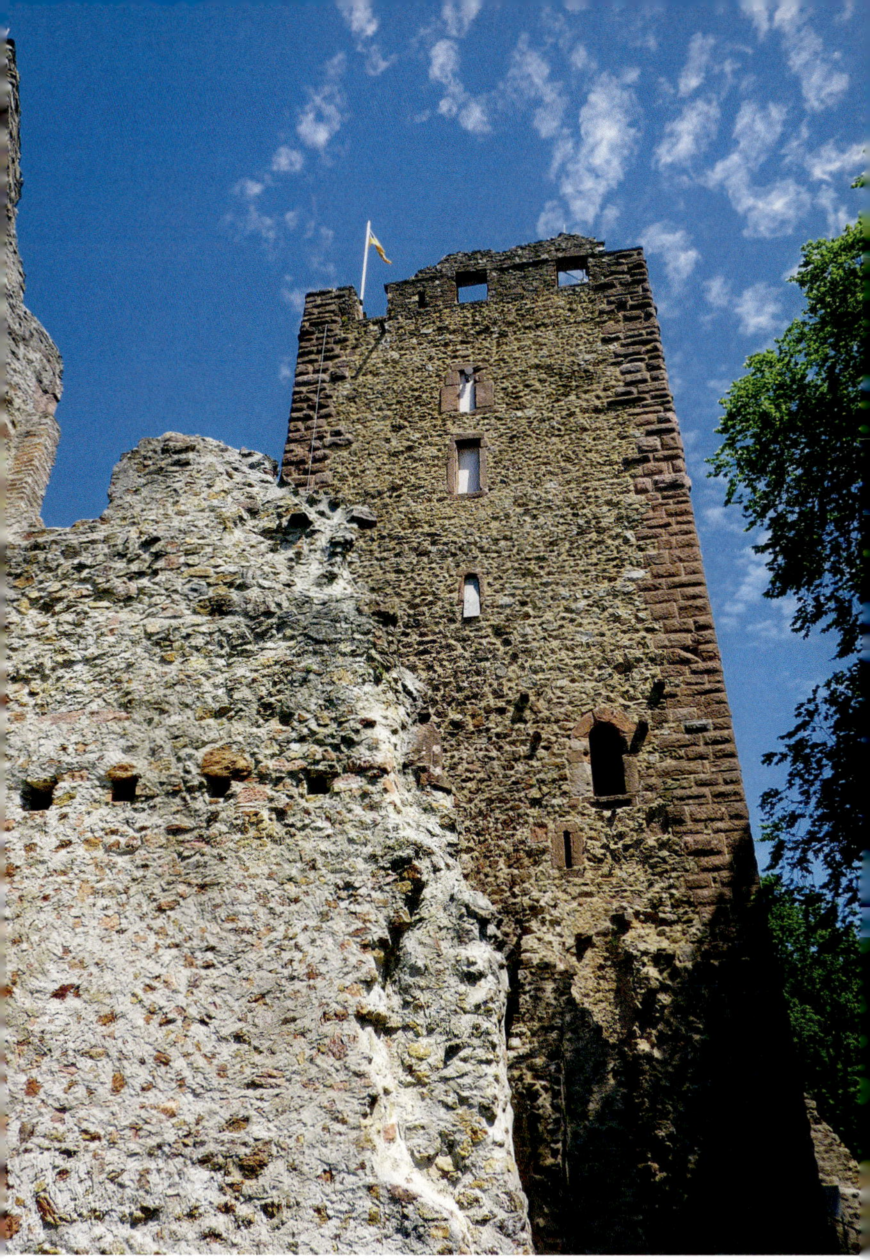

Die alten Mauern der Kastelburg

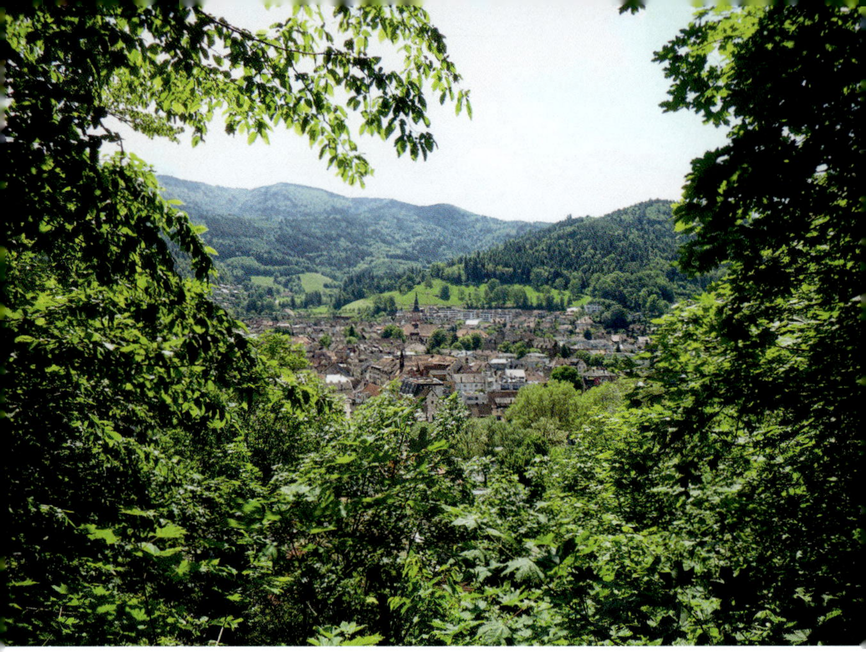

**Schöner Blick auf Waldkirch**

zeigt uns, dass wir goldrichtig sind. Auf unserem Kinderwanderweg erwarten uns sieben weitere Ritter aus Holz. Immer bergan erreichen wir schließlich die Kastelburg. Im Jahr 1289 wurde sie erstmals urkundlich erwähnt. Die Ritter von Schwarzenberg ließen sie ursprünglich erbauen. Der Ritter Martin Malterer erwarb im Jahr 1354 die Herrschaft über Kastelberg und wurde stolzer Besitzer der Burg.

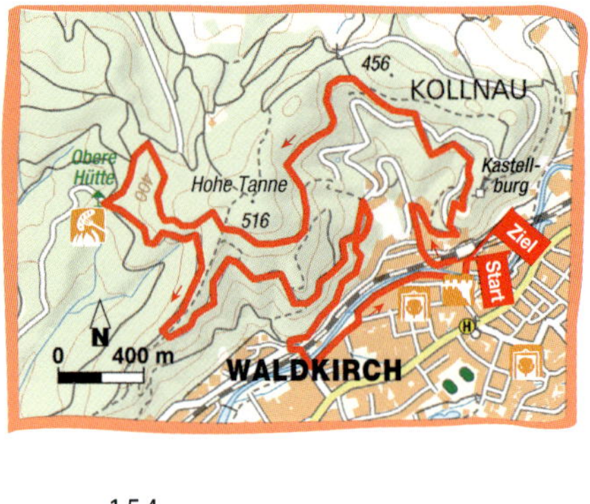


Im 16. Jahrhundert wurde die Burg durch Feuer ruiniert und wieder renoviert. Später im Jahr 1634 wurde sie erneut zerstört und blieb als Ruine bis heute erhalten. Nach der Besichtigung der Ruine gehen wir auf unserem bekannten Weg bis zur letzten Waldkreuzung zurück. Rechts führt uns der Stadtrundweg bis zu einer weiteren Kreuzung. Über den Hohtannweg

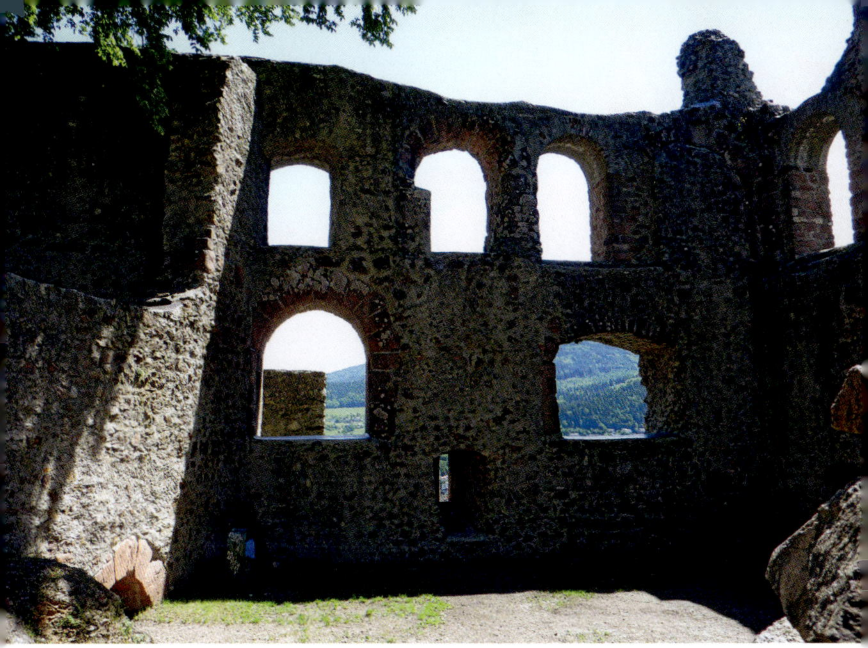

**Wo einst die Ritter aus den Fenstern sahen**

wandern wir wenige hundert Meter bergauf. Nach einer Bank wird der Weg schmaler. Dieser führt uns zu einer Kreuzung, an der wir links Richtung Batzenhäusle abbiegen. Nun folgen wir der Markierung mit dem roten Rechteck auf weißem Grund und ab der nächsten Wegkreuzung dem Wegweiser zur Oberen Hütte. Der Obere Winterhaldeweg bringt uns nun bergauf. Nach kurzer Zeit wird es wieder flacher und wir wandern dem blauen Punkt nach. Bald erreichen wir ein Krankenhausgebäude und folgen rechts dem Galgenbruckweg. Schon bald erreichen wir den Ortseingang und überqueren den Bahnübergang und eine Brücke. Nach der Brücke links abbiegend bringt uns der Weg am Elzufer bis zu einem Spielplatz. Nach dem Spielplatz halten wir uns links und erreichen mit der Adenauerstraße unser Ziel.

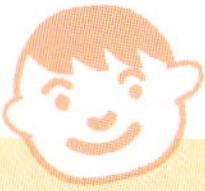

**Größenvergleich**

**Stell dich doch mal neben einen Ritter auf dem Ritterwanderweg. Du kannst sehen, dass damals die erwachsenen Rittersleut kaum größer als du gewesen sind!**

# 33 Schöne Tour zum See

## ZUR SCHWARZENBERGHÜTTE WALDKIRCH

**Auf schönen Waldwegen führt die Rundwanderung zur Schwarzenberghütte und zum Naturerlebnispark Waldkirch am Fuße des Hugenwaldes. Schöne Ausblicke und Abwechslung für die Kinder am Stadtrainsee sind auf der Tour garantiert.**

Vom Besucherparkplatz der SICK AG starten wir und folgen der Erwin-Sick-Straße. Wir queren das Dettenbächle, die Hauptverkehrsstraße und anschließend das Wegebächle. Schon bald erreichen wir die Stahlhofstraße und die Petershöfe. Anschließend folgen wir dem Oberen Wegelbachweg immer parallel zum Wegelbach. Letzteren queren wir und wandern auf dem Wegelbachweg, der auf den Luserweg übergeht, weiter. An der nächsten großen Wegkreuzung biegen wir scharf links ab. Wie wandern weiter und erreichen als erstes Teilziel die Schwarzenberghütte. Die Holzhütte bietet

mittel | 9 km | 3.00 h | 390 Hm

**Tourencharakter** Erlebnisreiche Wanderung mit Aussichts- und Einkehrmöglichkeit **Ausgangs-/Endpunkt** Besucherparkplatz SICK AG, 79183 Waldkirch **Altersempfehlung** Ab 6 Jahren **Anfahrt** Über die B294 nach Waldkirch. Mit öffentlichen Verkehrsmitteln: mit der Bahn zum Bahnhof Waldkirch. Von dort ca. 500 m zu Fuß **Karte** KOMPASS Wanderkarte Schwarzwald Süd: Wanderkarten-Set mit Radrouten. GPS-genau. 1:50 000, Band 887, ISBN 978-3850267472 **Einkehr** SB-Restaurant, Stadtrainsee, 79183 Waldkirch, Tel. 07681/227 78, www.stadtrainsee.de **Übernachtung** Zum Storchen, Lange Str. 24, 79183 Waldkirch, Tel. 07681/474 95 90, www.zum-storchen-waldkirch.de **Preise** Frei zugänglich **Tourist-Info** Tourist-Information Waldkirch, Marktplatz 1–5, 79183 Waldkirch, Tel. 07681/194 33, www.zweitaelerland.de

bei schlechtem Wetter Schutz. Mehrere Bänke laden zu einer Rast ein. Anschließend geht es weiter auf dem Schwarzenbergweg, der uns auf den Oberen Stadtrainweg führt. Hier wandern wir nur wenige Meter weiter und biegen rechts in den Fohrenbühlweg ab. An der nächsten Wegkreuzung führt unsere Strecke rechts auf dem Sinnesweg weiter. Diesem folgen wir längere Zeit, bis wir zu einem wunderbaren Aussichtspunkt kommen. Schöne Ausblicke auf die Kastelburg sind garantiert. Schließlich erreichen wir den Stadtrainsee mit seiner Insel. Der rund 100 Meter lange See diente früher einer Brauerei als Eisweiher. Heute wird der See zum Tretbootfahren genutzt, zum Erholen oder auch Picknicken. In dem umliegenden Park gibt es zahlreiche Aktivitäten. Hier kann man sich beim Minigolf oder auf Freischachplätzen beweisen. Kinder können auf dem Kinderspielplatz herumtollen oder den Trimm-dich-Pfad erkunden. Zudem lädt das SB-Restaurant am Stadtrainsee mit Seeterrasse zur Einkehr ein.

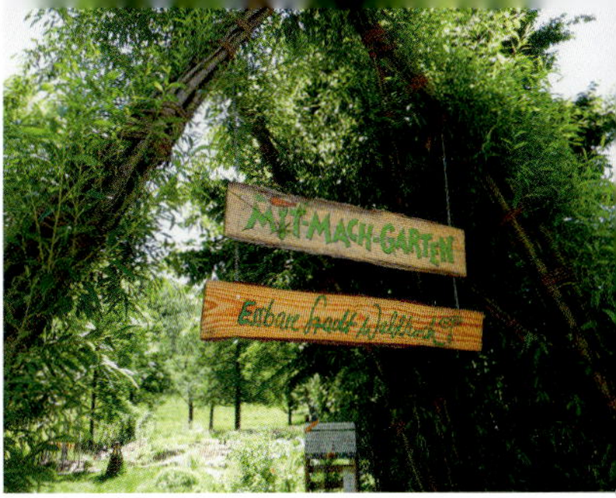


Eingang zum Mitmach-Garten

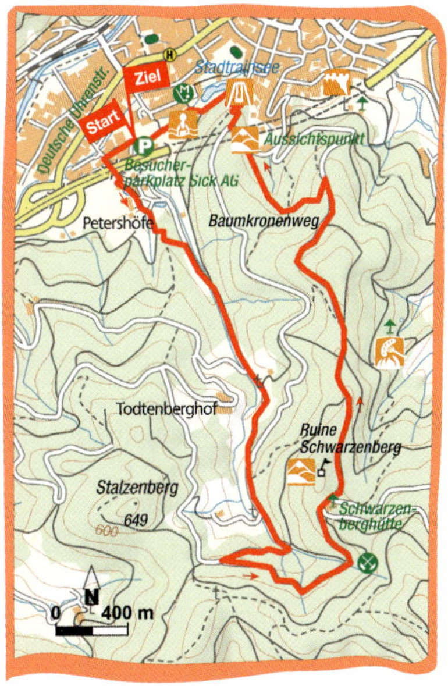


Wir wandern links am See entlang und lassen diesen bald hinter uns. Nun begleitet uns das Dettenbächle bis zur Erwin-Sick-Straße. Rechts weitergehend haben wir schnell unseren Ausgangsort erreicht.

Wer sich jetzt noch ein wenig bewegen möchte, der kann den Baumkronenweg mit seiner Hängebrücke oder den Schwarzwaldzoo erkunden. Im Zoo leben über 200 Tiere 45 verschiedener Arten. Darunter befinden sich Steinböcke, Luchse, Sika-Hirsche, Lamas und Nasenbären. Zudem gibt es gleich in der Nähe des Parkplatzes einen Kräutergarten.

# 34 Auf zum Silberbergwerk

## SILBERSTEIG SUGGENTAL

**Vom Ortseingang Suggental führt die Wanderung hauptsächlich am Waldrand entlang bis zum Silberbergwerk. Eine schöne Aussicht haben wir später vom Wissereck. Von dort ist es nicht weit zum Spielplatz und zum Ausgangsort.**

Wir starten unsere Wanderung direkt am Ortseingang von Suggental, einem Stadtteil von Waldkirch. An der Bushaltestelle zwischen der Straße K5103 und dem Suggenbad ist eine Informationsstelle. Sie ist eine von insgesamt vier Stelen, welche Informatives zum Bergbau in Suggental verraten. Wir folgen der Rauten-Beschilderung des Schwarzwaldvereins, die uns Richtung Engewald führt. Am Waldrand, auf unserer Markierung weiter, können wir auf der rechten Seite den Grabenhof und später den Duggenhauerhof erkennen. Leicht aufwärts weitergehend haben wir das Silberbergwerk

leicht | 6 km | 2.00 h | 233 Hm

**Tourencharakter** Informative, ausgeschilderte Rundwanderung zum Silberbergwerk **Ausgangs-/Endpunkt** Wanderparkplatz am Ortseingang Suggental **Altersempfehlung** Ab 5 Jahren **Anfahrt** Über die B294 bis Ausfahrt Richtung Suggental. Dann geradeaus bis zum Hotel Suggenbad. Gegenüber liegt der Wanderparkplatz. Mit öffentlichen Verkehrsmitteln: von Freiburg mit der Buslinie 7206 in Richtung Waldkirch bis zur Haltestelle Suggenbad **Karte** KOMPASS Wanderkarte Schwarzwald Süd: Wanderkarten-Set mit Radrouten. GPS-genau. 1:50 000, Band 887, ISBN 978-3850267472 **Einkehr** Suggenbad Hotel-Restaurant-Garten, Talstr. 1, 79183 Waldkirch, Tel. 07681/80 91, www.suggenbad.de **Übernachtung** Suggenbad Hotel-Restaurant-Garten, Talstr. 1, 79183 Waldkirch, Tel. 07681/80 91, www.suggenbad.de **Preise** Für die Grillstelle wird eine Gebühr von 16 € pro Tag erhoben. **Tourist-Info** Tourist-Information Waldkirch, Marktplatz 1–5, 79183 Waldkirch, Tel. 07681/194 33, www.zweitaelerland.de

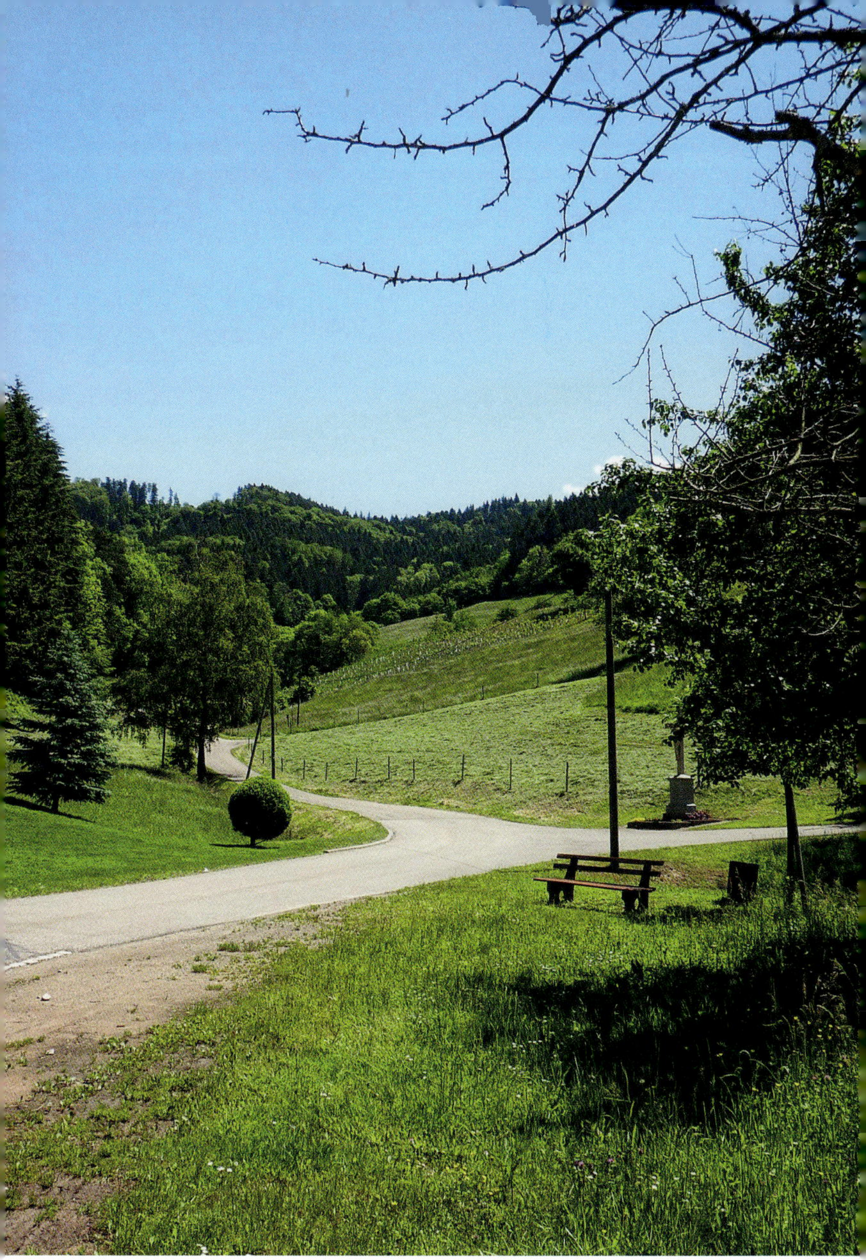

**Wegkreuzung in der Nähe des Silberbergwerks**

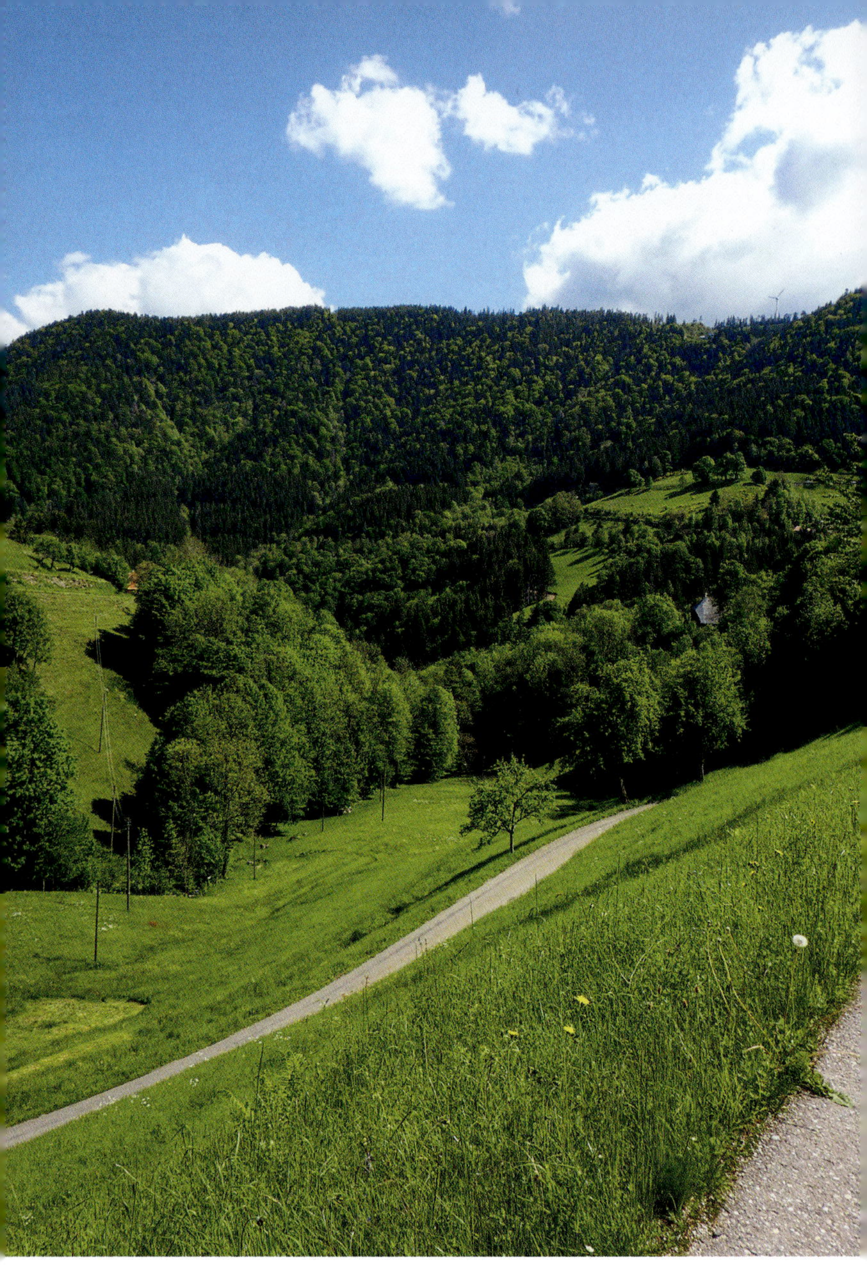

**Eine abwechslungsreiche und hügelige Landschaft**

Suggental erreicht. Einst waren die Suggentäler Gruben im 12. und 13. Jahrhundert die reichsten in der Region. Daraufhin hatte Suggental zu dieser Zeit auch den Namen Reichenthal. Hauptsächlich die Metalle Silber und Blei, aber auch Kupfer und Eisen wurden hier gewonnen. Zu der stärksten Förderzeit arbeiteten etwa 300 Bergleute in dem Bergwerk. Zusammen mit ihren Familien lebten sie im Tal. Heute kann das Silberbergwerk Suggental ganzjährig nach vorheriger Anmeldung besichtigt werden. Kinder ab 12 Jahren können die gesamte Grube ansehen. Für die Jüngeren gibt es einen separaten Grubenbereich zu besichtigen. Unserer Markierung folgend wandern wir auf der Talstraße geradeaus und streifen den Bürliadamshof. Bald biegen wir rechts ab, am Reschhof vorbei, und wandern Richtung Wald. Auf dem bequemen Waldweg geht es bis zum Wissereck. Hier können wir die Aussicht auf das Glottertal genießen. Wir biegen scharf rechts ab und wandern weiter bis zum Schätzlehof. Darauf kommen wir zur Freizeitanlage Suggental, an der wir uns rechts halten. Für die Kinder gibt es hier einen Spielplatz, auf dem sie ihrem Bewegungsdrang nachgehen können. Zudem befindet sich vor Ort eine Grillstelle. Diese darf nach vorheriger Anmeldung bei der Gemeinde genutzt werden. Am Festplatz biegen wir links ab und wandern weiter. Jetzt ist es bis zum Ausgangspunkt nicht mehr weit. Wir stoßen auf den Breisgauer Weinweg und gehen hier rechts weiter. Am Suggenbad vorbei sind wir in Kürze am Ende des Rundweges angelangt – und somit wieder an unserem Ausgangspunkt.

## Schwefelquelle

**Das Hotel und Restaurant Suggenbad war im Mittelalter bekannt für seine Schwefelquelle. Heute gibt es die Quelle immer noch im Biergarten des Hotels bzw. an der Kirche beim Talbach zu sehen.**

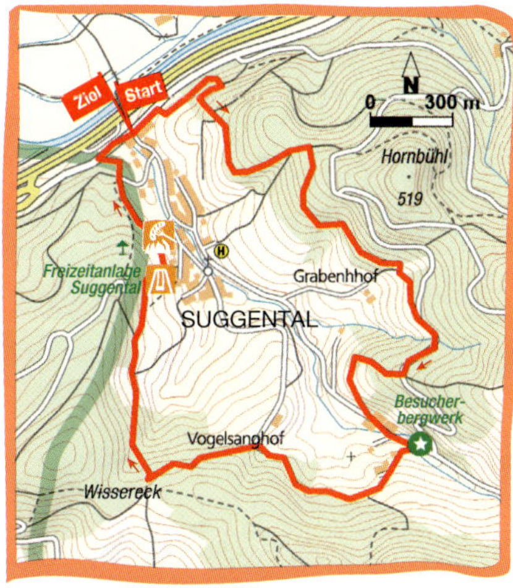

# 35 Mit dem Wolf auf die Pirsch

## WOLFSPFAD HÖCHENSCHWAND

**Das Wolfsmaskottchen Lupus begleitet die Eltern und Kinder auf ihrer Entdeckungsreise auf dem Wolfspfad. Auf schönen Waldwegen und schmalen Pfaden geht es von Station zu Station, wo sich spielerisch vieles über den Wolf und sein Rudel erfahren lässt.**

Vom Dumrig-Parkplatz wandern wir direkt durch den Wald. Das Wolfsmaskottchen Lupus weist uns dabei den Weg. Wir nehmen kurz den Forstweg und gelangen zum Kugelautomaten. Hier können wir unsere eigene Wolfskugel kaufen, die bei den nachfolgenden Stationen zum Einsatz kommt.

| leicht | 4 km | 2.00 h | 88 Hm |
|---|---|---|---|

**Tourencharakter** Gut ausgeschilderter und informativer Rundweg mit Mitmach-Stationen für die Familie **Ausgangs-/Endpunkt** Am Parkplatz südlich von Höchenschwand-Strittberg **Altersempfehlung** Ab 5 Jahren **Anfahrt** Über die A81 Stuttgart–Bodensee bis Ausfahrt Donaueschingen. Dann über die B27 Richtung Schaffhausen bis Abzweigung B314. Weiter Richtung Waldshut bis zur Abzweigung B500 Richtung Höchenschwand, Abzweigung Strittberg. Mit öffentlichen Verkehrsmitteln: mit der Bahn von Basel bis Waldshut-Tiengen, Bahnhof Waldshut. Von dort mit der Buslinie 7322 bis Höchenschwand **Karte** KOMPASS Wanderkarte Schwarzwald Süd: Wanderkarten-Set mit Radrouten. GPS-genau. 1:50 000, Band 887, ISBN 978-3850267472 **Einkehr** Landgasthof Adler, Strittberg 30, 79862 Höchenschwand, Tel. 07755/396, www.adler-strittberg.de **Übernachtung** Bio- und Wellnesshotel Alpenblick, St. Georg-Str. 9, 79862 Höchenschwand, Tel. 0767/241 80, www.alpenblick-hotel.de **Preise** Wolfskugeln 0,50 € **Tourist-Info** Tourist-Information Höchenschwand, Dr.-Rudolf-Eberle-Str. 3, 79862 Höchenschwand, Tel. 07672/48 18 0, www.hoechenschwand.de

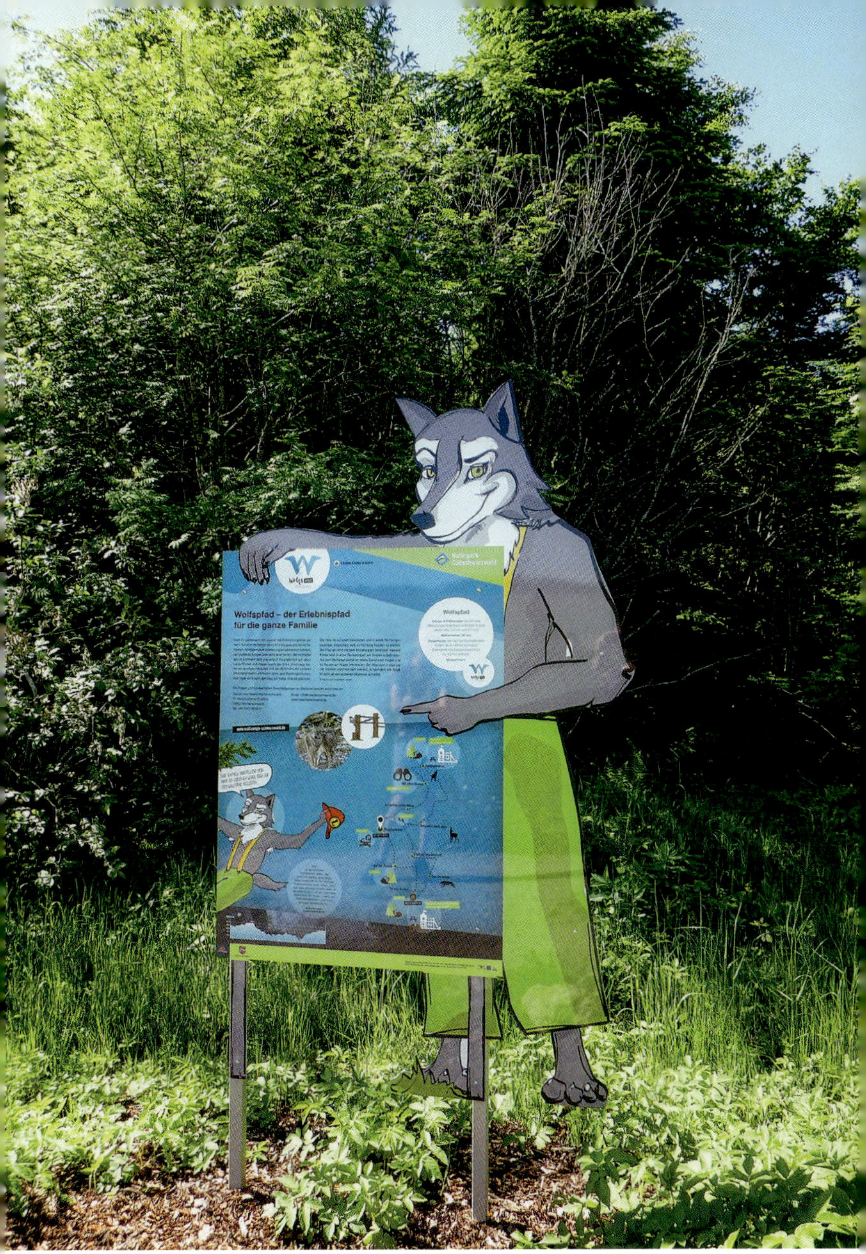


**Auf dem Wolfspfad werden viele Informationen zum Wolf und seinem Rudel vermittelt.**

### Kugelautomat

**Der Kugelautomat des Wolfspfades nimmt nur 50-Cent-Stücke. Eine Kugel benötigst du, um an den Stationen die Spielmöglichkeiten wahrzunehmen.**

Anschließend gehen wir links den Waldweg auf dem Wolfspfad weiter. Die erste Station »Auf gefährlicher Reise« können wir in Kürze sehen. Dort verlässt Lupus seine Herkunftsfamilie, um schon bald in einer anderen Region seine eigene Familie zu gründen. Die Kinder haben nun die Möglichkeit, ihm den richtigen Weg zu weisen. Weiter auf unserer Wanderung kommen wir schon nach wenigen hundert Metern an die nächste Station. Die Station »Mit allen Sinnen« lädt ein, die herrliche Aussicht zu genießen. Hier erhalten die Familien zudem Informationen zu dem sensiblen Hör- und Geruchssinn der Wölfe. Wir folgen weiter unserem Weg und biegen bald

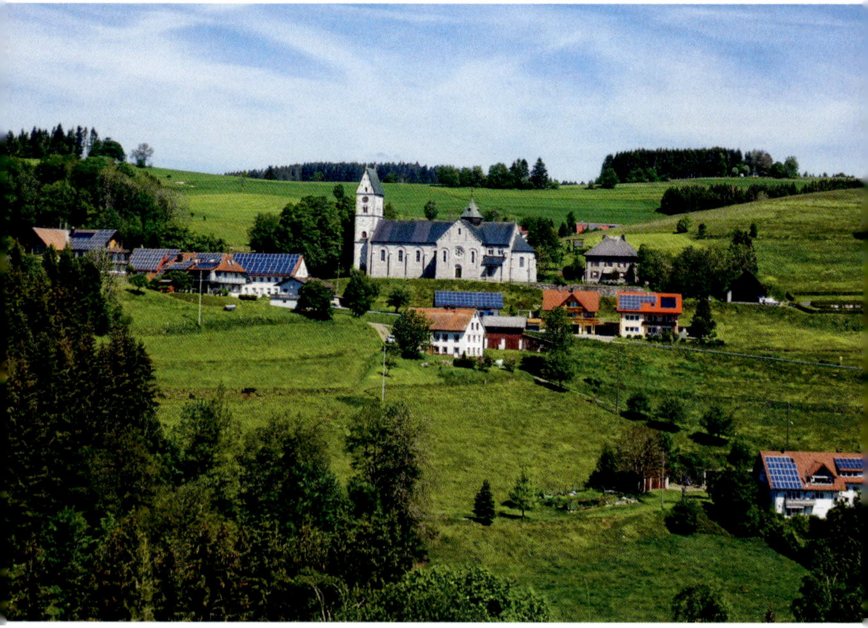

**Friedliche Landidylle**

rechts ab. In Kürze haben wir einen kleinen Spielplatz entdeckt, der zum Klettern einlädt. Zudem befindet sich hier eine Rastmöglichkeit, an der es sich gut picknicken lässt. Wer dann noch Lust hat, kann an dieser Stelle nach drei Wölfen des Rudels im Wald suchen, die sich spielerisch im Wald versteckt haben.

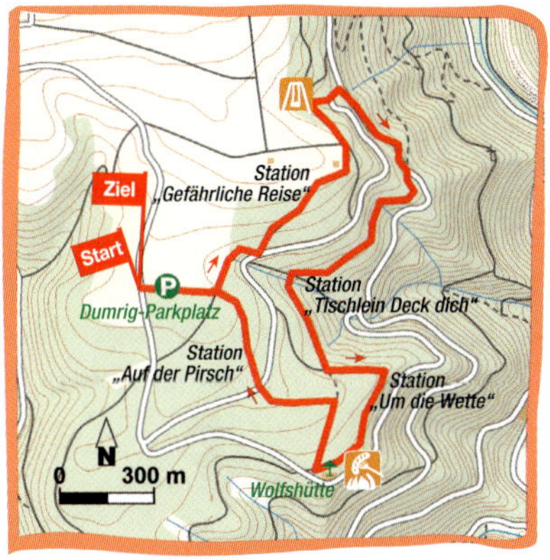


Weiter unserem Wegweiser folgend gelangen wir bald auf den Mittelweg. Über ihn kommen wir zu einer Mitmach-Station, die sich mit den Jagd- und Fressgewohnheiten des Wolfes beschäftigt. Wir wandern weiter auf dem Mittelweg und queren den Rüttelbach. An den nächsten zwei Stationen können wir vieles über die Gemeinsamkeiten und Unterschiede von Mensch und Wolf erfahren. Links weiter und bald darauf rechts abbiegend können wir uns mit der Laufgeschwindigkeit des Wolfes messen. Bei seiner Geschwindigkeit von zirka 10 Kilometern pro Stunde müssen wir uns schon sehr anstrengen, um mithalten zu können. Anschließend wandern wir weiter auf unserem Wolfspfad und gelangen zur Wolfshütte. Hier kann eine gemütliche Pause eingelegt werden. Neben dem Rastplatz mit Grillstelle gibt es an der Wolfshütte einen Brunnen und genügend Tische sowie Bänke. Von der Wolfshütte geht es nach einer scharfen Kurve schon zur nächsten Station, an der erklärt wird, warum der Wolf so häufig als böse dargestellt wird. Ein Märchenbuch mit drei Geschichten lädt zudem zum Schmökern ein. Weiter geradeaus gehend biegen wir an der großen Wegkreuzung links ab. Schon bald erfahren wir, wie Lupus sich an die Tiere heranschleicht und Beute jagt. Dann geht es noch eine kurzes Stückchen den Weg entlang und wir haben den Parkplatz wieder erreicht.

**Der Wolfspfad führt direkt durch den Wald und zum Teil auf schmalen Pfaden. Aus diesem Grund ist er nicht kinderwagentauglich.**

# 36 Vorbei an Mooren und Gumpen

KRAI-WOOG-GUMPEN

**Der Wanderparkplatz Steinernes Kreuz befindet sich in der Nähe von Herrischried-Wehrhalden. Hier steht eine Infotafel, an der sich die Familien über die kommende Wanderung informieren können. Zudem kann man einen weiten Fernblick bei schönem Wetter genießen.**

Vom Steinernen Kreuz wandern wir der Markierung mit der gelben Raute folgend über den Wehrhaldergrenzweg. Am Kindskreuzle gehen wir rechts auf einem schmalen Weg weiter, bis wir auf die L151 stoßen. Diese überqueren wir und wandern auf der anderen Straßenseite den Weg weiter. Auf der rechten Seite streifen wir das Brunnmättlemoos und gelangen in Kürze zum

leicht | 9,3 km | 2.00 h | 330 Hm

**Tourencharakter** Geschichtlich und botanisch interessante Wanderung zum Krai-Woog-Gumpen **Ausgangs-/Endpunkt** Parkplatz Steinernes Kreuz an der L 51 Bad Säckingen Richtung Todtmoos **Altersempfehlung** Ab 5 Jahren **Anfahrt** Über die L151 Bad Säckingen Richtung Todtmoos bis zum Parkplatz beim Steinernen Kreuz. Mit öffentlichen Verkehrsmitteln: mit dem Bus der SBG 7328 aus Bad Säckingen nach Todtmoos **Karte** Wanderkarte Hotzenwald, 1:35 000, Landesvermessungsamt Baden-Württemberg, ISBN 978-3890215938 **Einkehr** Auf der Wanderung gibt es keine Einkehrmöglichkeit. **Übernachtung** Wehrhalder Hof , Höfstr. 20, 79737 Herrischried-Wehrhalden, Tel. 07764/93 27 34, www.wehrhalder-hof.de **Preise** Frei zugänglich **Tourist-Info** Gemeinde Ibach, Oberibach, Hofrain 1, 79837 Ibach, Tel. 07672/842, www.gemeinde-ibach.de

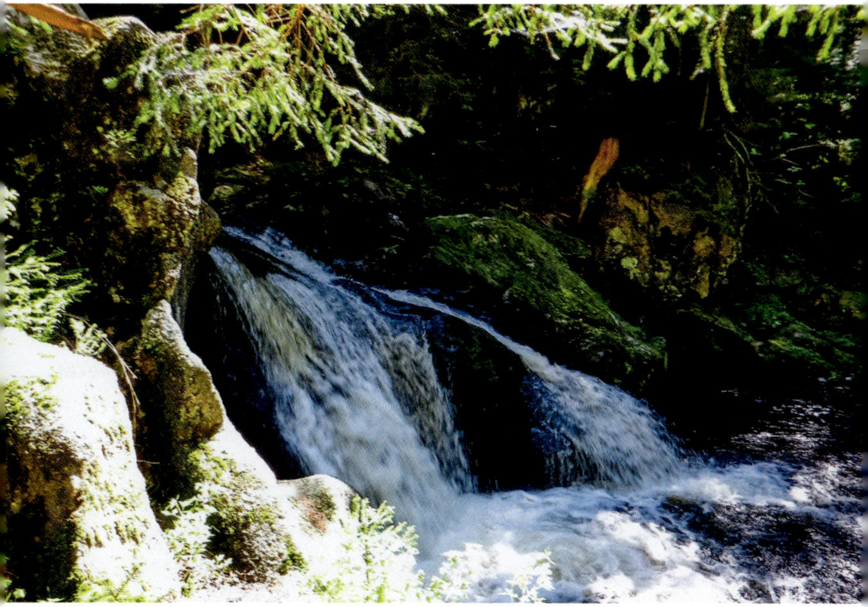

**Der Krai-Woog-Gumpen ist ein beliebtes Foto- und Filmmotiv.**

Sonnmättle. Hier biegen wir rechts ab und folgen dem Sonnenmattenweg. Wir erreichen die Kreisstraße 6591 und halten uns dann, die Straße querend, an den Bohlenweg. Dieser bringt uns zum Silberbrunnenmoos, wo sich auch eine Infotafel befindet. Hier gibt es viele Informationen zu den Mooren. Zudem können die Wanderer erfahren, warum das Auerhuhn hier wieder angesiedelt werden soll.

Nun geht es wieder zurück zur Straße, an der wir links weitergehen. Schon bald erreichen wir das Sägewerk Schwarze Säge. Knapp 400 Meter weiter entdecken wir den Krai-Woog-Gumpen.

**Der Krai-Woog Gumpen ist auch im Winter ein Highlight, wenn er teilweise zugefroren ist. Aber Achtsamkeit ist erforderlich. Rund um den Wasserfall befinden sich Felsen, die bei feuchtem Wetter sehr rutschig sein können.**

## Rauschendes Wasserspiel

**An heißen Tagen kann im Krai-Woog-Gumpen gebadet werden. Der Wasserfall, dessen Name übersetzt »Laut tosender Wasserfall« bedeutet, mündet in einem kleinen, flachen Becken. Aber Vorsicht: Auch im Sommer ist das Wasser sehr kalt.**

Der Gumpen ist vermutlich während der Eiszeit entstanden. In direkter Nähe befindet sich der Wasserfall des Schwarzenbächles. Wir befinden uns an einem sehr gemütlichen Plätzchen inmitten von schattigen Bäumen. Der Wasserfall wird gern wegen seiner idyllischen Lage und seines fröhlich plätschernden Wassers von Fotografen und Amateurfilmern besucht. An warmen Tagen dient er zudem als erfrischender Zufluchtsort.

Ein Stück wieder zurück bis zur Schwarzen Säge wandern wir links auf dem 7-Moore-Weg weiter. Hier befindet sich rechts das Geishaltermoos, welches man allerdings nicht sieht. Weiter auf unserem Weg halten wir uns erneut an unsere Markierung und gelangen zu einer Wegkreuzung, der wir rechts folgen. Nun sind wir beim Turbenmoos angekommen.

Als Nächstes bringt uns unser Weg zum Steinernen Kreuz. Wir gehen noch ein kurzes Stück auf der Kreisstraße rechts entlang und können dann unseren Wanderparkplatz sehen.

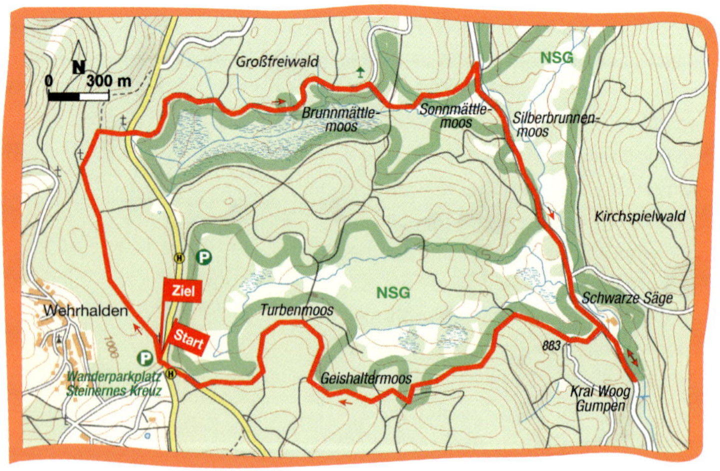

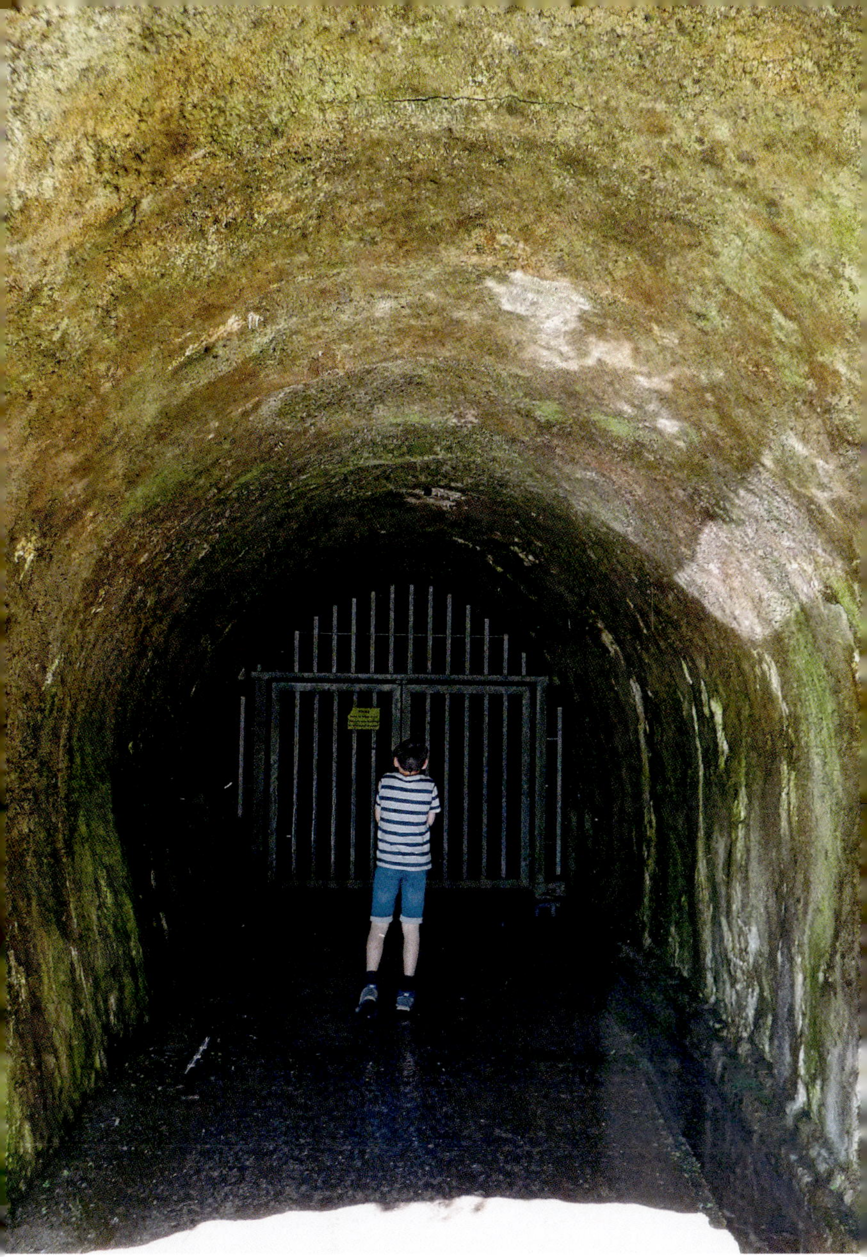

**Auch im Sommer ist es am Eingang des Bergwerkes kalt.**

# 37 Lohnender Anstieg zur tollen Aussicht

## BURGRUINE BÄRENFELS

**Die Rundwanderung führt durch den schattigen Wald zur Burgruine Bärenfels. Vom Bergfried können die Familien einen fantastischen Ausblick genießen, bevor es wieder abwärts durch den Stadtwald nach Wehr geht.**

Am Parkplatz Forsthaus oder am Wanderparkplatz beim Frei- und Hallenbad Wehr beginnt unsere Wanderung. Auf dem Burgerlebnispfad Bärenfels folgen wir dem Schotterweg und dem Fischgrabenweg Richtung Fischbühl. Immer leicht bergauf orientieren wir uns an der Markierung mit der gelben Raute. Nach knapp zwei Kilometern kommen wir zu den ehemaligen Steinegghöfen. Hier steht nur noch ein Gedenkstein, der an sie erinnert.

leicht | 5,3 km | 2.00 h | 378 Hm

**Tourencharakter** Leichte Rundwanderung im schattigen Wald zur aussichtsreichen Burgruine **Ausgangs-/Endpunkt** Schwimmbad, Frankenmatt 10, 79664 Wehr **Altersempfehlung** Ab 5 Jahren **Anfahrt** Über die B518 nach Wehr. Dann über die Haupt- und Todtmooser Straße zum Schwimmbad. Mit öffentlichen Verkehrsmitteln: mit der Bahn zum Bahnhof Wehr-Brennet. Weiter mit dem Bus 7335 nach Wehr **Karte** KOMPASS Wanderkarte Schwarzwald Süd: Wanderkarten-Set mit Radrouten. GPS-genau. 1:50 000, Band 887, ISBN 978-3850267472 **Einkehr** Krone Wehr, Hauptstr. 72, 79664 Wehr, Tel. 07762/80 71 71, www.kronewehr.de **Übernachtung** Landgasthof zur Sonne, Enkendorfstr. 38, 79664 Wehr, Tel. 07762/84 84, www.hotel-sonne-wehr.de **Preise** Frei zugänglich **Tourist-Info** Tourist-Info Wehr, Hauptstraße 14, 79664 Wehr, Tel. 07762/80 86 01, www.wehr.de

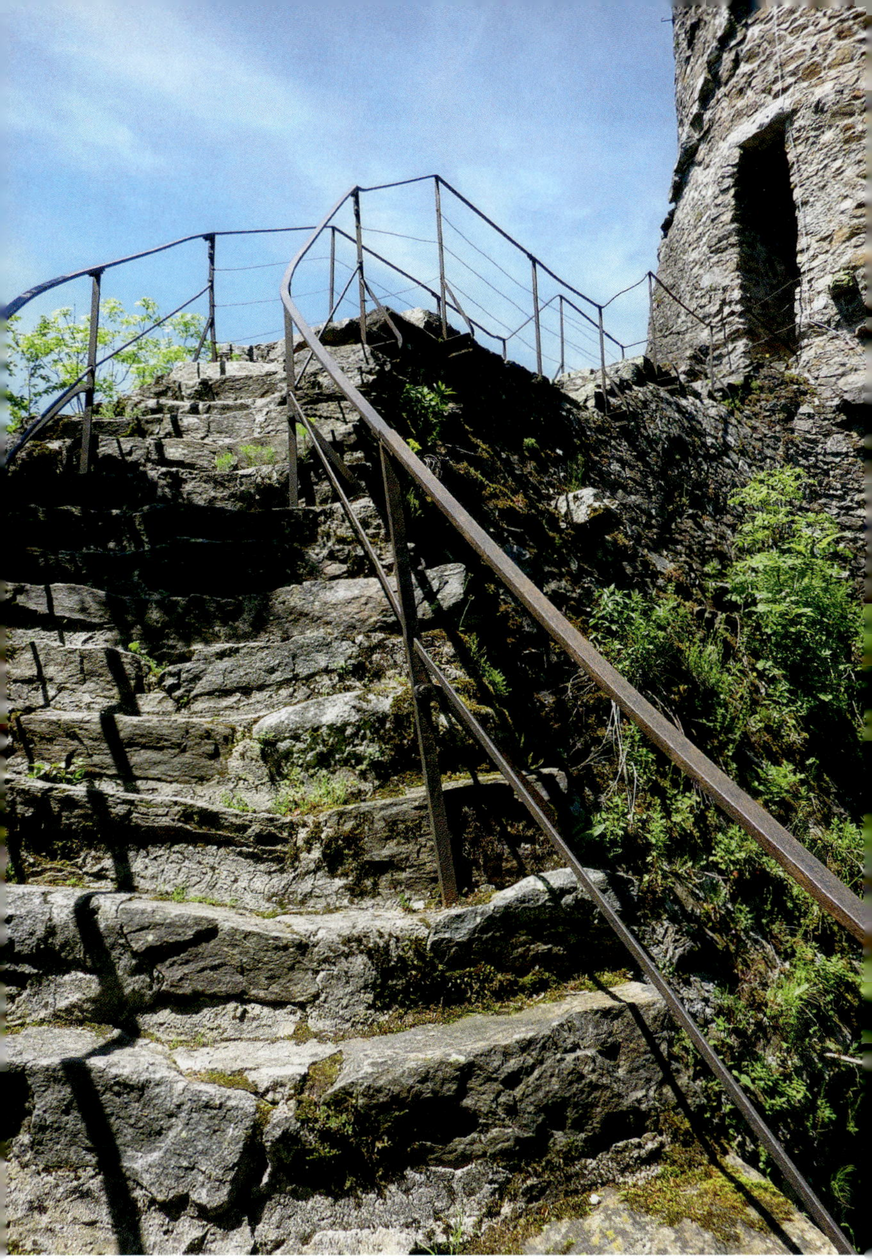

**Über viele Treppen zum Bergfried**

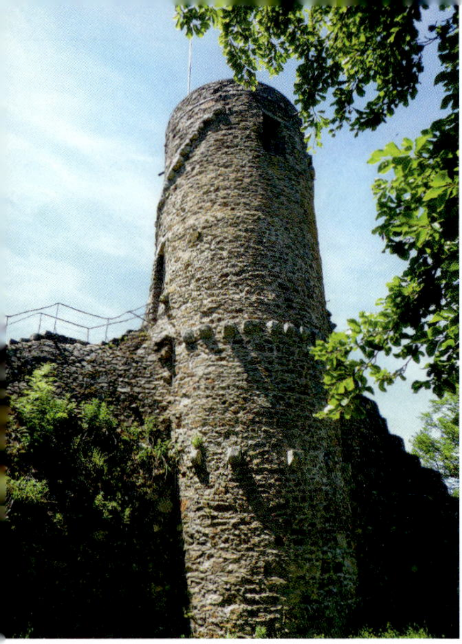

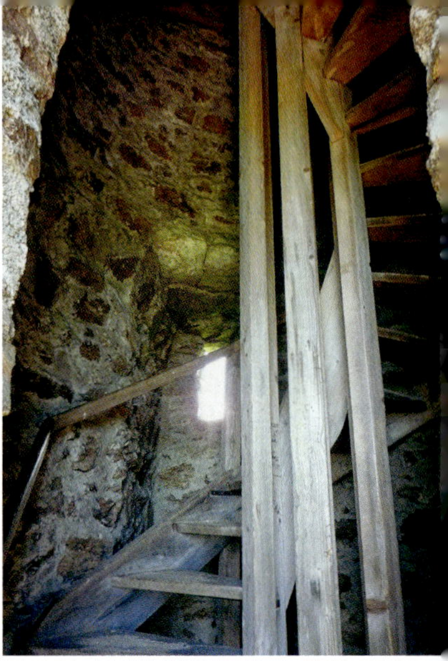

**Stolz präsentiert sich der Turm von außen und von innen.**

Als Nächstes erreichen wir das Hinweisschild »Am Bärenfelsen«. An dieser Stelle folgen wir links dem Schotterweg in Richtung der Burgruine Bärenfels. Jetzt wird es nochmals ein kurzes Stück steil, bevor wir den Aussichtsturm sehen können. Die Burguine Bärenfels wird auch Steinegg genannt. Die Burg wurde vermutlich im 12. Jahrhundert errichtet und diente den Herren von Schönau, den Markgrafen von Hachberg und später den Herren von Bärenfels als Sitz. Ab dem 15. Jahrhundert war die Burg schließlich unbewohnt und wurde später durch den Dreißigjährigen Krieg zerstört. Von der ehemaligen Anlage der Burg ist heute nur noch der Bergfried erhalten, der etwa 16 Meter hoch ist. Zudem sind noch Reste der Mauer sichtbar.

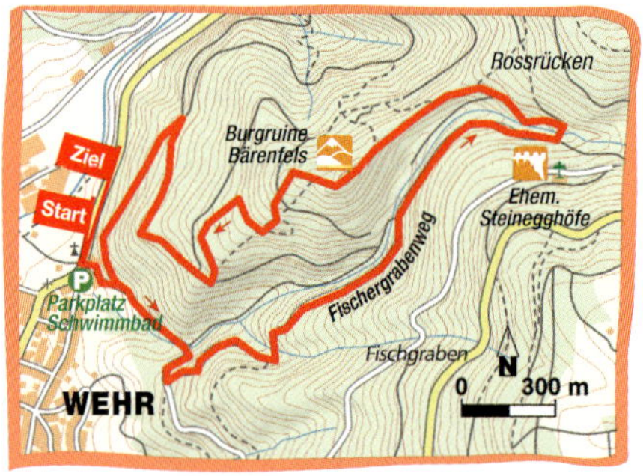


Über die Treppen erreichen wir schließlich die Aussichtsplattform des Bergfrieds. Von hier aus haben wir einen wunderschönen Blick auf die Gegend.

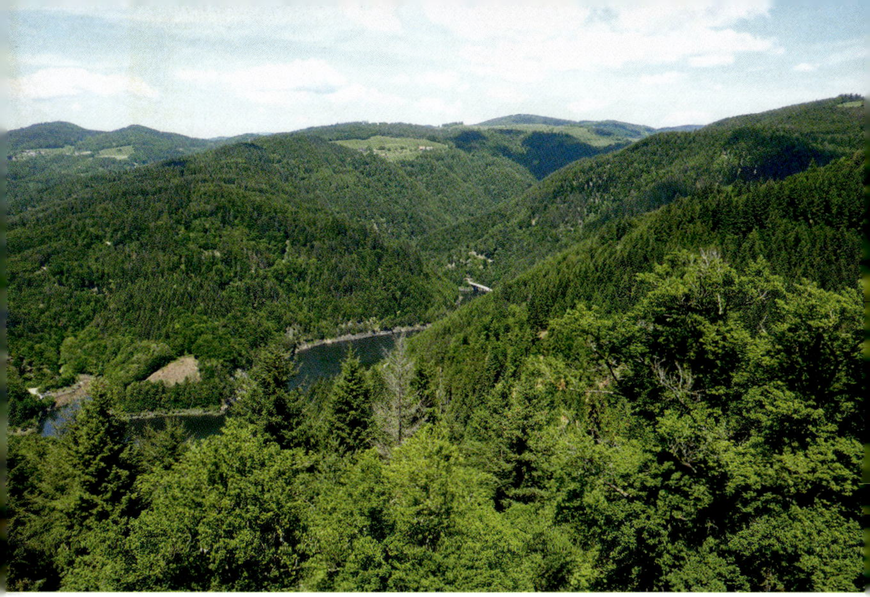

**Schöne Ausblicke auf die Umgebung**

Wir können sogar den Schweizer Jura erkennen. Nach einer ausgiebigen Rast wandern wir links über einen kleinen Pfad von der Ruine Bärenfels wieder abwärts. Die Markierung der gelben Raute führt uns über Serpentinen den Berg hinab. Der kleine Weg geht alsbald in einen Forstweg über, der uns schnell zu unserem Ausgangspunkt am Parkplatz Forsthaus beziehungsweise am Frei- und Hallenbad Wehr bringt.

Neben der Burgruine Bärenfels gibt es in Wehr noch die Burgruine Werrach, das Alte Schloss Wehr und das Neue Schloss Wehr. Auf der Burg Werrach wohnten die Herren von Schönau. Später ließen sie das Alte Schloss errichten, in dem früher Gerichtsprozesse abgehalten wurden. Dieses befindet sich in der Hauptstraße 16 und wird als Bürgerbüro genutzt. Hier kann man noch einen Schwörstein sehen. Das Neue Schloss in Wehr dient dagegen seit langer Zeit als Rathaus.

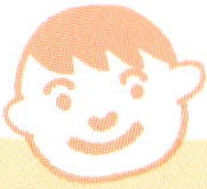

## Reste einer Siedlung

**Die Steinegghöfe waren eine ehemalige Siedlung zwischen dem Dorf Rüttebach und der Burgruine Bärenfels. Sie wurden im Jahr 1850 durch ein Lawinenunglück zerstört.**

# 38 Mit dem Erdmännlein zum Schlössle

SAGENPFAD WEHR

**Der Sagenpfad in Wehr ist ein Teil des Wehratal-Erlebnispfades zwischen Todtmoos und Wehr. An 13 Stationen können die Familien tief in die Sagenwelt von Wehr eintauchen. Bunte, schön gestaltete Stahlreliefs des Rheinfelder Künstlers Willi Raiber verdeutlichten die Erzählungen, die seit vielen Jahren überliefert werden.**

Der Sagenpfad in Wehr ist ein Teil des Wehratal-Erlebnispfades. Insgesamt 13 Stationen wurden angelegt. An der Werrachstraße unweit des Zentrums in Wehr erwartet uns eine Begrüßungstafel. Hier stimmt uns der Minnesänger Walther von Klingen auf die Welt der Sagen und Märchen ein. Auf unse-

leicht | 0,5 km | 0.30 h | 30 Hm

**Tourencharakter** Leichte und einfache Wandertour auf den Spuren von Sagen zur Burgruine Werrach **Altersempfehlung** Ab 3 Jahren **Ausgangs-/Endpunkt** Werrachstraße, 79664 Wehr. Parkplätze gibt es an der Stadthalle Wehr/Altes Schloss der Herren von Schönau **Anfahrt** Über die B518 nach Wehr. Über die Haupt- und Sternenstraße in die Werrachstraße. Mit öffentlichen Verkehrsmitteln: mit der Bahn zum Bahnhof Wehr-Brennet. Weiter mit dem Bus 7335 nach Wehr **Karte** KOMPASS Wanderkarte Schwarzwald Süd: Wanderkarten-Set mit Radrouten. GPS-genau. 1:50 000, Band 887, ISBN 978-3850267472 **Einkehr** Café Denkpause, Im Hammer 1, 79664 Wehr, Tel. 07762/806 45 30, www.cafe-denk-pause.de **Übernachtung** Landgasthof zur Sonne, Enkendorfstr. 38, 79664 Wehr, Tel. 07762/84 84, www.hotel-sonne-wehr.de **Preise** Frei zugänglich **Tourist-Info** Tourist-Info Wehr, Hauptstr. 14, 79664 Wehr, Tel. 07762/80 86 01, www.wehr.de

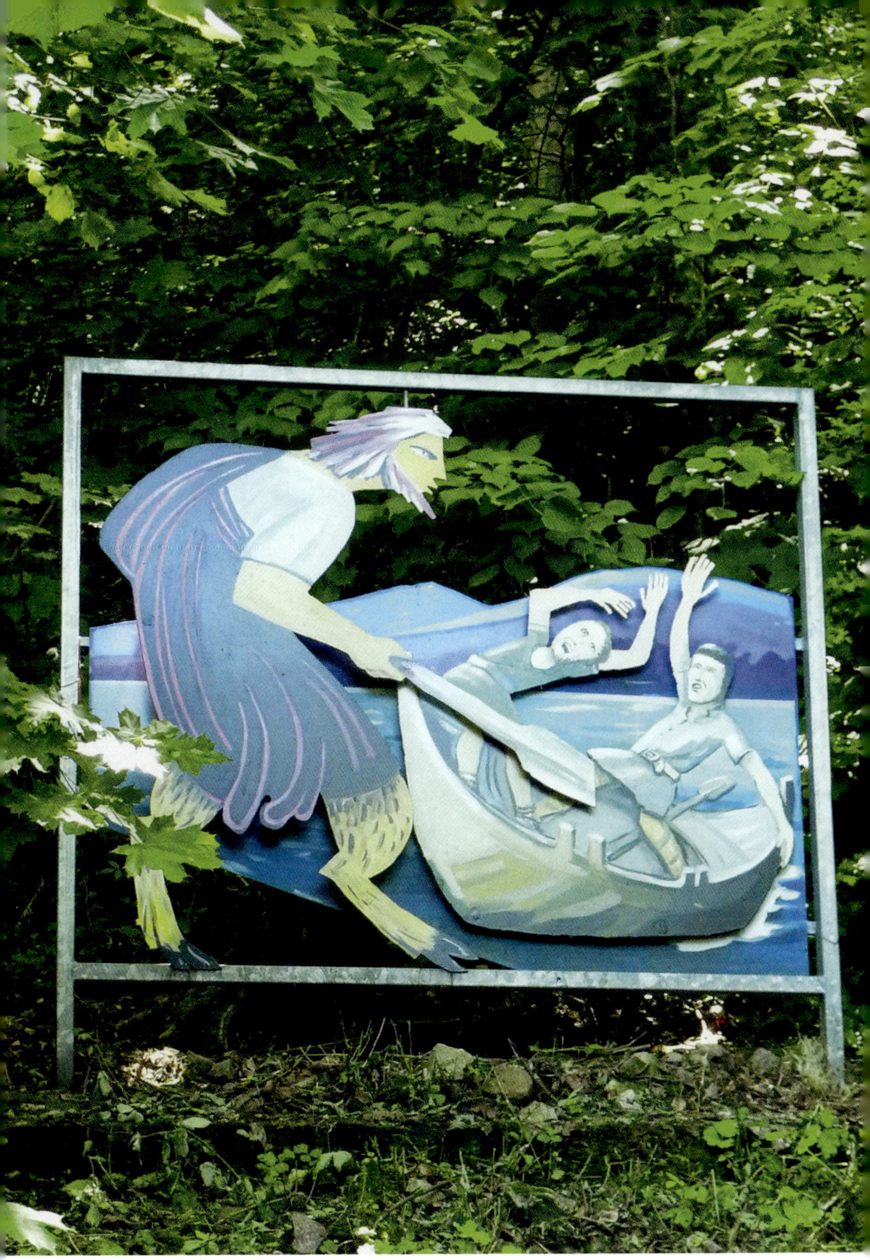

**Von den schönsten Sagen aus dem Wehratal erzählt der Sagenpfad.**

rem Weg begegnen wir den schönsten Sagen mit abgedruckten Original-Sagentexten aus dem Wehratal. Kindgerecht wurden diese vom Rheinfelder Künstler Willi Raiber in Szene gesetzt. So begegnen wir Stationen wie »Der Geisterspuk am Rhein«, »Schatzgräber auf dem Humbel« oder auch »Der pflügende Bauer und das Hardmännlein«. Aber auch »Die Erdmännlein und der Ritter Ruprecht«, »Der Müller und das Erdmännlein« oder »Der Geist auf der Wehrabrücke« erleben wir auf der Tour.

Wir folgen dem markierten Weg zur Burgruine Werrach. Diese befindet sich auf einem Felssporn am Aufgang zum Hotzenwald. Erstmals wurde die Burg 1098 erwähnt. Einst war sie in der ersten Hälfte des 13. Jahrhunderts im Besitz der Herren von Klingen. Auf der Burg Werrach zeichnete der Minnesänger Walther von Klingen verschiedene Urkunden. Später wurde die Burg Werrach von Rudolf von Habsburg in Besitz genommen und von den Vasallen der Herren von Schönau bis Anfang des 16. Jahrhunderts verwaltet.

## Dicke Wände

**Die Lage der Burg bot Schutz vor unwillkommenen Angreifern. Die Mauern waren bis zu 2,50 Meter dick. Noch heute können ansehnliche Reste der Außenmauern des Burghofes entdeckt werden.**

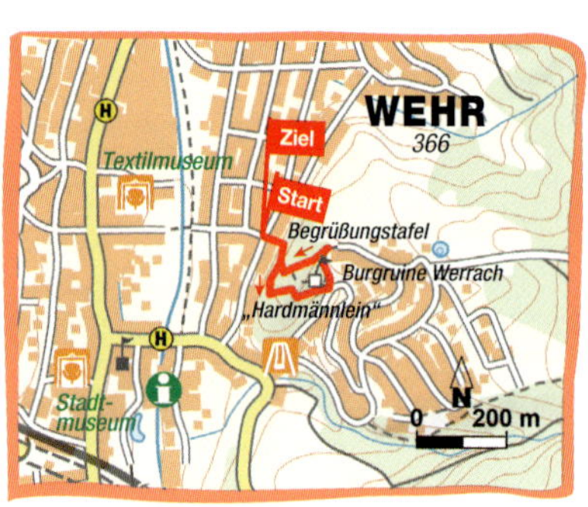


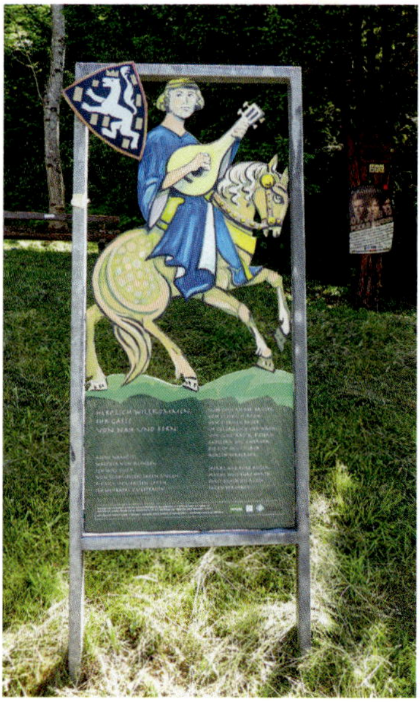

Der Minnesänger Walther von Klingen

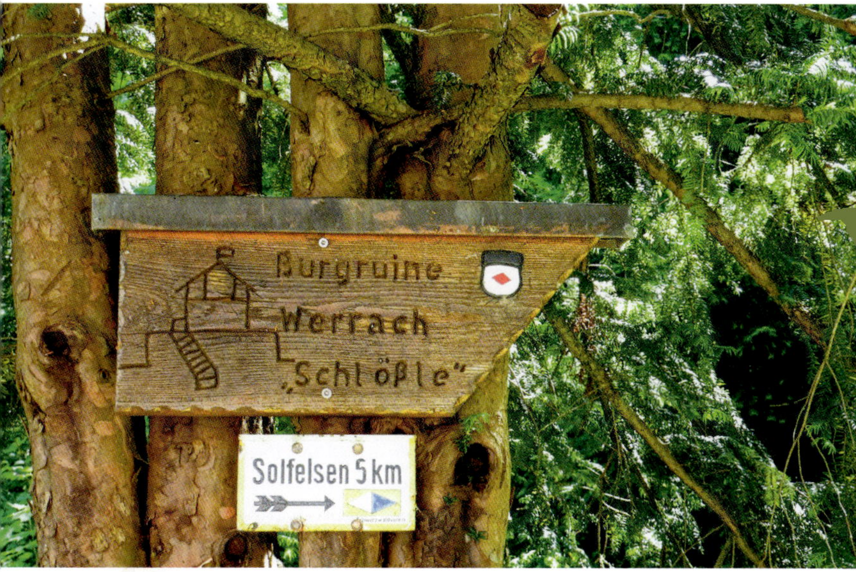


**Die Burgruine wartet.**

Wir erreichen den Pavillon auf der Burgruine Werrach, die auch als »Schlössle« bezeichnet wird. Hier können wir die Aussicht auf Wehr- und die Karstlandschaft des Dinkelbergs genießen und Näheres zur Stadtgeschichte erfahren. Zudem befindet sich an der Burgruine eine Tafel aus Bronze, die über die Geschichte der Burg informiert.

**Für Kinder verständliche Versionen von den Sagen sind bei der Tourist-Information Wehr erhältlich. Zudem können Führungen und theatralische Inszenierungen gebucht werden.**

Wer nun noch einen Abstecher zum Spielplatz unternehmen möchte, der folgt von der zehnten Station am Wegweiser »Hardmännlein« dem Weg zur Schlossstraße und hält sich dann rechts. Jetzt können sich die Kinder austoben und ihre Spielzeit genießen. Von dem Spielplatz rechts über die Waldstraße ist unser Ausgangspunkt, die Werrachstraße, bald wieder erreicht.

# 39 Ein bizarrer Fels

## ZUM SOLFELSEN

**Über bequeme Wald- und Feldwege führt die Wanderung zu einem beeindruckenden Naturdenkmal. Ganz versteckt befindet sich der Solfelsen inmitten des Waldes und bietet abenteuerliche Klettermöglichkeiten für die Kinder.**

Am Parkplatz an der Straße Am Bergsee in Bad Säckingen starten wir unsere Wanderung durch Wälder und an Feldern vorbei zum Solfelsen. Wir gehen die Straße Am Bergsee hinunter und kommen auf den Günnenbacher Weg. Nun halten wir uns rechts und wandern weiter parallel zum Schöpfebach. Links biegen wir schließlich Richtung Jungholzer Felsen ab. Nach den Jungholzer Felsen bringt uns der Waldweg bald aus dem Wald heraus. Wir wandern an Wiesen und Feldern entlang und gelangen zu einer klei-

mittel | 10 km | 3.00 h | 411 Hm

**Tourencharakter** Mittelschwere Wanderung durch Wald, über Wiesen und Felder zum Solfelsen **Ausgangs-/Endpunkt** Am Bergsee, 79713 Bad Säckingen **Altersempfehlung** Ab 7 Jahren **Anfahrt** Über die B34 nach Bad Säckingen. Über Eggbergstraße und Günnenbacher Weg zum Bergsee. Mit öffentlichen Verkehrsmitteln: mit der Bahn bis zum Bahnhof Bad Säckingen. Von dort ca. 25 Minuten zu Fuß **Karte** KOMPASS Wanderkarte Schwarzwald Süd: Wanderkarten-Set mit Radrouten. GPS-genau. 1:50 000, Band 887, ISBN 978-3850267472 **Einkehr** Restaurant Bergsee, 79713 Bad Säckingen, Tel. 07761/75 75, www.cafe-restaurant-bergsee.de **Übernachtung** Hotel Zur Flüh, Weihermatten 38, 79713 Bad Säckingen, Tel. 07761/92 44 80, www.hotel-flueh.de **Preise** Frei zugänglich **Tourist-Info** Tourismus- und Kulturamt, Waldshuter Str. 20, 79713 Bad Säckingen, Tel. 07761/568 30, www.badsaeckingen.de

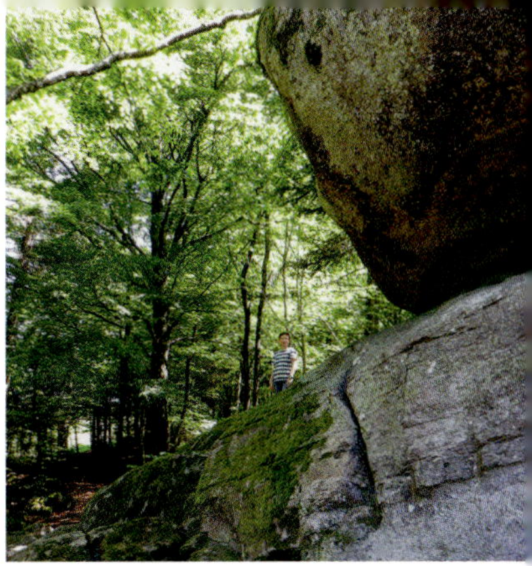

Der Solfelsen ist ein auffälliges Naturdenkmal.

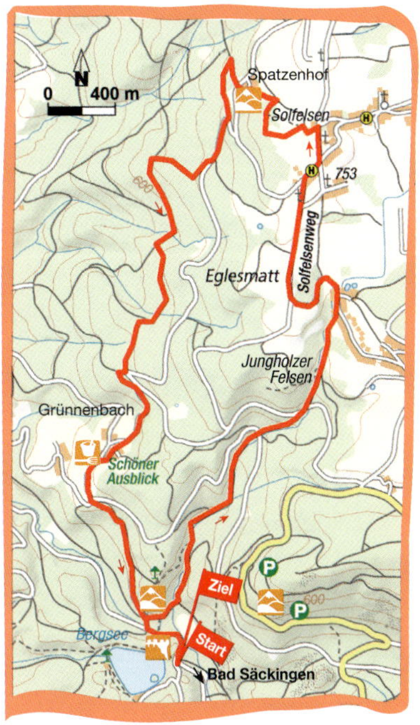


nen Straße mit dem Namen Am Eggberg. Dieser folgen wir nach Jungholz, einem Ortsteil von Rickenbach. Nach nur wenigen Häusern halten wir uns gleich wieder links auf unserer Straße und erreichen einen Parkplatz. Links führt uns unsere Wanderung durch ein kurzes Waldstück und an Wiesen sowie Feldern entlang. Nun tauchen wir wieder in den Wald ein und haben in Kürze den Solfelsen auf einer Höhe von rund 775 Metern erreicht, der wie verwunschen im Wald liegt. Moosbewachsene Steine, alte Bäume und die Sonnenstrahlen, die sich durch den Wald drängen, machen diesen Ort besonders.

Der Solfelsen inmitten des Waldes wirkt aufgrund seiner Massigkeit sehr beeindruckend. Wegen seines Aussehens wird er auch Pelzkappenstein genannt. Der seit 1950 als Naturdenkmal ausgewiesene Felsen mit seiner Höhe von 5,40 Metern und einer Masse von 230 Tonnen ist ein frei liegender Stein. Lang anhaltende Verwitterungsvorgänge sorgten für sein heutiges Aussehen. Hier lieben es die Kinder, zu klettern, während die Eltern den Blick auf das Rheintal genießen.

Vom Solfelsen führt uns anschließend der Weg weiter durch den Wald. Bald erreichen wir den Spatzenhof und verlassen den Wald. Am Spatzenhof vorbei gelangen wir über eine große Kurve nach Günnenbach. Wir durchstreifen den Ort und folgen dem Günnenbacher Weg, der uns bis zu unserem Parkplatz bringt.

# 40 Das Tretboot wartet schon

## BERGSEE BAD SÄCKINGEN

**Die Rundwanderung führt vom Bahnhof in Bad Säckingen über den Barfußpfad und das Wildgehege zum Bergsee, einer kleinen Naturidylle. Im Biergarten kann sich nun frisch gestärkt werden, um über die Villa Berberich wieder zum Ausgangspunkt zurückzugelangen.**

Wir starten am Bahnhof von Bad Säckingen und gehen an der Bergseestraße entlang. Links zweigt unser Weg parallel zur Bergseestraße ab. Wir laufen weiter, überqueren Badmatte und den Schwarzen Weg, bis wir zur Santeramostraße kommen. Hier rechts und gleich wieder links erreichen wir das Klinikgelände. An ihm vorbei gelangen wir zur Nagaistraße. Wir biegen in den Schöpfebachweg ein und gelangen schließlich zum Barfußpfad. Hier heißt es schon bald »Raus aus den Schuhen«. Gern nutzen Kinder die Pause

mittel | 10 km | 3.00 h | 200 Hm

**Tourencharakter** Abwechslungsreiche Wanderung zu Barfußpfad, Wildgehege und Bergsee **Ausgangs-/Endpunkt** Bahnhof, Bahnhofsplatz, 79713 Bad Säckingen **Altersempfehlung** Ab 6 Jahren **Anfahrt** Über die B518 oder B34 nach Bad Säckingen. Weiter über die Güterstraße zum Bahnhof von Bad Säckingen. Mit öffentlichen Verkehrsmitteln: mit der Bahn bis zum Bahnhof Bad Säckingen **Karte** KOMPASS Wanderkarte Schwarzwald Süd: Wanderkarten-Set mit Radrouten. GPS-genau. 1:50 000, Band 887, ISBN 978-3850267472 **Einkehr** Café Villa Berberich, Parkstr. 1, 79713 Bad Säckingen, Tel. 07761/39 66 **Übernachtung** Ringhotel Goldener Knopf, Rathausplatz 9, 79713 Bad Säckingen, Tel. 07761/56 50, www.goldenerknopf.de **Preise** Frei zugänglich **Tourist-Info** Tourismus- und Kulturamt, Waldshuter Str. 20, 79713 Bad Säckingen, Tel. 07761/568 30, www.badsaeckingen.de

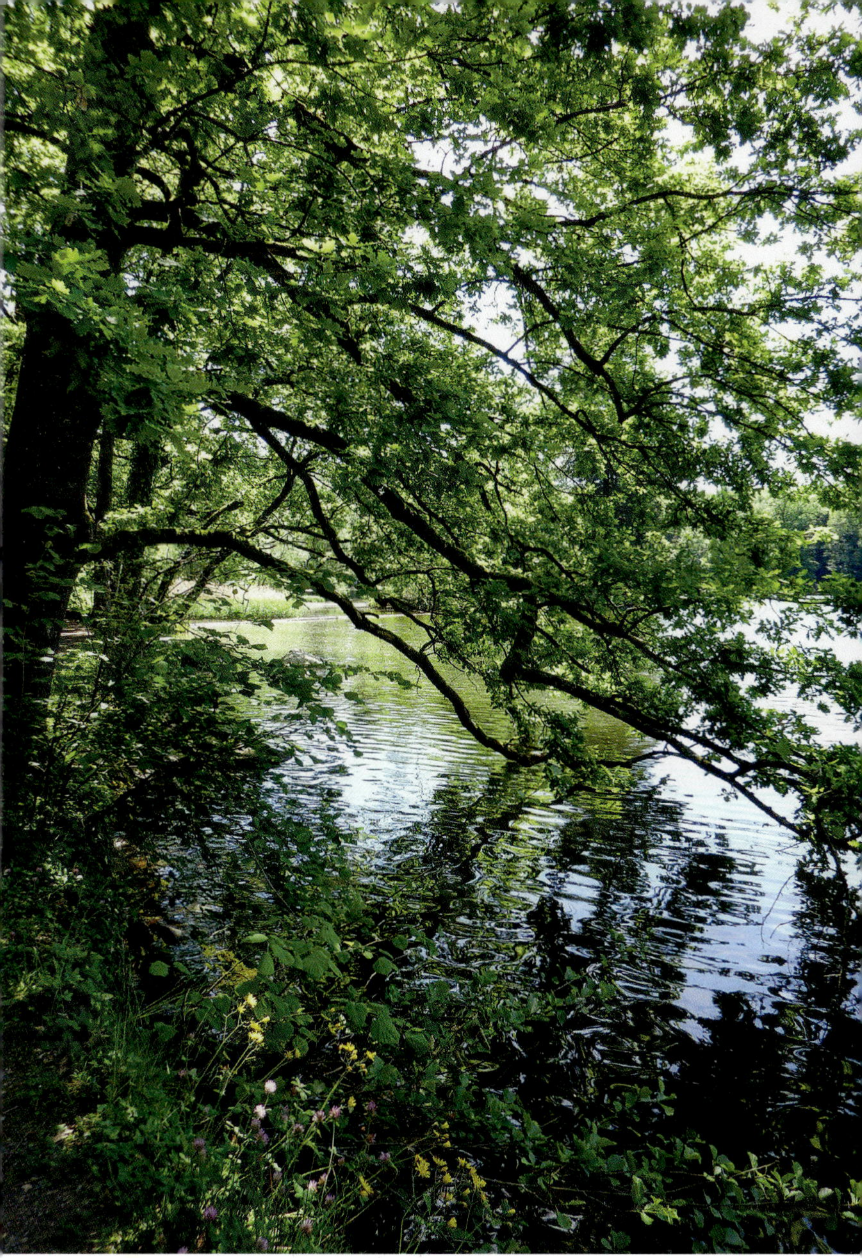

**Der Bergsee ist ein beliebtes Ausflugsziel.**

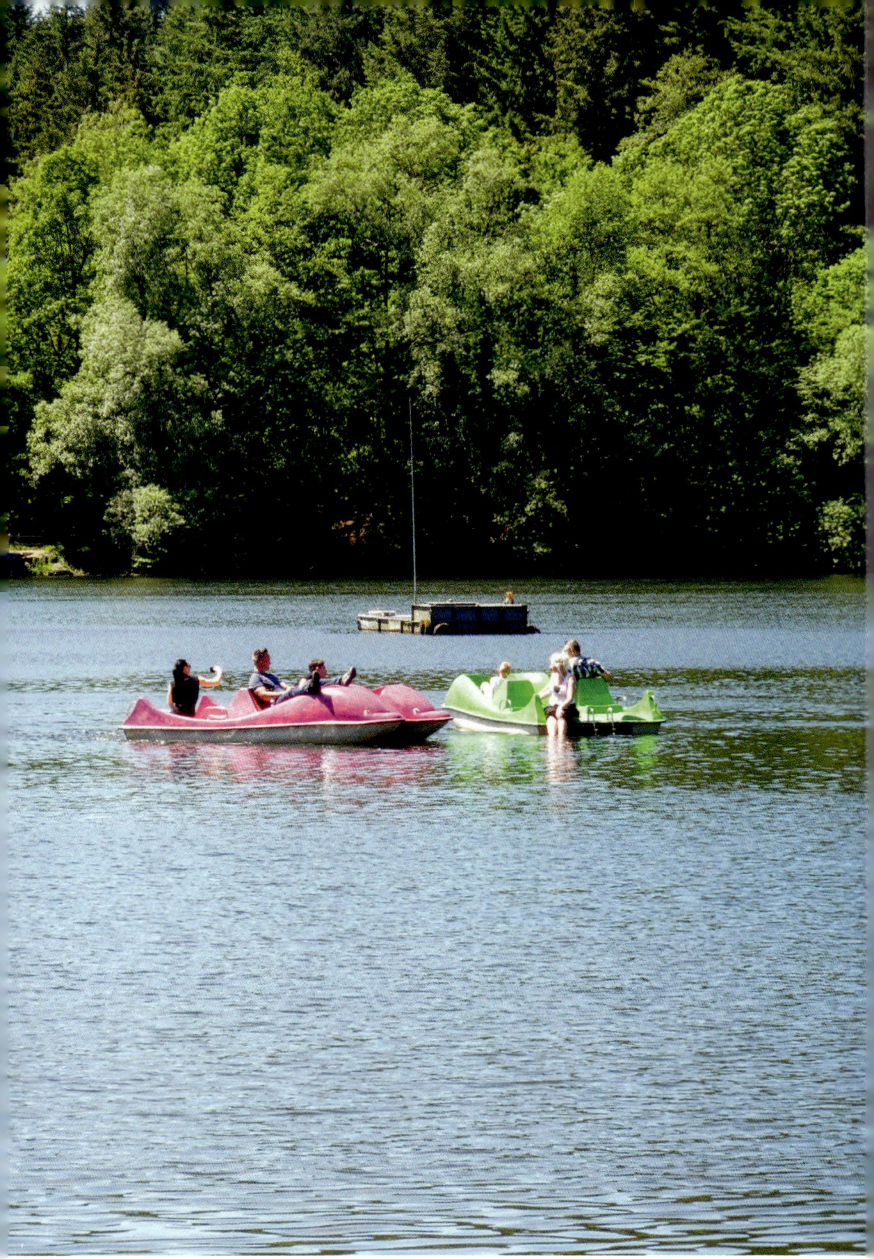

**Mit Tretbooten kann man ganz entspannt den See erkunden.**

und laufen behutsam auf den verschiedenen Untergründen. Neben dem Untergrund aus Kies und Tonziegel gibt es auch Sand und Rindenmulch. Nach der kleinen Pause und der Massage für die Füße geht es auch schon weiter Richtung Bergsee.

Über den Parkplatz wandernd haben wir bald das Wildgehege erreicht. Wildschweine sowie Rot-, Sika- und Damwild haben ihr hier Zuhause. An Automaten gibt es getrockneten Mais, mit dem die Tiere gefüttert werden können.

Weiterwandernd auf unserem Weg erreichen wir den Schöpfebach. Links abbiegend stoßen wir auf den Günnenbacher Weg, den wir ein kurzes Stück links folgend queren können. In wenigen Minuten sind wir jetzt am Scheffelfelsen sowie am Bergsee von Bad Säckingen. Diesen umrunden wir und gelangen zum Biergarten, der zu einer größeren Pause einlädt. Von hier aus hat man eine wunderschöne Sicht auf den See. Gleich am Biergarten befindet sich zudem ein Tretbootverleih. Ein Boot nach dem anderen beginnt seine Fahrt bei schönem Wetter auf dem See.

Vom Bergsee bringt uns abschließend der Winkelenweg zur Straße Obermoos und auf einem bequemeren Weg geht es bis zur Villa Berberich. Diese wurde von Ignaz Berberich, Gründer der Weberei und Stoffdruckerei Berberich, im Jahr 1874 erbaut. Heute befinden sich in dem Gebäude ein Mineralienmuseum und ein Café.

Wir queren die Parkstraße und den Schwarzen Weg und gelangen zur Friedrichstraße. Auf der anderen Straßenseite wandern wir wieder zum Bahnhof.

### Verschnaufpause

**Am Bergsee oberhalb des Wildgeheges findest du einen kleinen Spielplatz. Zudem kannst du mit deinen Eltern auf dem kleinen Rastplatz eine Pause einlegen. In der Nähe befindet sich auch ein Insektenhotel und um den See herum gibt es viele Felsen zum Klettern wie auch den Kletterwald Hochempor.**

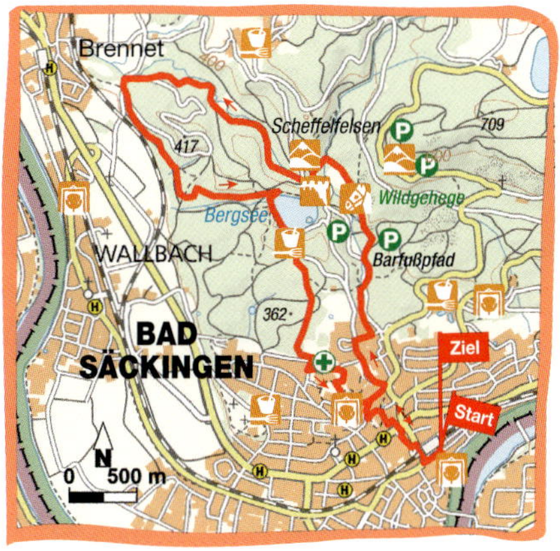

# Spiele auf der Wiese und im Wald

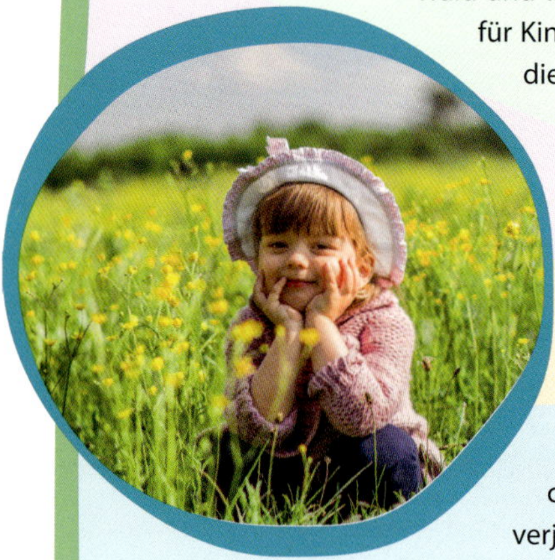

Wald und Wiese sind große Abenteuerspielplätze für Kinder. Das Spielen in der Natur beflügelt die Fantasie der Kinder und macht kreativ. Schnell über Wurzeln hüpfen, durch raschelnde Blätter gehen, Stöcke suchen, auf Baumstämmen balancieren oder auch einfach in der Erde wühlen – auf einer großen Wiese und im Wald können sich die Kinder ganz zurückziehen, um sich entspannt ihrem Spiel zu widmen. Ganz ohne Spielsachen und Regeln tauchen sie tief in ihre Fantasiewelt ein. Sie verjagen Monster, gehen auf Dinosaurierspurensuche, besuchen Hexen, bauen Lager aus Stöcken und Blättern oder sammeln Vorräte.

## Bäumchen wechsel dich

Dieses Spiel kennen noch die Großeltern und es lässt sich prima im Wald oder auf der Wiese spielen. Jeder Mitspieler sucht sich einen Baum und berührt ihn. Einer setzt aus und ruft laut: »Bäumchen wechsel dich!« Mit diesen Worten rennen alle los und versuchen vor einem anderen Mitspieler einen neuen Baum zu erreichen. Wer nicht schnell genug war und keinen bekommen hat, setzt als Nächstes aus und ist dran mit Rufen.

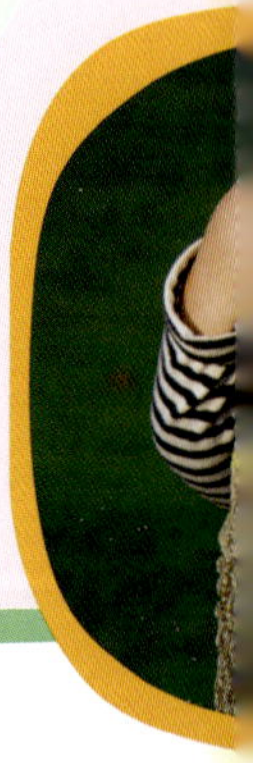

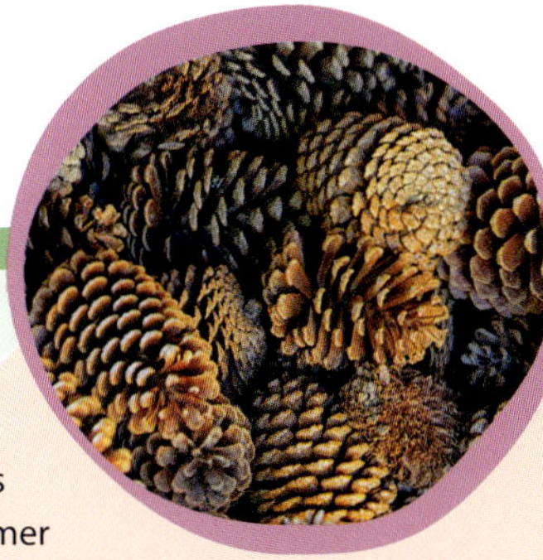

## Wiesenkullern

Achtung: Sensibleren Kindern könnte hierbei schwindelig werden, denn hier geht es rasant den Hang auf der Wiese hinunter. Immer um die eigenen Achse drehend wird es ziemlich turbulent. Unten angekommen darf man schließlich kurz liegen bleiben und warten, bis der leichte Schwindel vergangen ist.

## Zapfenwerfen

An einer Linie stehend gilt es nun, die Tannenzapfen so weit wie möglich zu werfen. Wer am weitesten wirft, hat schon gewonnen.

## Versteck spielen

Das bei kleinen und großen Kindern beliebte Spiel lässt sich hervorragend im Wald spielen. An einem Baum wird abgezählt, während die anderen sich verstecken. Mit den Worten »Ich komme!« werden anschließend die Mitspieler gesucht und hoffentlich auch gefunden.

## Baumfühlen

Einem Mitspieler werden die Augen verbunden. Es reicht auch einfach aus, sie zu schließen. Ein anderer Spieler führt das Kind über einen ausgeklügelten Umweg zu einem Baum. Diesen gilt es anschließend mit verbundenen Augen zu befühlen. Dabei ist es hilfreich, sich Einzelheiten und besondere Merkmale einzuprägen. Nun wird das Kind über den gleichen Weg zum Ausgangspunkt gebracht. Mit offenen Augen soll es jetzt den richtigen Weg zum richtigen Baum gehen.

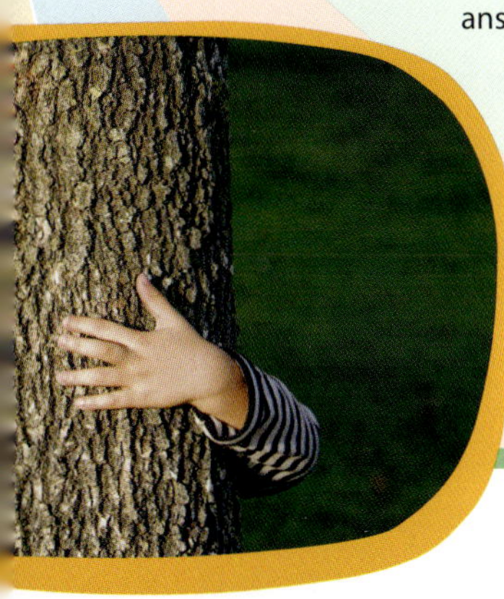

# Tourenüberblick

| | Tour | | | | | |
|---|---|---|---|---|---|---|
| 1 | Die wilde Schlucht | 2.30 | 6,5 | 229 | 5 | |
| 2 | Unterwegs mit Quelli | 1.30 | 4,8 | 187 | 5 | |
| 3 | Rätselknacken zwischen den Klöstern | 1.30 | 4,9 | 0 | 4 | ● |
| 4 | Viele Länder in Kürze | 1.30 | 6,5 | 119 | 7 | ● |
| 5 | »Das kalte Herz« | 1.00 | 3,2 | 53 | 1 | ● |
| 6 | Am Bach entlang | 2.00 | 7,7 | 150 | 5 | |
| 7 | Der Geist und die Nixe | 2.00 | 5,6 | 210 | 4 | |
| 8 | Wilde Wasserspiele | 3.00 | 10,9 | 349 | 6 | |
| 9 | Fantastische Aussichten | 2.00 | 6,8 | 227 | 5 | |
| 10 | Abenteuer im Wald | 1.30 | 3,6 | 192 | 1 | ● |
| 11 | Der Zipfelmütze hinterher | 1.30 | 4,4 | 187 | 3 | |
| 12 | Klettern und Rutschen | 1.00 | 3 | 65 | 3 | ● |
| 13 | Rundtour mit Aussicht | 2.30 | 6,9 | 356 | 6 | |
| 14 | Tief durchatmen | 3.00 | 10 | 322 | 6 | |
| 15 | Wilde Wasserspiele im mystischen Wald | 4.00 | 12 | 446 | 7 | |
| 16 | Der Wald und du | 1.15 | 3,6 | 68 | 4 | ● |
| 17 | Sonnenrunde | 1.45 | 5,4 | 76 | 4 | |
| 18 | Wilde Abenteuer in der Klamm | 2,5 | 7,1 | 150 | 5 | |
| 19 | Zu Biber und Eichhörnchen | 0.45 | 2 | 21 | 4 | ● |
| 20 | Entspannt am Fluss | 1.00 | 3 | 13 | 3 | ● |

| | | | | | | | | | | | |
|---|---|---|---|---|---|---|---|---|---|---|---|
| | ● | | | | | | ● | | | | |
| | ● | | | ● | | | ● | | | | ● |
| ● | ● | | ● | ● | | | | | | | ● |
| ● | ● | | | | | | | | | ● | |
| ● | ● | | | | | | | | | ● | ● |
| ● | ● | | | | | | ● | | | | ● |
| | ● | | | ● | | | | | | ● | ● |
| | ● | | | ● | | | ● | | | | ● |
| | ● | | | ● | | | ● | | | ● | ● |
| ● | ● | | | | | | | | | | ● |
| ● | ● | | | ● | | | | | | ● | ● |
| ● | ● | | ● | | ● | | | | | | |
| ● | ● | | ● | ● | | | ● | | | ● | ● |
| | ● | | | | | | | | | ● | |
| | ● | | | ● | | | ● | | ● | | |
| ● | ● | | ● | ● | | | | | | | ● |
| ● | ● | | ● | | | | | | | ● | ● |
| | ● | | | ● | | | ● | | | | ● |
| ● | ● | ● | | | | | ● | | | | ● |
| ● | ● | | | | | | ● | | | | ● |

| Tour | | | | | | |
|---|---|---|---|---|---|---|
| 21 | Auf und ab in der Schlucht | 3.30 | 11,5 | 400 | 5 | |
| 22 | Zu den kleinen Geißen | 1.00 | 1,8 | 53 | 3 | ● |
| 23 | Nacktfuß-Indianer unterwegs! | 1.00 | 0,5 | 22 | 1 | |
| 24 | Fröhliches Wasserspiel | 2.00 | 6,1 | 210 | 4 | |
| 25 | Gemütliche Waldrunde | 2.30 | 9,5 | 458 | 5 | |
| 26 | Auf der Suche nach dem Zauberstein | 3.00 | 4,2 | 26 | 4 | |
| 27 | Zum Gipfelkreuz | 3.30 | 11,3 | 485 | 7 | |
| 28 | Mit dem Stempel zur Überraschung | 4.00 | 10,4 | 295 | 8 | |
| 29 | Die Naturschönheit genießen | 5.30 | 18 | 57 | 8 | |
| 30 | Unterhaltsame Tour zum Schlüchtsee | 2.00 | 3,8 | 111 | 4 | ● |
| 31 | Spiel und Kultur | 1.00 | 0,8 | 887 | 5 | ● |
| 32 | Wandern mit den Rittersleuten | 2.30 | 9,4 | 413 | 6 | |
| 33 | Schöne Tour zum See | 3.00 | 9 | 390 | 6 | |
| 34 | Auf zum Silberbergwerk | 2.00 | 6 | 233 | 5 | |
| 35 | Mit dem Wolf auf die Pirsch | 2.00 | 4 | 88 | 5 | |
| 36 | Vorbei an Mooren und Gumpen | 2.00 | 9,3 | 330 | 5 | |
| 37 | Lohnender Anstieg zur tollen Aussicht | 2.00 | 5,3 | 378 | 5 | |
| 38 | Mit dem Erdmännlein zum Schlössle | 0.30 | 0,5 | 30 | 3 | ● |
| 39 | Ein bizarrer Fels | 3.00 | 10 | 411 | 7 | |
| 40 | Das Tretboot wartet schon | 3.00 | 10 | 200 | 6 | |

| | | | | | | | | | | | |
|---|---|---|---|---|---|---|---|---|---|---|---|
| | ● | | ● | ● | | | ● | | | ● | ● |
| ● | ● | ● | ● | | | | | | | | ● |
| | ● | | ● | | | | | | | | |
| | ● | | | ● | | | ● | | | ● | ● |
| | ● | | | | | | | ● | | ● | ● |
| | ● | | | | | | | | | ● | ● |
| | ● | | | | | | | ● | | ● | ● |
| | ● | | | ● | | | | | | ● | ● |
| | ● | | | | | ● | ● | | | ● | ● |
| ● | ● | | ● | | | ● | | | | | ● |
| ● | ● | | ● | ● | ● | | ● | | | ● | ● |
| | ● | | ● | ● | | | | | | ● | ● |
| | ● | ● | ● | ● | | | ● | | | ● | ● |
| | ● | | ● | ● | | | | | | ● | ● |
| | ● | | | | | | | | | ● | ● |
| | | | | ● | | ● | ● | | | | ● |
| | ● | | | ● | | | | | | ● | ● |
| ● | ● | | ● | ● | | | | | | ● | ● |
| | ● | | | ● | | | | | ● | | ● |
| | ● | ● | ● | ● | ● | | ● | | | | ● |

# Register

# Impressum

Verantwortlich: Stefanie Krüger
Redaktion und Lektorat: Daniela Hansjakob
Layout und Illustration: Eva-Maria Klaffenböck
Covergestaltung: Ralph Hellberg
Repro: LUDWIG:media
Kartografie: Bruckmann Verlag GmbH, Heidi Schmalfuß
Herstellung: Alexander Knoll
Printed in Slovenia by Florjancic

Sind Sie mit diesem Titel zufrieden? Dann würden wir uns über Ihre Weiterempfehlung freuen. Erzählen Sie es im Freundeskreis, berichten Sie Ihrem Buchhändler, oder bewerten Sie bei Onlinekauf. Und wenn Sie Kritik, Korrekturen, Aktualisierungen haben, freuen wir uns über Ihre Nachricht an den Bruckmann Verlag, Postfach 40 02 09, D-80702 München oder per E-Mail an lektorat@verlagshaus.de.

Unser komplettes Programm finden Sie unter www.bruckmann.de



In diesem Buch wird aus Gründen der besseren Lesbarkeit das generische Maskulinum verwendet. Weibliche und anderweitige Geschlechteridentitäten werden dabei ausdrücklich mitgemeint, soweit es für die Aussage erforderlich ist.

**Empfehlung der Redaktion**
Sie sind auf der Suche nach weiterführender Literatur? Dann empfehlen wir Ihnen den Titel »Ab in die Ferien Schwarzwald« von Veronika Beyer. Oder Sie werfen einen Blick in die Zeitschrift »BERGSTEIGER«. Hier werden Sie bestimmt fündig.

Bildnachweis: Alle Bilder im Innenteil und auf dem Umschlag stammen von der Autorin mit folgenden Ausnahmen: S. 9: Evgeny Atamanenko/shutterstock.com; S. 11: VUS Photography/shutterstock.com; S. 41: Maria Symchych/shutterstock.com; S. 49: Evgeny Atamanenko/shutterstock.com; S. 50: Eric Cote/shutterstock.com; S. 50/51 unten: Ondrej83/shutterstock.com; S. 51: G_Suriyaraks/shutterstock.com; S. 52/53: Tatiana Gordievskaia/Shutterstock.com; S. 55: Monkey Business Images/shutterstock.com; S. 74: goodluz/shutterstock.com; S. 74/75 unten: Eric Cote/shutterstock.com; S. 75: goldeneden/shutterstock.com; S. 97: miami beach forever/shutterstock.com; S. 101: ShevarevAlex/shutterstock.com; S. 108: Artem Oliinyk/shutterstock.com; S. 114: Tsomka/shutterstock.com; S. 114/115 unten: MJTH/shutterstock.com; S. 148/149 unten: EvgeniiAnd/shutterstock.com; S. 149: YanLev/shutterstock.com; S. 184: Nestyda/shutterstock.com; S. 184/185 unten: Helder Almeida/shutterstock.com; S. 185: Tameo12/shutterstock.com

Umschlagvorderseite: Kleine Gleichgewichtsübung im Wald (mauritius images/Westend61/Dirk Kittelberger)
Umschlagrückseite: Mit der Lupe kleine Dinge ganz groß sehen (Zabavna/Shutterstock.com)

Die Deutsche Nationalbibliothek verzeichnet diese Publikation in der Deutschen Nationalbibliografie; detaillierte bibliografische Daten sind im Internet über http://dnb.d-nb.de abrufbar.


Infanteriestraße 11a
80797 München

ISBN 978-3-7343-1348-6